Kanu Praxis

Dieter Singer

WILDWASSERFAHREN

Vom Einsteiger zum Profi

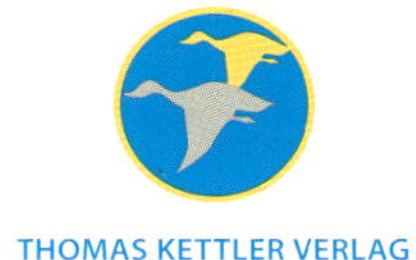

THOMAS KETTLER VERLAG

Impressum:

Von-Hutten-Straße 15
D-22761 Hamburg

Tel: +49 (40) 39 10 99 10
Fax: +49 (40) 390 68 20
mail@thomas-kettler-verlag.de
www.thomas-kettler-verlag.de

1. Auflage Januar 2014

Produktion: www.publicdesign.de
Text: Dieter Singer
Lektorat: Thomas Kettler Verlag
Titelbild: Dieter Singer, Giarsun/Inn, Paddler: M. Moser
Fotos: Dieter Singer, Norbert Blank, Sebastian Gründler, Jens Klatt,
Horst Fürsattel, Jens Reinhold, Ulrich Kittelberger, Prijon (Seite 25, 58, 60, 75, 81)

Druck: Werbedruck GmbH Horst Schreckhase, Spangenberg

Die Deutsche Nationalbibliothek verzeichnet diese Publikation in der Deutschen Nationalbibliografie; detaillierte bibliografische Daten sind im Internet über http://dnb.d-nb.de abrufbar.

Dieses Buch ist über den Buchhandel, Outdoor-Läden, das Internet oder direkt beim Verlag zu beziehen.

ISBN 978-3-934014-19-0

Kanu Praxis

Dieter Singer

WILDWASSERFAHREN

Vom Einsteiger zum Profi

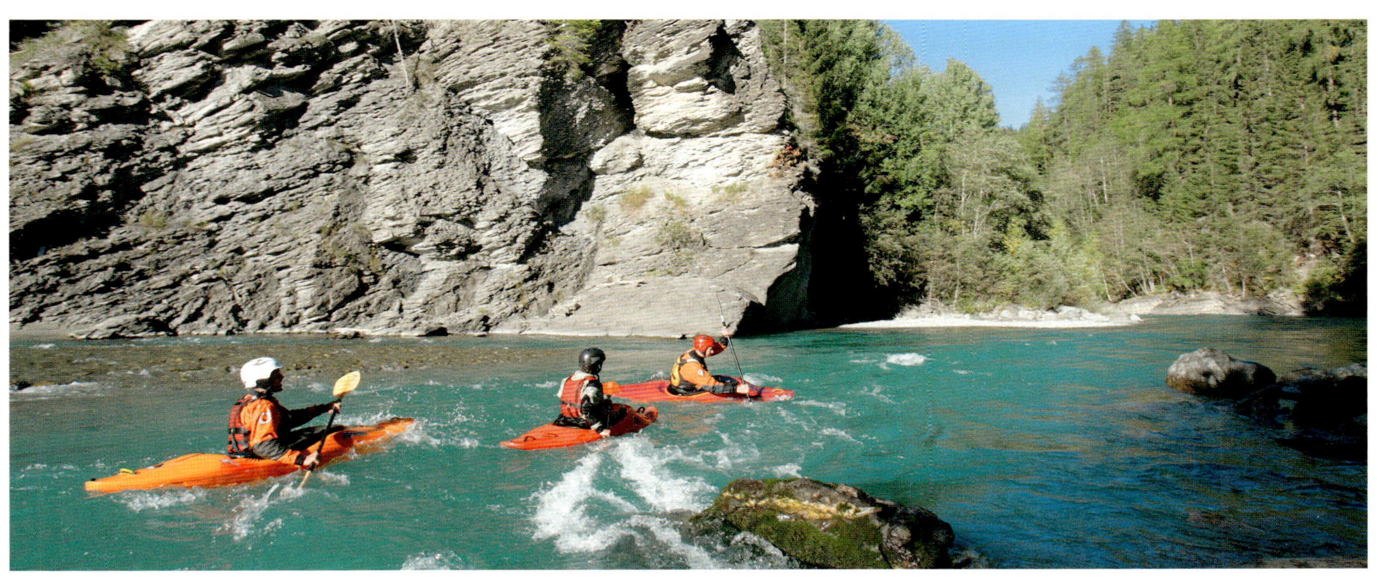

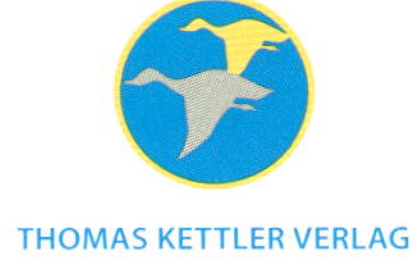

THOMAS KETTLER VERLAG

Vorwort ... 8
Danksagung ... 8
Einleitung ... 9

Aller Anfang ist leicht ... 12
Die Ausrüstung ... 14
Kälteschutz ... 14
Schuhe ... 15
Spritzdecke ... 15
Helm ... 15
Rettungsweste ... 16
Anatomie von Paddel, Boot und Mensch ... 17
Paddel ... 17
Boot ... 17
Paddler ... 18
Nützliches bevor es aufs Wasser geht ... 19
Boot anpassen ... 19
Tragen des Bootes ... 20
Die Spritzdecke ... 21
Ein- und Aussteigen ... 22
Kentern und Aussteigen unter Wasser ... 23
Boot entleeren ... 24
Die Grundhaltung ... 25
In Bewegung ... 26
Basistechnik ... 28
Die Bewegungsrichtungen ... 28
Der Antrieb ... 28
Das Bootsgefühl ... 28
Paddeltechnik ... 30
Die Paddelhaltung ... 30
Das Kanten ... 30
Der Grundschlag ... 32
Der Bogenschlag ... 33
Der Konterschlag ... 34
Der Steuerschlag ... 35
Schlagkombinationen ... 36
Taktik im Flachwasser ... 37

Vom Einsteiger zum Aufsteiger ... 38
Paddeltechnik ... 40
Die Paddelstütze ... 40
Der Paddelhang ... 41
Ziehschläge ... 42
Der S-Schlag ... 44
Die Eskimorolle ... 45
Die Dynamik des Wassers ... 48
Grundlagen ... 48
Typische Strömungsformen im Wildwasser ... 50
Wehre ... 55
Wasser lesen ... 57
Geländemarken ... 59
Taktik im Wildwasser ... 60
Kehrwasserfahren ... 60
Strömungen queren ... 68
Walzen und Wellen ... 70
Kurven und Prallwände ... 71
Die Ideallinie im Wildwasser ... 74

Vom Aufsteiger zum Profi 76
Techniken 78
Der Exitschlag 78
Das Boofen 79
Führung über Kante 80
Kanten über Körperauslage 81
Taktik 82
Wellen und Walzen 82
Paddeln gegen den Strom 85

Sicherheit im Wildwasser 88
Stellenwert von Sicherheit 90
Sicherheitsstrategie 90
Sicherheit - unabhängig vom Schwierigkeitsgrad 91
Erste Hilfe 91
Persönliche Fitness 92
Unterkühlung 92
Schulterluxation 94
Gefahren im Wildwasser 95
Umgang mit Gefahren 95
Die richtige Ausrüstung 95
Persönliche Sicherheitsausrüstung 96
Unfälle und Rettungsmöglichkeiten im Wildwasser 100
Schwimmerrettung mit dem Wurfsack 101
Kleine Seilkunde – Knoten 102
Flaschenzug und Co 103
Schwimmen im Wildwasser 104
Rettungsmöglichkeiten bei Schwimmunfällen 104
Selbstrettung im Rücklauf 105
Fremdrettung bei Rücklaufunfällen 106
Rettungsmöglichkeiten bei Steck- und Klemmunfällen 108
Zeichen und Kommunikation am Fluss 112
Schwierigkeitsbewertung im Wildwasser 114

Paddeln im Team 116
Selektive Wahrnehmung 118
Die Rolle von Angst 118
Risikophänomen Gruppe 119

Material Know-how 122
Boote 124
Der Creeker 124
Das Spielboot 124
Der Cruiser 124
Formen und Fahreigenschaften 126
Paddel 127
Transport 130

Leichter lernen 132
Lernphasen 134
Umgang mit Angst und Stress 135
Das Innere-Sicherheitsmodell 136

Natursport Wildwasserfahren 138
Interessensraum Fluss 140
Naturraum Fluss 141
Allgemeiner Verhaltenskodex 143

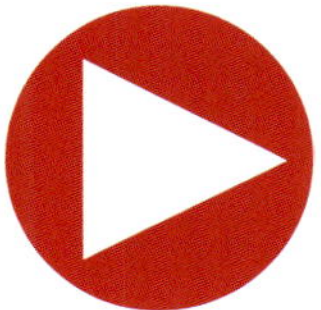

Vorwort

Aller Anfang ist leicht! Wahrscheinlich hast du bereits deine ersten Versuche im Kajak hinter dir, den Spaß dich am und im Wasser zu bewegen entdeckt und hast jetzt Lust tiefer in die Materie einzusteigen. Die Lust am Wildwasserfahren hat die unterschiedlichsten Beweggründe: Natur in seiner ursprünglichsten Form erleben, sich selbst an Herausforderungen messen, Bewegung erleben oder gemeinsam mit Freunden unterwegs sein. Dies sind vielleicht auch die Gründe warum es unter Kajakfahrern keine zivilen Hierarchien gibt und sich der 14 jährige Schüler mit dem 54 jährigen Personalleiter ohne Frage duzen. Alles andere wäre unhöflich! Das ist auch der Grund warum ich diese Form der Anrede hier verwende.

Aller Anfang ist leicht – aber was dann? Gehe paddeln, paddeln und noch mal paddeln und probiere aus, denn die Grundvoraussetzung für jeden Fortschritt ist die Neugier. Warum geht eine Bewegung mal einfach und mal schwer? Wie komme ich in das nächste Kehrwasser? Was will ich erreichen? Mit dieser Art von Neugier kommst du weiter als du denkst.

In der Giarsun-Klamm im Engadin. Paddeln mit Freunden – Spaß pur!

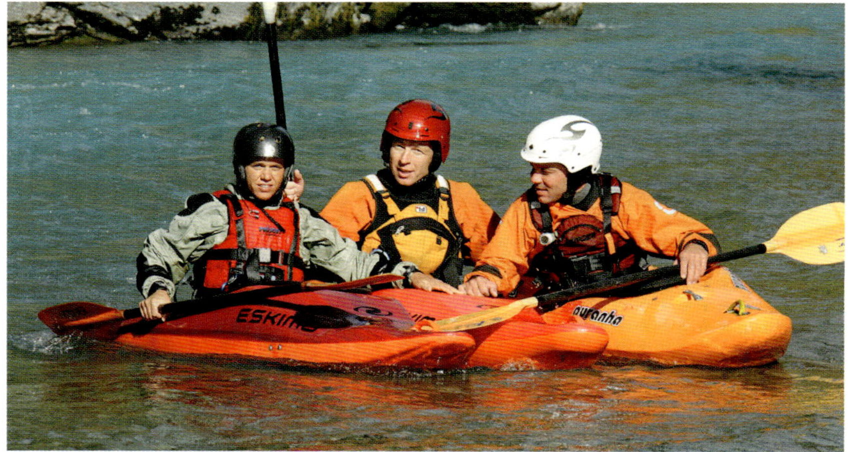

Ziel dieses Buches ist es, dir bewährtes Wissen aus allen Bereichen des Wildwassersports zur Verfügung zu stellen. Aber nichts ist in Stein gemeißelt. Das Thema Sicherheit spielt hierbei eine kleine Ausnahme. Es gibt grundlegende Verhaltensmuster die unfallvermeidend sind. Diese einzuhalten ist keine Wahl sondern Pflicht für jeden verantwortungsbewussten Paddler.

Apropos Paddler, ich freue mich über jedes lachende Gesicht am Fluss, egal ob Paddler oder Paddlerin und diese mögen mir verzeihen, wenn ich hier nur die männliche Anredeform verwende.

Aller Anfang ist leicht, nicht nur beim Einstieg in eine neue Sportart, sondern auch beim Ausprobieren neuer Bewegungsformen. In diesem Sinne wünsche ich dir viel Freude beim Lesen, neue Erkenntnisse für dein Weiterkommen und vor allem Spaß am Bach.

Danksagung

Wie ein Fluss aus vielen Quellen entsteht, so entspringen die Ideen dieses Buches unterschiedlichen Köpfen. Vor allem durch meine Tätigkeit als Kanulehrer und Lehrtrainer beim Bundesverband Kanu (BVKanu) wurde ich durch viele unterschiedliche Menschen inspiriert. Mein besonderer Dank gilt hierbei den Kollegen des BVKanu Lehrteams. Sie gaben den Anstoß, immer wieder neu über Lehrwege nachzudenken und die Ergebnisse festzuhalten.

Stellvertretend für die weitere Unterstützung die ich erfahren durfte, möchte ich mich bei Marcus Moser für seine Zeit und Geduld beim Fotografieren und bei Anna Jankowfsky für ihre mühevolle Kleinarbeit des Redigierens bedanken.

Einleitung

Die Leistung eines Wildwasserfahrers setzt sich immer aus mehreren Komponenten zusammen. Auch wenn du eine Technik z.B. Paddelstütze trainierst, arbeitest du gleichzeitig (unbewusst) an z.B. deinem Bootsgefühl und umgekehrt. Viele Paddler entwickeln so über die Zeit ihr „Lieblingsgebiet" innerhalb dessen sie glauben, sich verbessern zu können. Über kurz oder lang kommt es dann zwangsläufig zu einer Stagnation der Leistung. Hier hilft es, eine andere Entwicklungsrichtung einzuschlagen. In der Sportwissenschaft wird vom konzentrischen Lernen geprochen. Auf den Paddelsport übertragen bedeutet dies, sich mit folgenden Themen bewusst auseinander zu setzen.

- Technik
- Taktik
- Wassergewöhnung
- Bootsgefühl
- Strömungsdynamik
- Sicherheit und Risikomanagement
- Schneller besser (Lernstrategien)

Innerhalb dieser Teilbereiche gibt es keine Hierarchie. Jeder Paddler braucht einen anderen Anstoß für seine persönliche Entwicklung. Die Kunst besteht darin den Richtigen für sich herauszufinden und den passenden Zeitpunkt zu erkennen. Darüber hinaus gibt es Wissenswertes über Material und Ökologie.

Entwicklungsbereiche

Technik

Techniken sind einzelne Paddelschläge, die es dir ermöglichen dein Boot in allen Ebenen zu bewegen.
Sie sind somit die Grundlage für das Wildwasserfahren. Techniken orientieren sich an dem Idealbild eines Kajakfahrers und werden in Reinform dem einzelnen Paddler oft nicht gerecht. Deine Aufgabe ist es, die hier beschriebenen Paddelschläge möglichst optimal an deine anatomischen und persönlichen Voraussetzungen anzupassen.
Darüber hinaus bringt die reine Technik eines Paddelschlages nichts ohne entsprechendes Timing, Körper- und Wassergefühl in Verbindung mit dem Lesen von Strömungen.

Taktik

Die Taktik schließt alle Teilbereiche des Kajakfahrens ein. Es werden sämtliche zur Verfügung stehenden Möglichkeiten ausgenutzt, um möglichst optimal ein Ziel zu erreichen. Welche Taktik ich wähle, hängt somit auch von meiner persönlichen Motivation ab. Will ich einfach nur einen Fluss befahren, will ich möglichst viel spielen oder will ich einen schweren Abschnitt meistern.

Wassergewöhnung

Das Sprichwort „er fühlt sich wie ein Fisch im Wasser" hat für Wildwasserfahrer eine große Bedeutung. Wassergewöhnte Menschen haben weniger Angst, können sich Strömungen leichter vorstellen und entsprechend handeln, haben auch dann noch Reserven, wenn die Eskimorolle mal länger dauert und erreichen schwimmend das rettende Ufer ohne in Panik zu verfallen.

Bootsgefühl

Ziel ist es eine Einheit zwischen dir und dem Boot herzustellen. Das Boot ist die größte Übertragungsfläche zwischen dir und dem Wasser. Die Impulsübertragung sollte in beide Richtungen so reibungslos wie möglich funktionieren. Bei einem guten Bootfahrer lässt sich nicht erkennen ob das Boot an seinem Körper angewachsen ist und ob er sich jemals wieder von seinem „Unterleib" trennen kann.

Strömungsdynamik

Das Lesen von Strömungen ist das tägliche Brot eines Wildwasserfahrers. Strömungen haben einen unmittelbaren Einfluss auf das Geschehen am Bach. Wie entstehen Strömungen? Wie zeigen sie sich an der sichtbaren Oberfläche? Welche Rückschlüsse lassen sich daraus für mich ableiten? Wie kann ich die Strömungen nutzen, um mich effizient auf dem Wasser zu bewegen? Wer Antworten auf diese Fragen hat, lebt nicht nur länger, sondern hat auch mehr Spaß am Paddeln.

Sicherheit und Risikomanagement

Kein Wildwasserfahrer würde von sich behaupten einer Risikosportart zu frönen. Trotzdem gibt es Gefahren mit denen sich jeder verantwortungsbewusste Paddler auseinandersetzen muss. Das Kapitel Sicherheit und Risikomanagement verschafft dir einen Überblick über die möglichen Gefahren und zeigt Handlungsmöglichkeiten auf. Wer sich auf sich und seine Mitpaddler verlassen kann, fährt nicht nur sicherer, sondern auch besser Wildwasser.

Schneller besser

Wir sind häufig durch das schulische Prinzip des Lernens geprägt und bekommen schon Gänsehaut bei dem Wort Lernen. Dass lernen auch Spaß macht, erfahren wir häufig erst im Erwachsenenalter. Wir haben dann selten eine Vorstellung davon, wie lernen individuell und effektiv stattfindet. Im Kapitel „Schneller besser" findest du Ideen zur Umsetzung.

Lernen braucht unterschiedliche Impulse

Konzentrisches Lernen

„7 Pfeiler des Masters of Kajak"

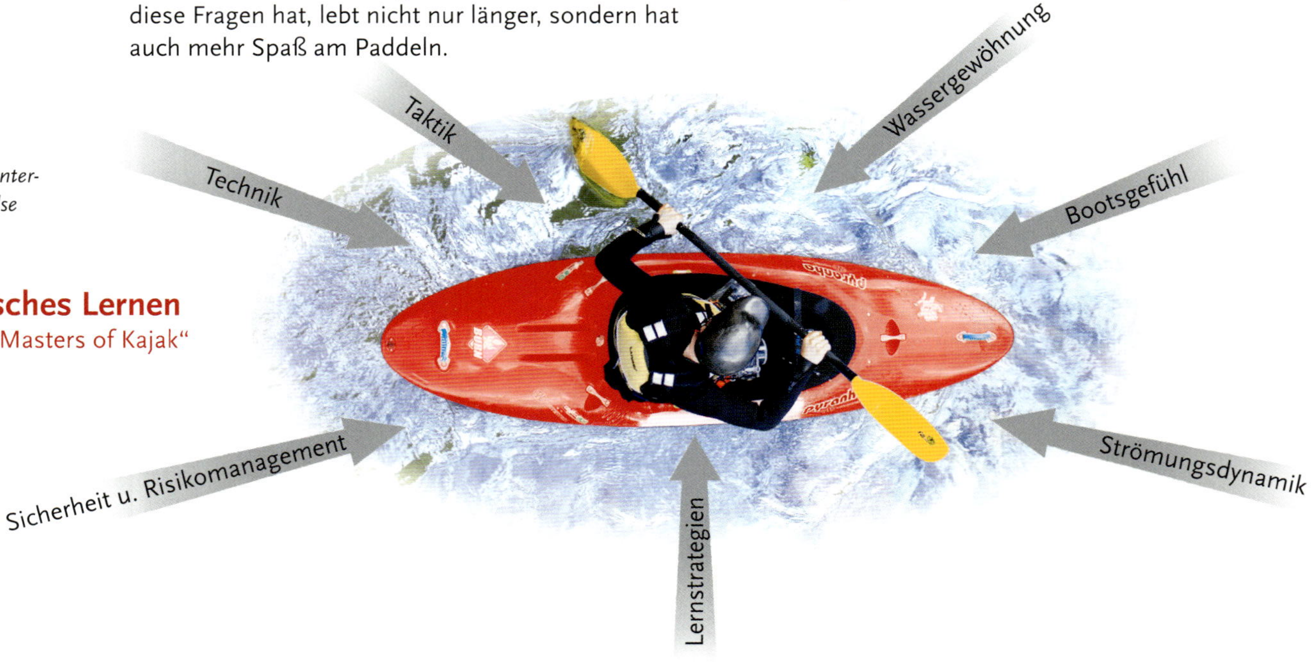

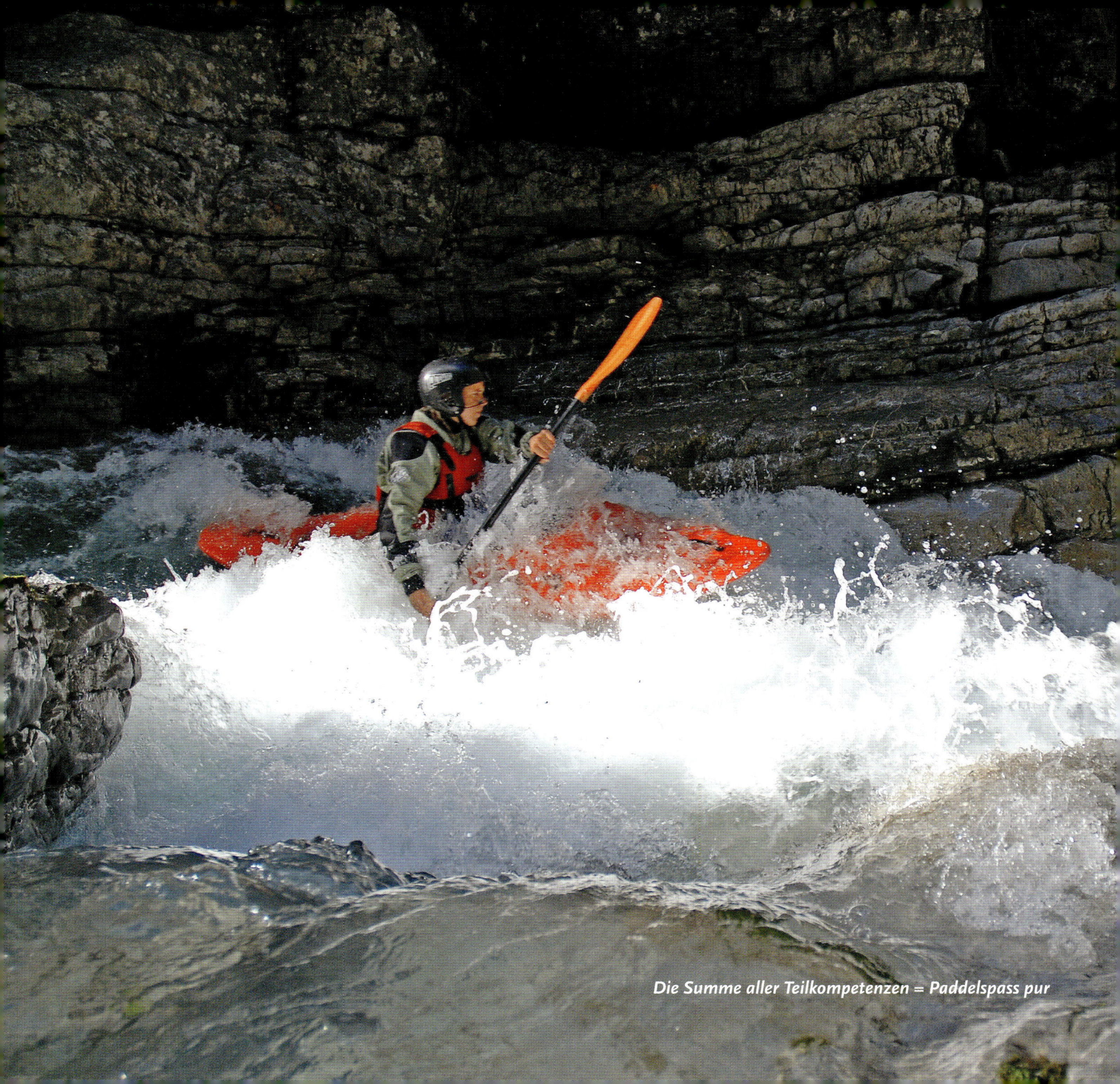

Die Summe aller Teilkompetenzen = Paddelspass pur

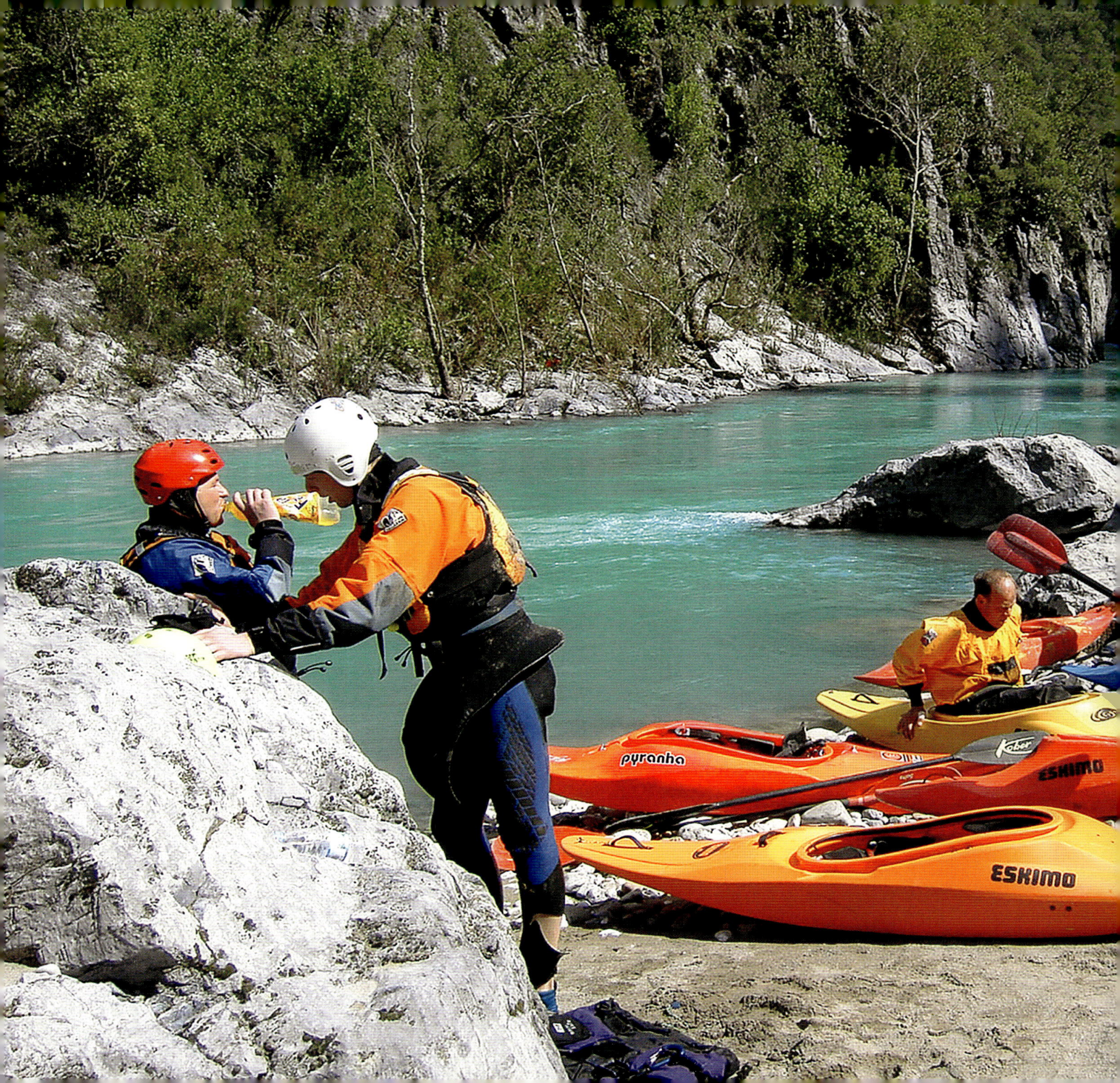
pyranha
ESKIMO
ESKIMO

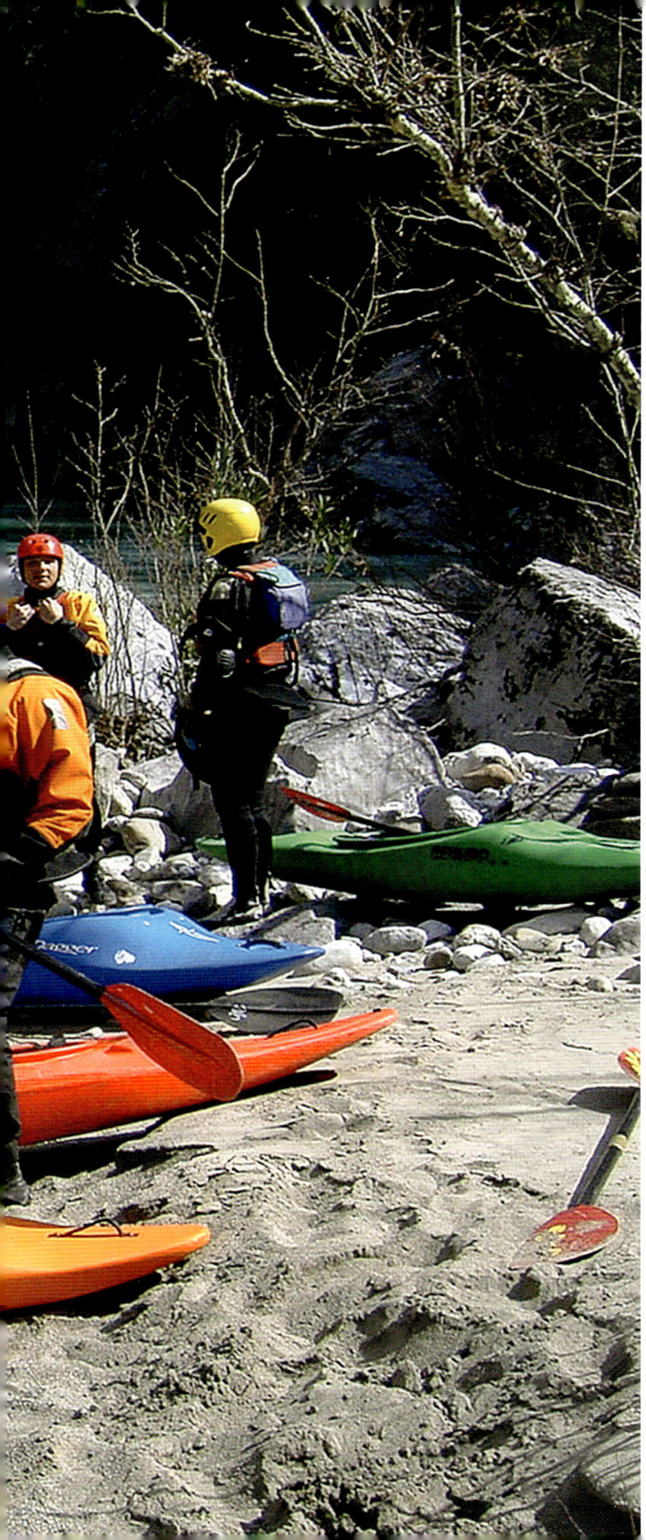

Aller Anfang ist leicht

Das Ziel eines Einsteigers ist es, sich auf ruhigem Wasser und einfachen Flüssen sicher bewegen zu können, einen guten Kontakt zum Boot herzustellen und die Balance zu finden. Neben normalen physischen Voraussetzungen, Schwimmkenntnissen und der Lust am Paddeln sind einige Basisinformationen hilfreich. Die Grundlagen, die du am See lernst, bilden das Fundament für deine Wildwasserkarriere. Auch als Fortgeschrittener findest du hier Anregungen, welche dir im Wildwasser helfen können.

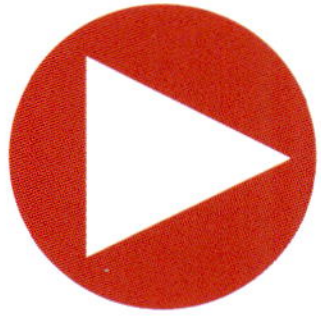

Die Ausrüstung

Mit einer guten Ausrüstung ersparst du dir unangenehme Erfahrungen und hast mehr Spaß am Paddeln. Neben dem Boot und dem Paddel solltest du – sobald es aufs Wildwasser geht – **folgende Ausrüstung tragen**:

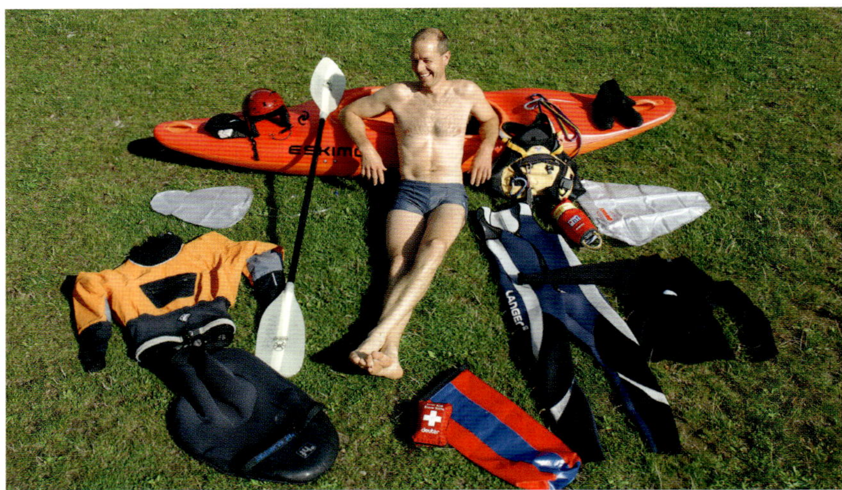

Mit einer guten Ausrüstung ersparst du dir unangenehme Erfahrungen und hast mehr Spaß am Paddeln.

Kälteschutz

Du entscheidest, ob du frierst oder nicht! Mittlerweile gibt es exzellente Paddelbekleidung, die es uns selbst im Winter erlaubt warm zu bleiben. Die Auswahl der Wärmeschichten sollte nicht nur auf das Paddeln, sondern auch auf Schwimm- und Rettungssituationen abgestimmt sein. Eine Unterkühlung stellt sich schnell ein. Wer auf Grund seiner Bekleidung nicht in der Lage ist eine Rettungsaktion durchzuführen, handelt gegenüber seinen Kollegen fahrlässig. Paddelbekleidung ist speziell für Paddler konzipiert und besser geeignet als ein Surfanzug oder der Faserpelz vom Bergsteigen. Um auf die unterschiedlichen Bedürfnisse der Paddler zu reagieren, gibt es mittlerweile sehr differenzierte Kälteschutzbekleidung. Das breiteste Einsatzspektrum für alpines Wildwasser bietet aber immer noch die traditionelle Kombination aus Neoprenanzug, Funktionswäsche und Paddeljacke. 3mm **Neoprenanzüge** ohne Arme (Long John) sind der Klassiker beim Wildwasserfahren. Sie bieten neben Kälteschutz auch Auftrieb beim Schwimmen und Schutz vor Verletzungen. Spezielle Sitzschnitthosen sind für den Paddelsport konzipiert und zwicken nicht in der Hüftbeuge. Kurze Neoprenhosen sind nur für sehr warme Tage oder Tropenflüsse geeignet.

Um Arme und Oberkörper vor dem Auskühlen zu schützen, eignet sich ein eng anliegender Flies oder ein **Funktions-T-shirt**, welches unter den Neoprenanzug gezogen wird. Den Abschluss stellt eine **Paddeljacke** dar. Sie hält das Spritzwasser ab und schützt vor Auskühlung durch Verdunstung und Wind. Paddeljacken gibt es als Halbtrocken- und als Trockenjacken.

Trockenanzüge sind eine weitere Alternative für sehr kalte Tage und Flüsse. Es gibt sie als ganzen Anzug oder geteilt in Jacke und Hose, was die Variabilität erhöht. Als wärmende Isolationsschicht wird unter dem Trockenanzug Funktionswäsche getragen.

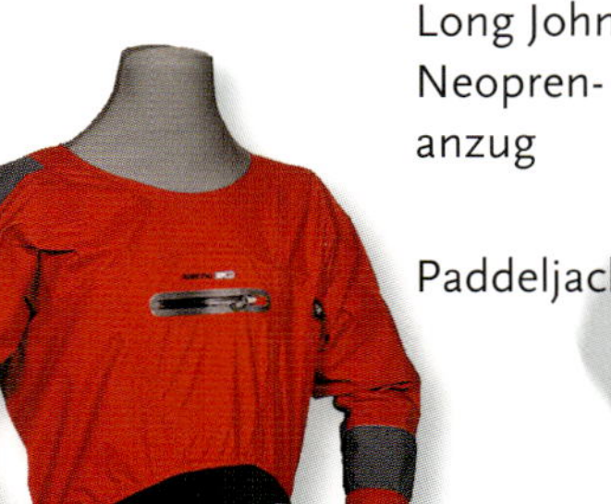

Long John Neoprenanzug

Paddeljacke

Schuhe

Ein guter Paddelschuh ist rutschfest auf nassen Steinen, hat Stabilität zum Laufen im unwegsamen Gelände, isoliert und ist so flexibel, dass er das Ein- und Aussteigen ins Boot nicht behindert. Auch hier gibt es spezielle Kajakschuhe im Fachhandel. Probiere die Schuhe im eigenen Boot aus, bevor du dich für den Kauf entscheidest!

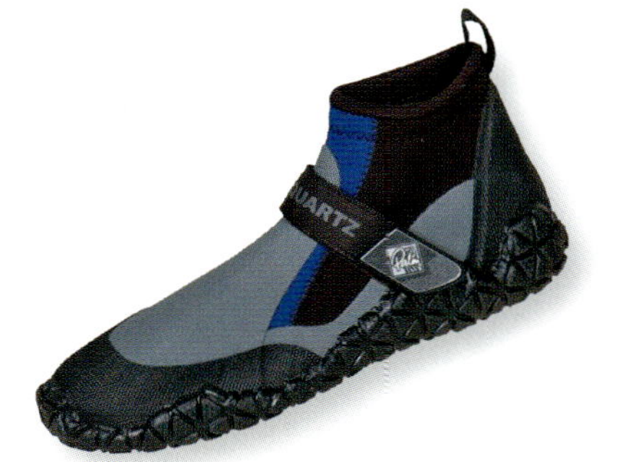

Die Grundausstattung für angehende Wildwasserfahrer: Kälteschutz, Schuhe, Spritzdecke, Helm, Rettungsweste, Paddel, Boot, Wurfsack.

Spritzdecke

Die Spritzdecke bildet den Abschluss zwischen Boot und Körper und verhindert so das Eindringen von Wasser. Je schwieriger das Wildwasser ist in dem du dich bewegst, desto höher werden die Anforderungen an die Spritzdecke. Der so genannte Kamin muss eng am Körper anliegen, die Decke mittels Gummizug dicht am Süllrand abschließen und so fest sitzen, dass ein Eindrücken bei hohem Wasserdruck nicht möglich ist. Je nach Süllrandgröße bietet der Fachhandel passende Spritzdecken an. Momentan werden die Größen Keyhole und Bigdeck angeboten. Das schnelle Öffnen der Spritzdecke ermöglicht ein vorne angebrachtes oder quer laufendes Band. Wildwasserspritzdecken sind in der Regel aus Neopren gefertigt. Prüfe vor Fahrtbeginn ob du deine Spritzdecke eigenhändig schließen und öffnen kannst.

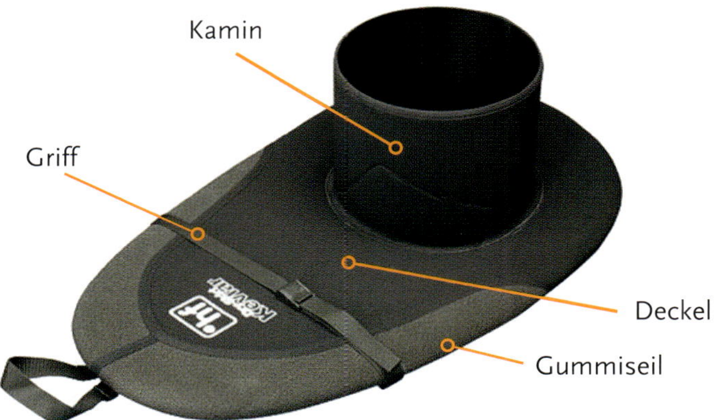

Helm

Sobald bei einer Kenterung die Gefahr besteht mit dem Kopf auf den Boden aufzutreffen, ist ein Helm angesagt. Wildwasserhelme werden nicht so extrem belastet wie Kletterhelme und unterliegen keiner Norm. Dies ist wohl der Grund warum es so viele unterschiedliche Modelle gibt. Ein guter WW-Helm schützt die Schläfen, die Ohren, den Nacken und ist ausreichend gepolstert. Im Stirnbereich ist darauf zu achten, dass bei einem Schlag keine harte Helmkante gegen die Stirn drückt. Ein guter Sitz ist Voraussetzung für die Funktionsfähigkeit eines Helms, denn der teuerste Helm nützt nichts, wenn er im Ernstfall vom Kopf gezogen wird. Alle anders aussehenden Helme stellen einen Kompromiss dar und bergen ein höheres Verletzungsrisiko. Dies sollte jedem Paddler klar sein, der mit einer „Nussschale" auf dem Kopf unterwegs ist. Wer durch einen dumpfen Schlag auf den Kopf bewusstlos wird, kann auch schnell ertrinken!

Rettungsweste

Viele Unfallsituationen haben gezeigt, dass eine einfache Schwimmweste für den Wildwassersport nicht ausreichend ist. Eine Rettungsweste bietet neben dem Auftrieb und dem Schlagschutz beim Schwimmen im Wildwasser folgende Features:
Eine oder mehrere Taschen zum Verstauen einer Pfeife, eines Messers und Kleinteilen wie Karabiner oder Müsliriegel.
Ein Bergegurt ermöglicht das Einklinken eines Karabiners zur aktiven Rettung z.B. als gesicherter Springer oder um selbst gerettet zu werden. Ein Notauslösemechanismus macht es möglich das gesamte System zu lösen, wenn es während des Einsatzes zu einer gefährlichen Situation kommen sollte.
Die Schultergurte sind so stabil, dass sie auch als Fixpunkt beim Retten einer Person verwendet werden können ohne zu reißen.
Der Sitz einer Rettungsweste muss so gut sein, dass es zu keinem unfreiwilligen Ausziehen unter Seilzug oder durch die Strömung kommt.

Viele Unfallsituationen haben gezeigt, dass eine einfache Schwimmweste für den Wildwassersport nicht ausreichend ist.

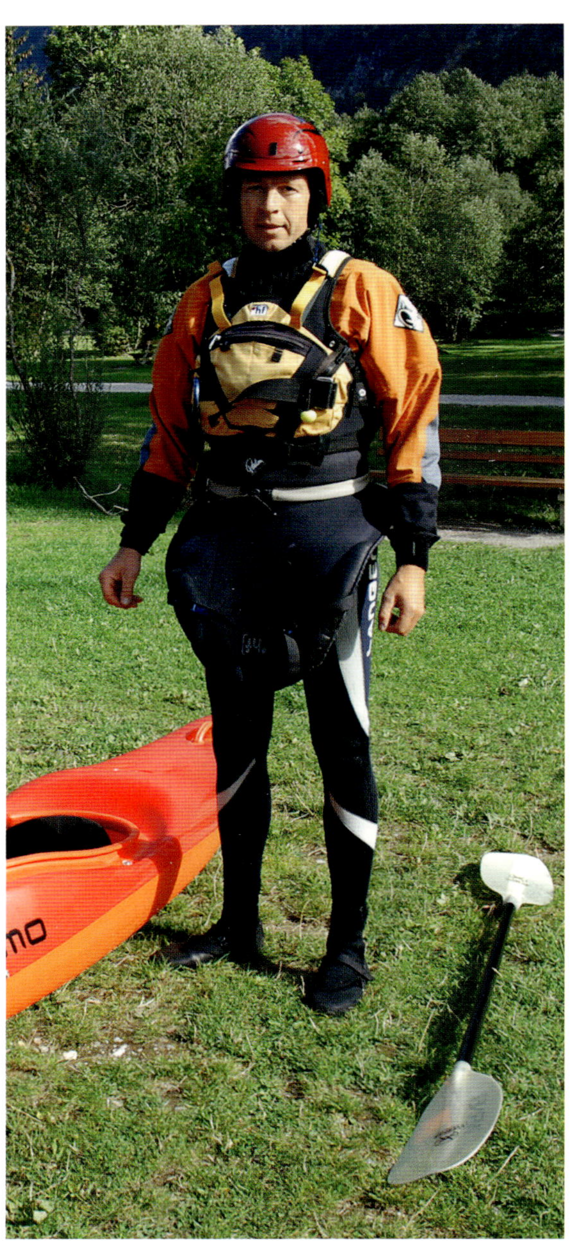

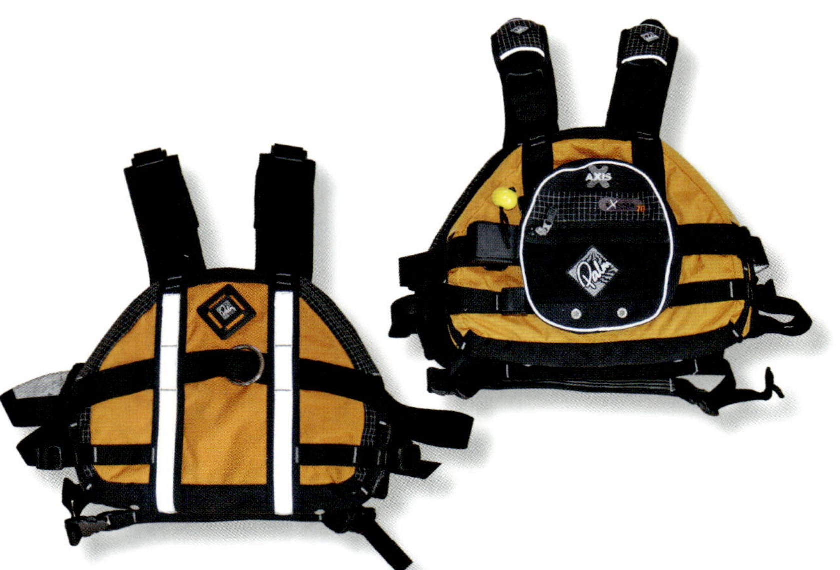

Anatomie von Paddel, Boot und Mensch

Detailinformationen zu den jeweiligen Formen und Materialien findest du unter Material Know-how.

Paddel

Das Paddel stellt das Verbindungsglied zwischen dem Wasser und dir her. Es ist das Werkzeug mit dem du deine Ideen umsetzt. Ein gutes Paddel ist auf den Einsatzbereich (Wildwasser, Freestyle, Wettkampf), deine persönliche Anatomie und deinen Paddelstil abgestimmt.

Blatt

a) Blattrückseite
b) Blattvorderseite
c) Paddelschaft mit Blättern

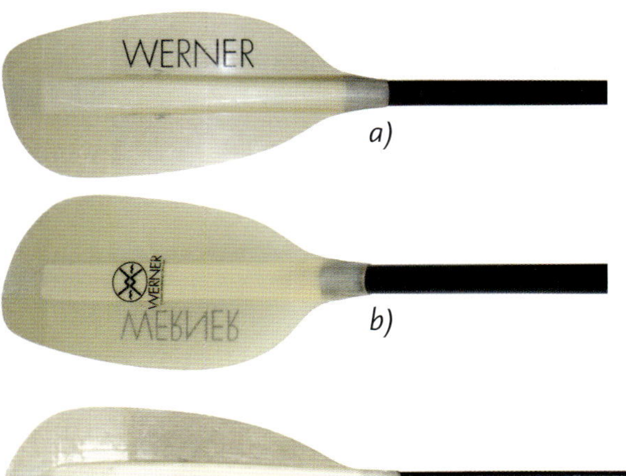

Boot

Wildwasserboote gibt es in unterschiedlichsten Ausführungen. Mittlerweile haben sich drei Bootsklassen je nach Einsatzgebiet etabliert:
Fun-Cruiser, Creeker und Spielboot.
Innerhalb dieser Klassen gibt es für fast alle Körpergrößen ein passendes Boot. Die Fahreigenschaften der Boote sind abhängig von der Formgebung der Bootshülle.

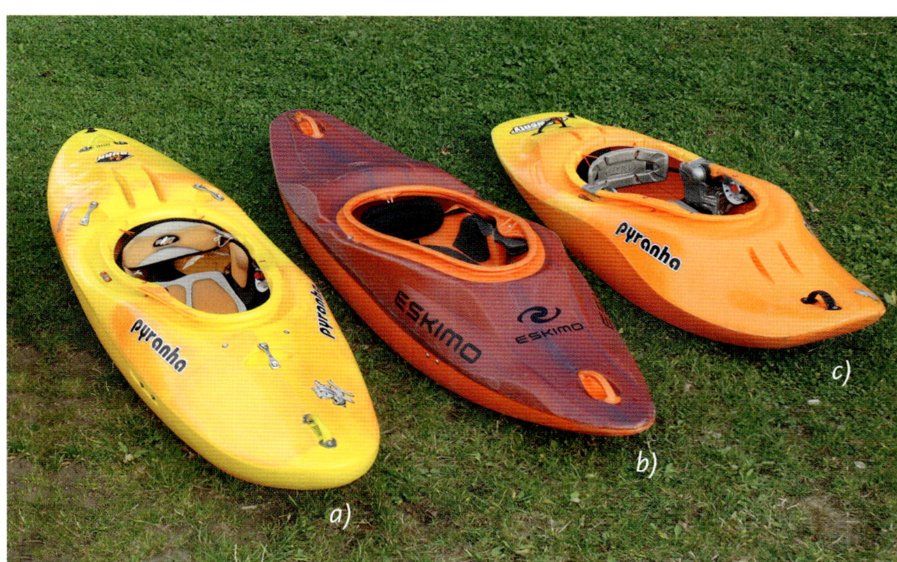

a) Beispiel für einen Creeker: Pyranha Burn

b) Beispiel für einen Fun-Cruiser: Eskimo Xeno

c) Beispiel für ein Spielboot: Pyranha S9

Allgemein sind folgende Bezeichnungen von Bedeutung:

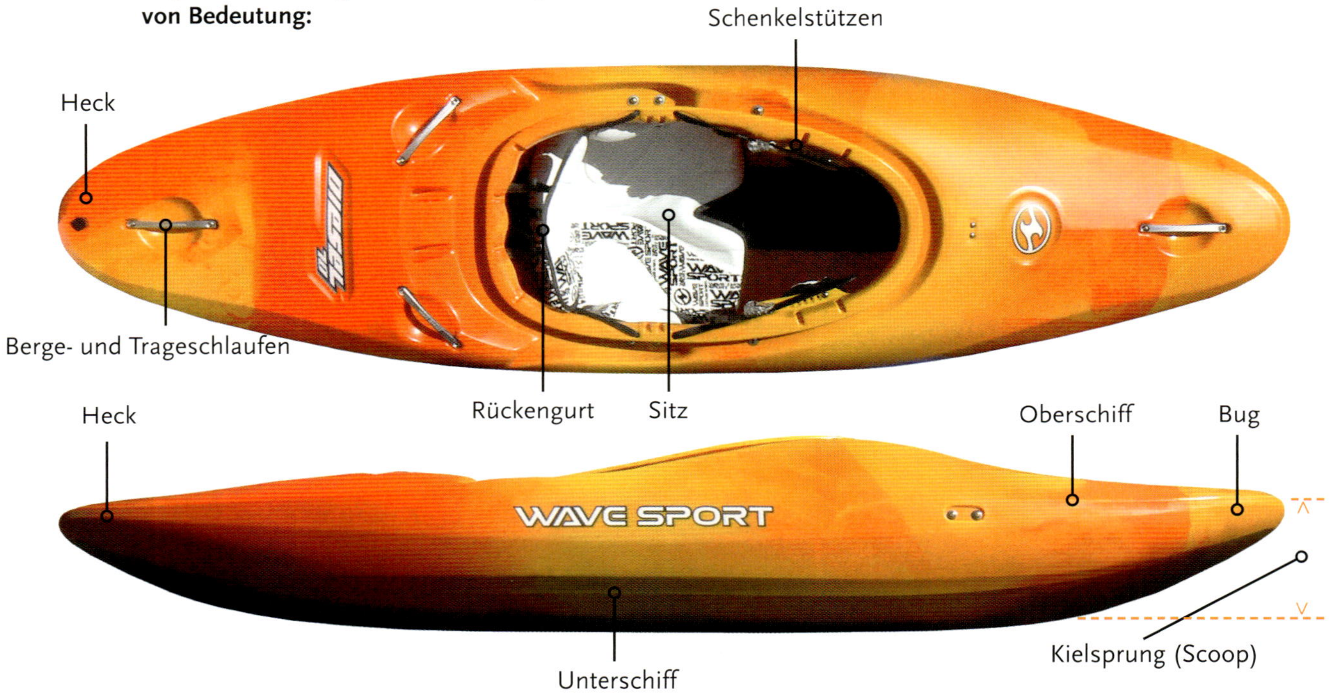

Schenkelstützen
Heck
Berge- und Trageschlaufen
Rückengurt
Sitz
Heck
Oberschiff
Bug
Unterschiff
Kielsprung (Scoop)

Paddler

Aus der Sitzhaltung und den Gelenkstellungen ergeben sich die verschiedenen Paddelpositionen und Techniken. Technik- und Taktikbeschreibungen nehmen Bezug auf diese Merkmale.

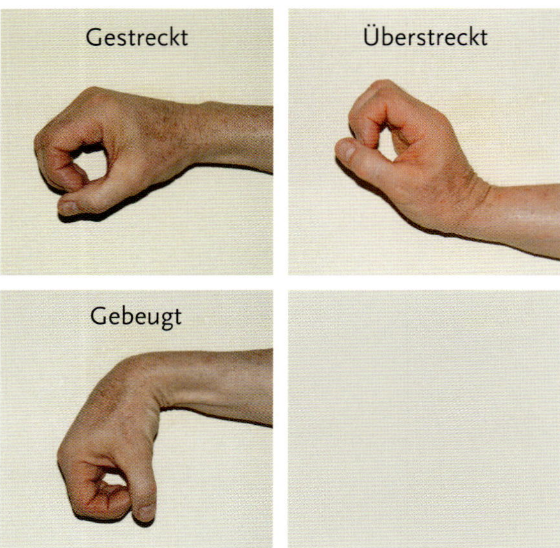

Gelenkstellungen

- Handgelenk (gebeugt, gestreckt, überstreckt)
- Ellbogen (gebeugt, gebunden, fast gestreckt)
- Schulter (alle Freiheitsgrade, aber keine Endstellungen)

Oberkörper (aufrecht, Blick nach vorn, Brustbein nach vorne oben gezogen)
Hüfte (Sitzhöcker - Knochen am Po - haben Kontakt zum Sitz)

Nützliches bevor es aufs Wasser geht

Boot anpassen

Durch das sogenannte Fitten des Bootes optimierst du die Kraftübertragung deiner Bewegung auf das Boot. Die Kontaktpunkte – Sitz, Rückengurt, Schenkelstützen und Fußstütze stellen dabei die Übertragungsflächen dar.
Nur durch ein optimales Anpassen dieser Punke kannst du sicherstellen, dass Bewegungen auf die Bootshülle optimal übertragen werden. Deine Haltung und die Bequemlichkeit im Boot stehen in direktem Zusammenhang mit dem Fitten des Bootes.

Hersteller denken sich hierzu immer raffiniertere Einbauten zum individuellen Einstellen der Boote aus. Keinesfalls dürfen sie einen Notausstieg behindern. Überprüfe diesen Punkt bevor du dich für ein Boot entscheidest!

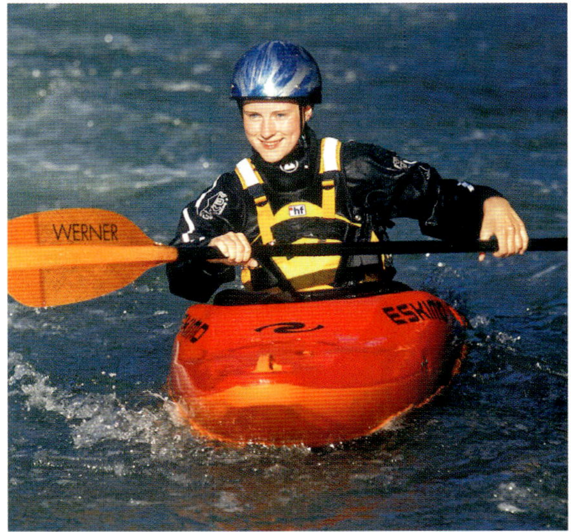

Drei Konzepte zum Fitten von Booten

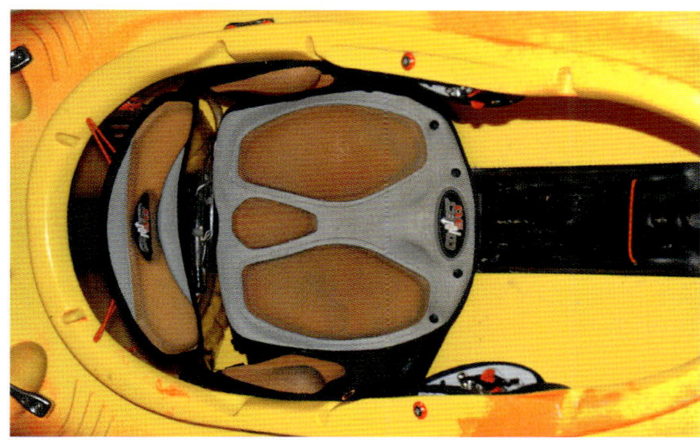

Sitzanlage Prinzip: mit Ratschen und Schienensystem

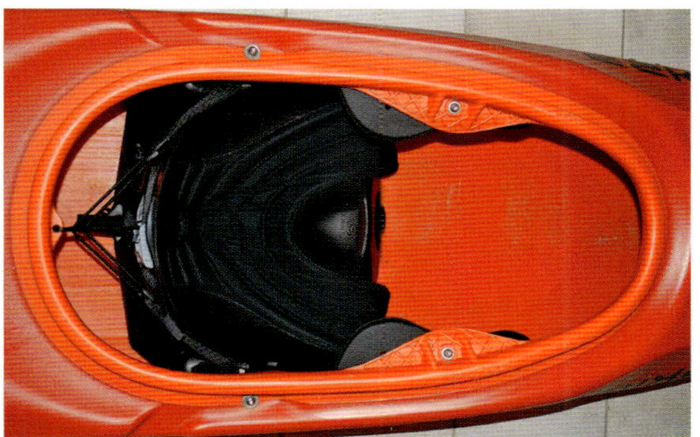

Sitzanlage Prinzip: „Cockpit smart and simple“

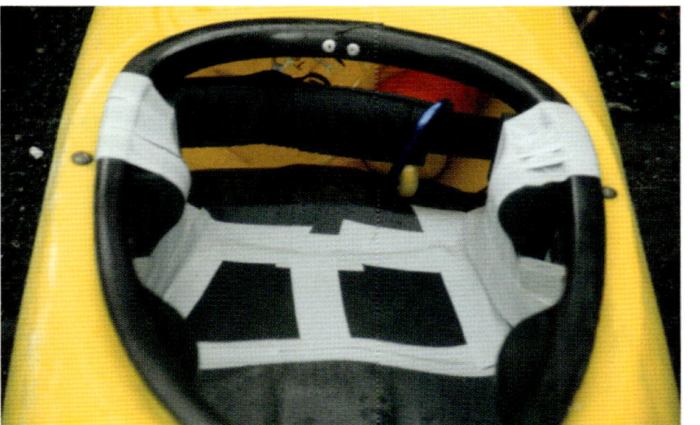

System Selfmade

◀◀ Nur ein gut gefittetes Boot erlaubt eine optimale Kraftübertragung.

Tragen des Bootes

Auch wenn moderne Wildwasserboote heute keine 30 Kilogramm mehr wiegen, ist es trotzdem anstrengend sein Boot vom Auto zum Bach zu tragen. Die meisten Paddler bevorzugen es ihr Boot alleine zu schultern.

Dies funktioniert am besten so:

Stell dich frontal und mittig zum Boot. Hebe das Boot jetzt auf deine Oberschenkel und lege es dort ab. Gib dem Boot mit dem heckzugewandten Bein Schwung und lege es dann auf der Schulter ab. Das Paddel kannst du leicht mit dem Fuß hochkicken. Wer Rückenproblemen vorbeugen will, sollte darauf achten aus den Beinen und mit geradem Rücken zu heben. Gibt es längere Strecken zu tragen, z.B. gesperrte Forstwege, lohnt es sich über einen Bootswagen nachzudenken.

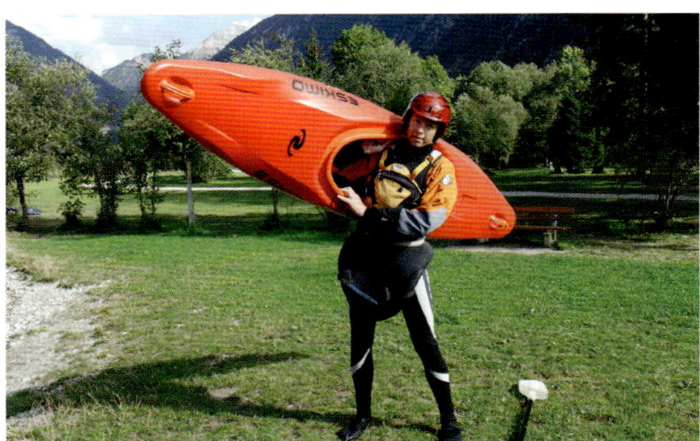

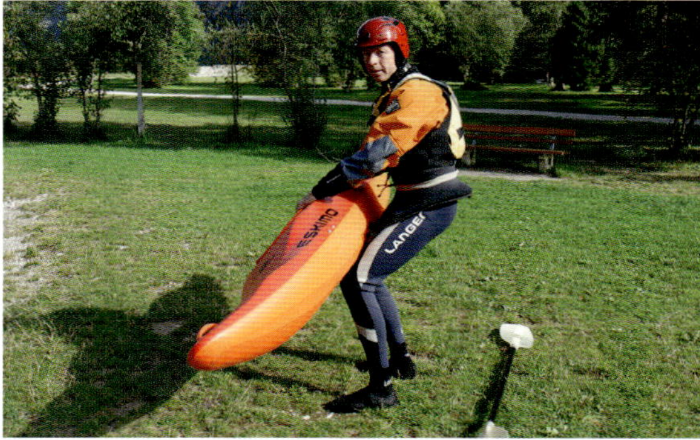

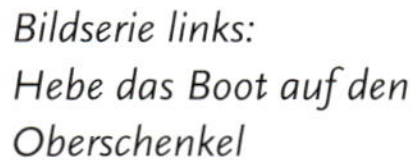

Bildserie links:
Hebe das Boot auf den Oberschenkel

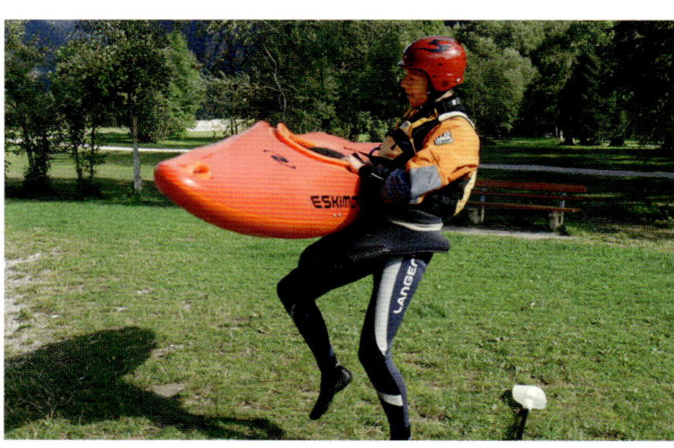

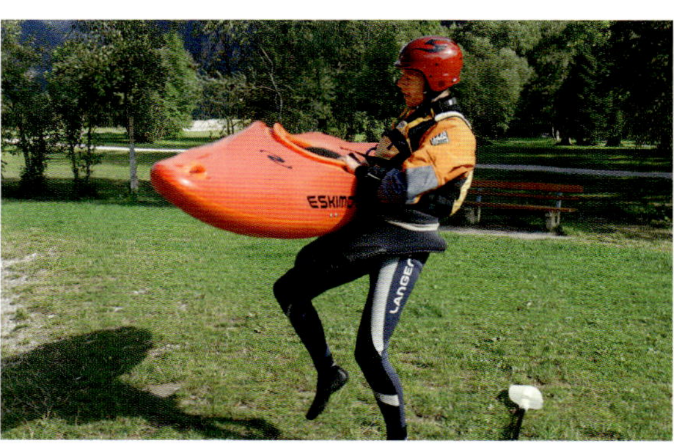

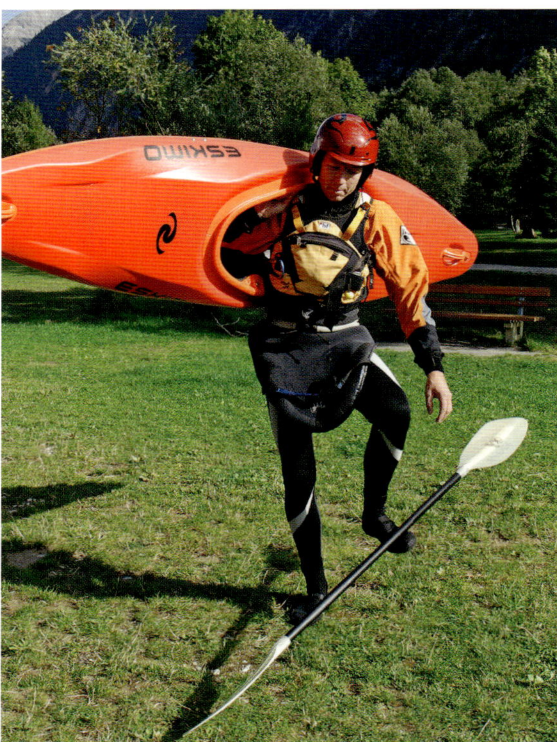

Bildserie rechts:
Lege das Boot dann auf der Schulter ab. Das Paddel kann man leicht mit dem Fuß hochkicken.

Die Spritzdecke

Sie verhindert das **Eindringen von Wasser ins Boot** und ist für das Wildwasserfahren unverzichtbar. Neoprenspritzdecken haben sich wegen ihrer Elastizität und ihrer wärmenden Funktion durchgesetzt.

Sie lässt sich am einfachsten schließen, wenn sie nass ist. Zuerst legst du sie über das hintere Drittel des Süllrands, dann spannst du sie mit beiden Händen leicht an, fixierst sie mit den Ellbogen und ziehst sie gleichmäßig über den vorderen Bereich.

Kontrolliere, ob sie wirklich geschlossen ist und das Band zum Öffnen sichtbar außen liegt. Zum Öffnen ziehst du, bei Modellen mit Griffschlaufe vorne, schräg nach vorne oben und bei Modellen mit querlaufendem Gurtband, auf dich zu.

Mit den Knien kannst du die Spritzdecke von unten aufdrücken und das Öffnen unterstützen. Die Spritzdecke sollte gut sitzen, aber auch gut zu öffnen sein. Wenn du sie an Land nicht aufbekommst, dann kaufe dir eine andere.

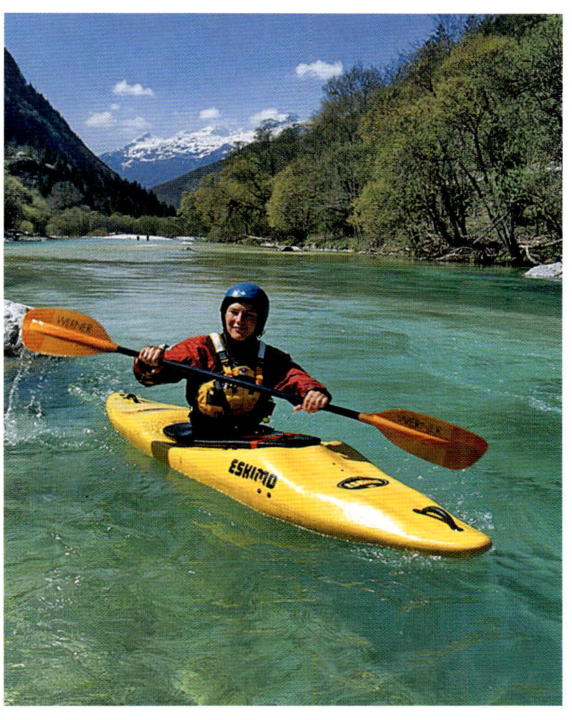

Die Spritzdecke verhindert das Eindringen von Wasser ins Boot und ist für das Wildwasserfahren unverzichtbar.

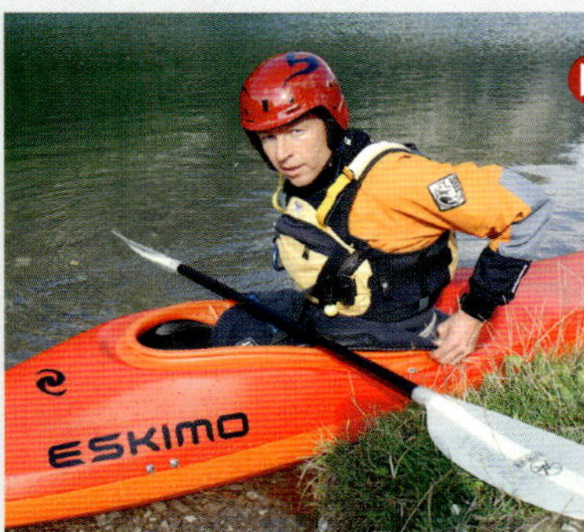

Fang mit dem Schließen hinten an...

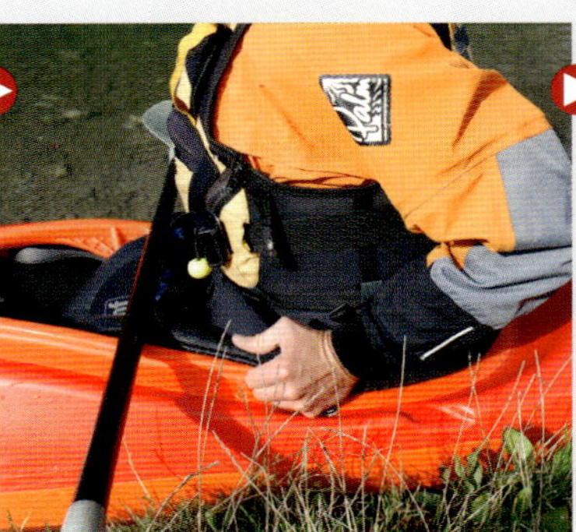

ab Hüfthöhe wird die Spritzdecke unter Spannung nach vorne gezogen...

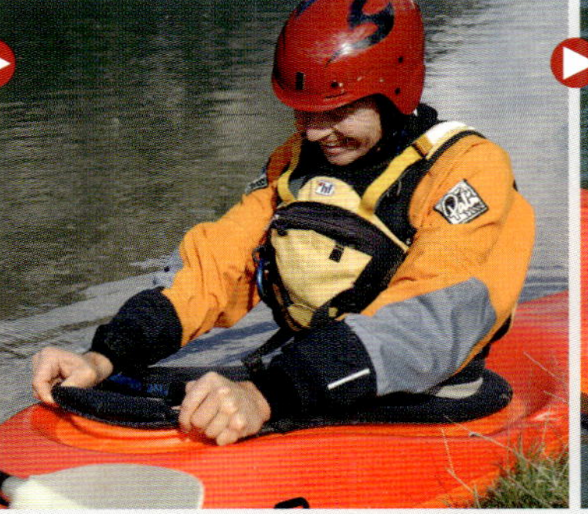

und zum Schluß seitlich geschlossen.

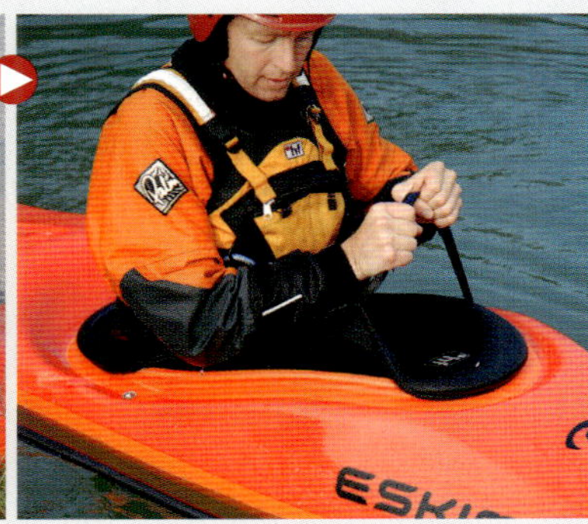

Zum Öffnen am Gurtband oder an der Frontschlaufe ziehen.

Ein- und Aussteigen

Was an Land noch ohne Tricks und Hilfsmittel funktioniert, kann am Wasser knifflig werden. Je nach Ufersituation gibt es zwei Möglichkeiten ins Boot zu kommen.

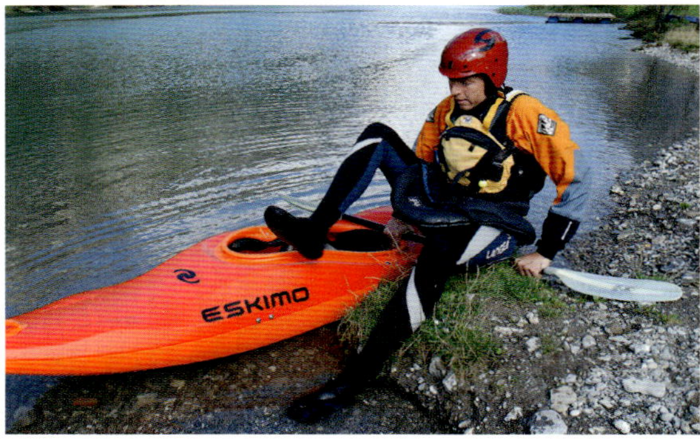

Die Paddelbrücke

Das Boot wird mit dem Bug gegen die Strömung und parallel zum Ufer ins Wasser gelegt.
Lege das Paddel hinter den Süllrand so auf das Boot, dass eine stabile Verbindung zwischen Ufer und Boot entsteht. Dabei hält eine Hand mit dem Affengriff Boot und Paddel zusammen. Die andere stützt sich auf dem Schaft ab. Gehe hierbei in die Hocke und verlagere das Gewicht permanent zum Ufer. Jetzt folgt ein Bein dem anderen ins Boot. Als letztes folgt der Hintern. Erst jetzt bringst du dein Gewicht über die Bootsmitte, nimmst dein Paddel nach vorn und schließt die Spritzdecke. Das Aussteigen mit der Paddelbrücke funktioniert in umgekehrter Reihenfolge.

Je nach Ufersituation gibt es zwei Möglichkeiten ins Boot zu kommen: die Paddelbrücke, der Felsenstart.

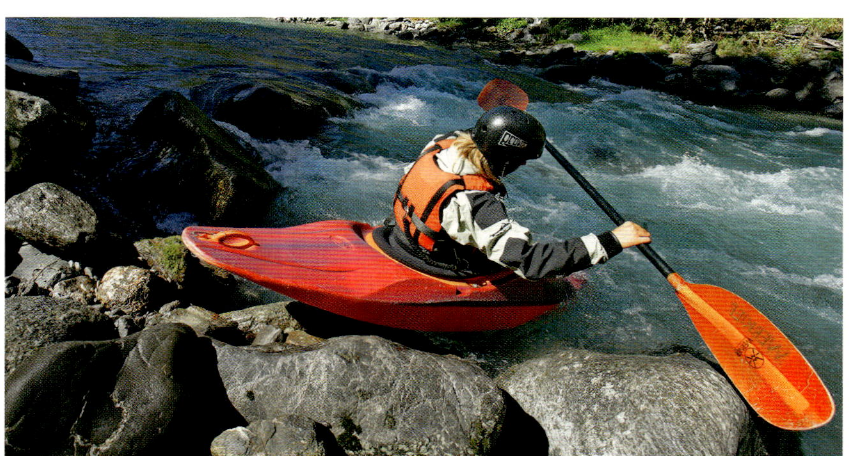

Der Felsenstart

Große Felsblöcke und steile Ufer lassen das Einsteigen mit Paddelbrücke oft nicht zu. Hier bietet sich der Felsenstart an. Positioniere dein Boot möglichst flächig auf einem geeigneten Fels. Lege dein Paddel griffbereit neben das Boot oder halte es in der Hand. Je nach Größe der Auflagefläche ist es ein mehr oder weniger großer Balanceakt ins Boot zu steigen. Bewege dich ruhig und kontrolliere immer wieder die Lage des Bootes. Ein ungewolltes Abrutschen des Bootes kann unangenehme Folgen haben. Der optimale Eintauchwinkel bei hohen Felsenstarts liegt zwischen 45 und 80 Grad. Ist die Landung zu flach oder zu steil, kann es zu Rücken-, Schulter- oder Gesichtsverletzungen kommen.

Das Aussteigen

Der normale Ausstieg (Paddelbrücke) findet kontrolliert am Ufer statt und läuft in umgekehrter Weise wie der Einstieg ab.

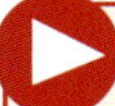

Trainingstipps

- Suche dir unterschiedliche Ufersituationen und probiere verschiedene Varianten aus.
- Vermeide das Rutschen über Wiesen und Kies. Die Ufer werden abgetragen und der Lebensraum von Fischlaich und Kleinlebewesen zerstört.

Grundlagen auf dem Wasser
Kentern und aussteigen unter Wasser

Das Gefühl im Boot „gefangen“ zu sein und es bei einer Kenterung nicht verlassen zu können, begleitet viele Einsteiger. Bewusstes Kentern und Aussteigen unter Wasser baut diese Hemmschwelle ab und ermöglicht erst ein befreites und effektives Lernen.

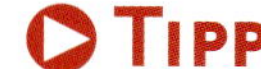

Tipp

Wer eine gute Orientierung unter Wasser hat und Ruhe bewahrt, erlernt anschließend die Eskimorolle leichter!

Trainingstipps

- Suche dir ca. 1,5 m tiefes Wasser ohne Strömung.
- Ein Partner an deiner Seite gibt Sicherheit und kann im Notfall helfen.
- Das Bootsfitting sollte so sein, wie es auch beim Paddeln eingestellt ist.
- Übe erst ohne und dann mit Spritzdecke.
- Greife mit beiden Händen um das Boot und lass dich umfallen.
- Zähle unter Wasser mit geöffneten Augen langsam bis drei.
- Nimm die Knie in die Mitte des Bootes und übe mit ihnen Druck auf die Spritzdecke aus.
- Öffne bewusst die Spritzdecke mit den Händen.
- Drücke dich mit beiden Händen auf Hüfthöhe am Süllrand aus dem Boot heraus und mache eine Rolle vorwärts.
- Tauche erst nach unten und zur Seite, bevor du versuchst an die Oberfläche zu kommen.
- Übe das Aussteigen mehrmals und variiere dabei die Haltung in de· du kenterst.

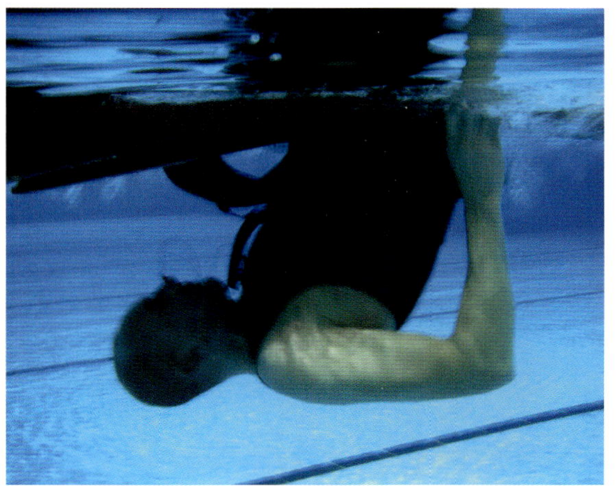

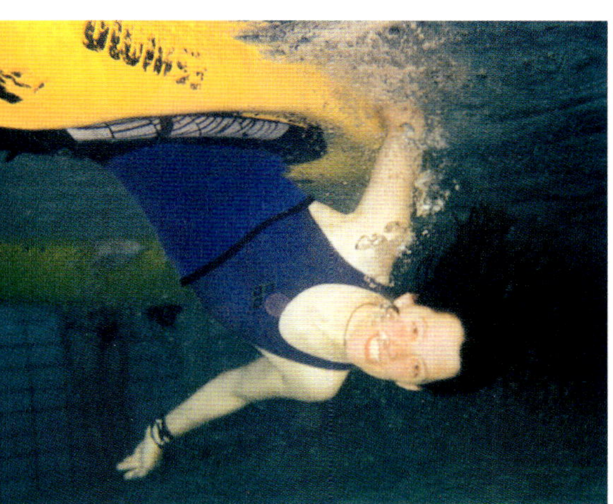

◀ *Wer kopfüber unter Wasser hängt, dem hilft die richtige Atemtechnik und Orientierung.*

◀◀ *Bewusstes Kentern und Aussteigen unter Wasser baut die Hemmschwelle „im Boot gefangen zu sein“ ab und ermöglicht erst ein befreites und effektives Lernen.*

Boot entleeren

Kentern und schwimmen gehört zu jeder Paddelkarriere. Wer frühzeitig lernt damit umzugehen, spart sich viel Kraft und Ärger. Das Ausleeren des Bootes nach folgender Reihenfolge hat sich tausendfach bewährt.

- Suche dir einen festen Stand im Wasser.
- Hebe das Boot in der Mitte langsam an bis kein Wasser mehr herausfließt.
- Lege den Bug oder das Heck mit der Luke nach unten auf eine leichte Erhöhung am Ufer und hebe und senke es. Zwei Personen können es auch wechselseitig anheben und senken.
- Alternativ dazu kannst du gleiches über dem Knie machen.
- Die letzten Reste des Wassers kannst du dann über die Ablassschraube entsorgen.

Kentern und schwimmen gehört zu jeder Paddelkarriere. Wer frühzeitig lernt damit umzugehen, spart sich viel Kraft und Ärger.

Wenn du Zeit hast und das Boot aufstellen kannst, läuft das Wasser natürlich auch bequem über die Ablassschraube raus.

Der Notausstieg

Manche Situationen erfordern einen sogenannten Notausstieg und haben schon manchem das Leben gerettet. Musst du dein Boot vor einem plötzlich auftauchenden, gefährlichen Hindernis (Zaun, Baum, etc.) oder vor einem Wehr verlassen, so bleiben dir nur Sekunden. Wirf dein Paddel weg, öffne die Spritzdecke, stütze dich mit beiden Händen am Süllrand ab und verlasse dein Boot möglichst kontrolliert. Mit einiger Übung kannst du auch aus deinem Boot auf ein Hindernis springen.
Der Notausstieg erfordert Übung! Zu eng gefittete Boote erschweren oder machen einen Notausstieg sogar unmöglich.

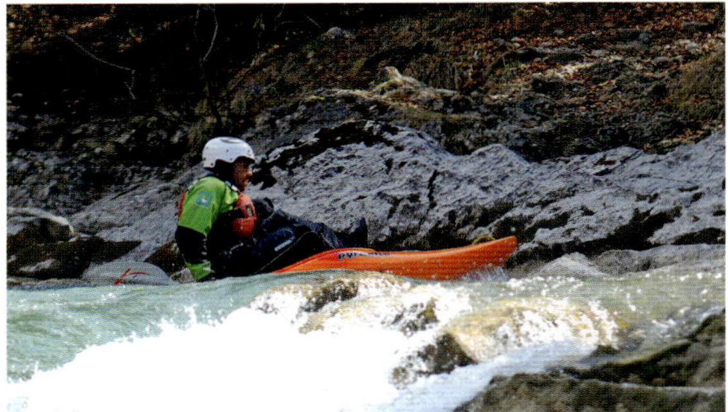

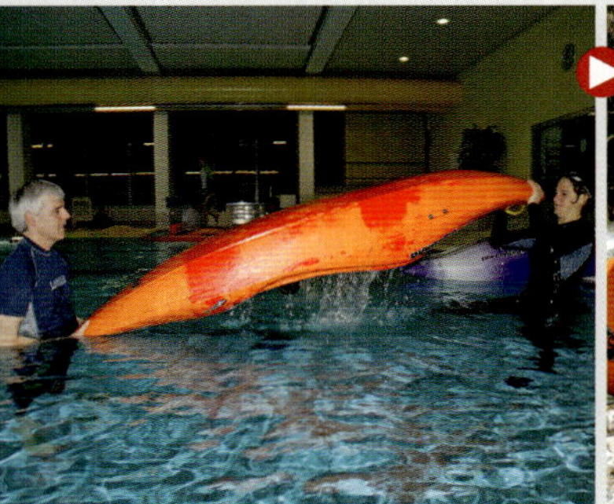

Boot entleeren zu zweit

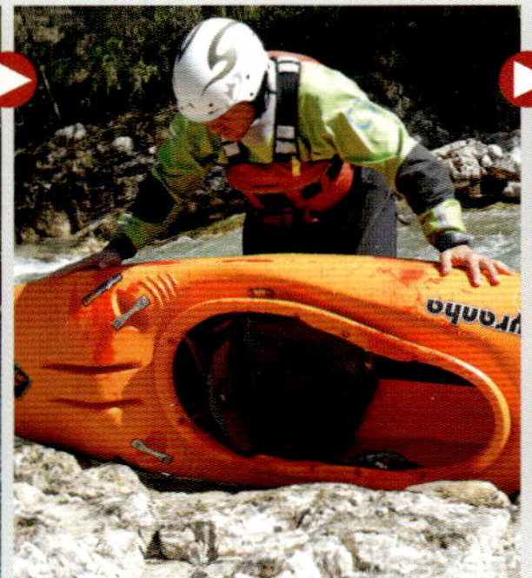

Seitlich auslaufen lassen

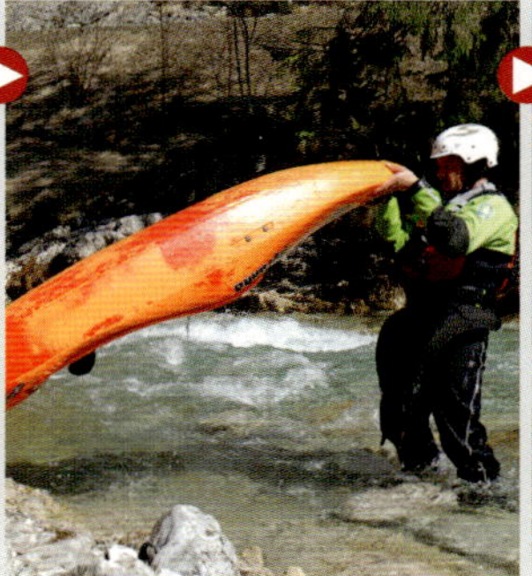

Boot entleeren über Fels

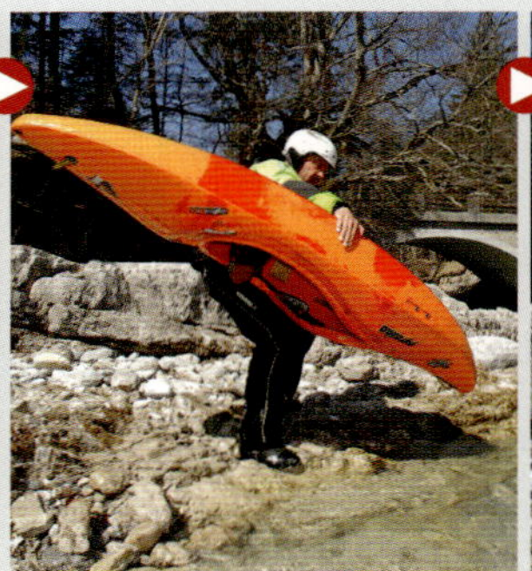

Boot entleeren über das Knie

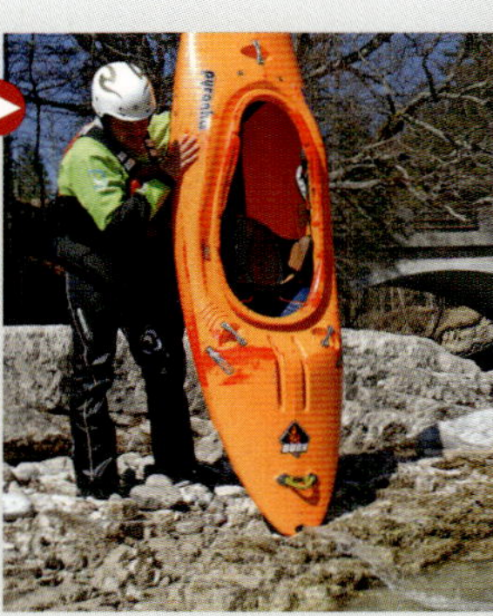

Boot entleeren über Ablassschraube

Die Grundhaltung

Die Grundhaltung beschreibt eine Sitzposition bei der alle funktionalen Voraussetzungen für effektives Paddeln gegeben sind. Hierzu zählen:

- Aktionsbereites Sitzen: Beide Sitzknochen haben Kontakt zum Sitz. Rückengurt und Schenkelstützen lassen genug Spielraum für die Lendenwirbelsäule und die Fußstütze ist so eingestellt, dass Beinarbeit und fester Halt gleichermaßen möglich sind.
- Der Oberkörper ist in einer „stolzen“ aufrechten Haltung.
- Das Paddel wird symmetrisch und etwas über Schulterbreite gegriffen. Hierbei ist mehr dein individuelles Gefühl beim Paddeln gefragt, als eine starre Regel. Die Griffbreite ist nämlich von vielen Faktoren wie Paddellänge, Paddelblätter, Bootstyp, persönliche Kraft, Paddelstil und Paddelziel abhängig.

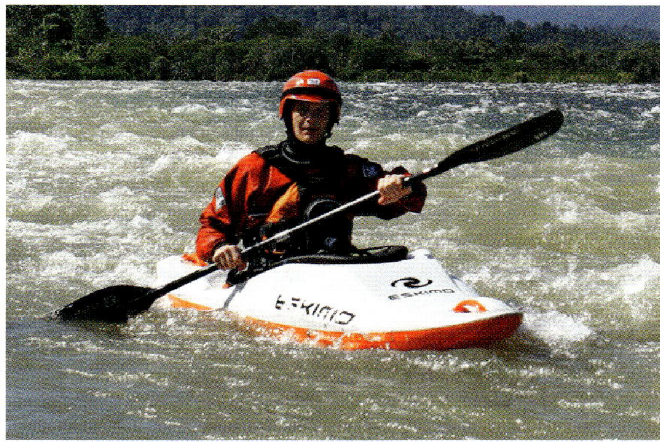

Aktionsbereite und effiziente Sitzhaltung

Im schweren Wildwasser ist eine gute Grundposition Voraussetzung für kontrolliertes Paddeln. ▶

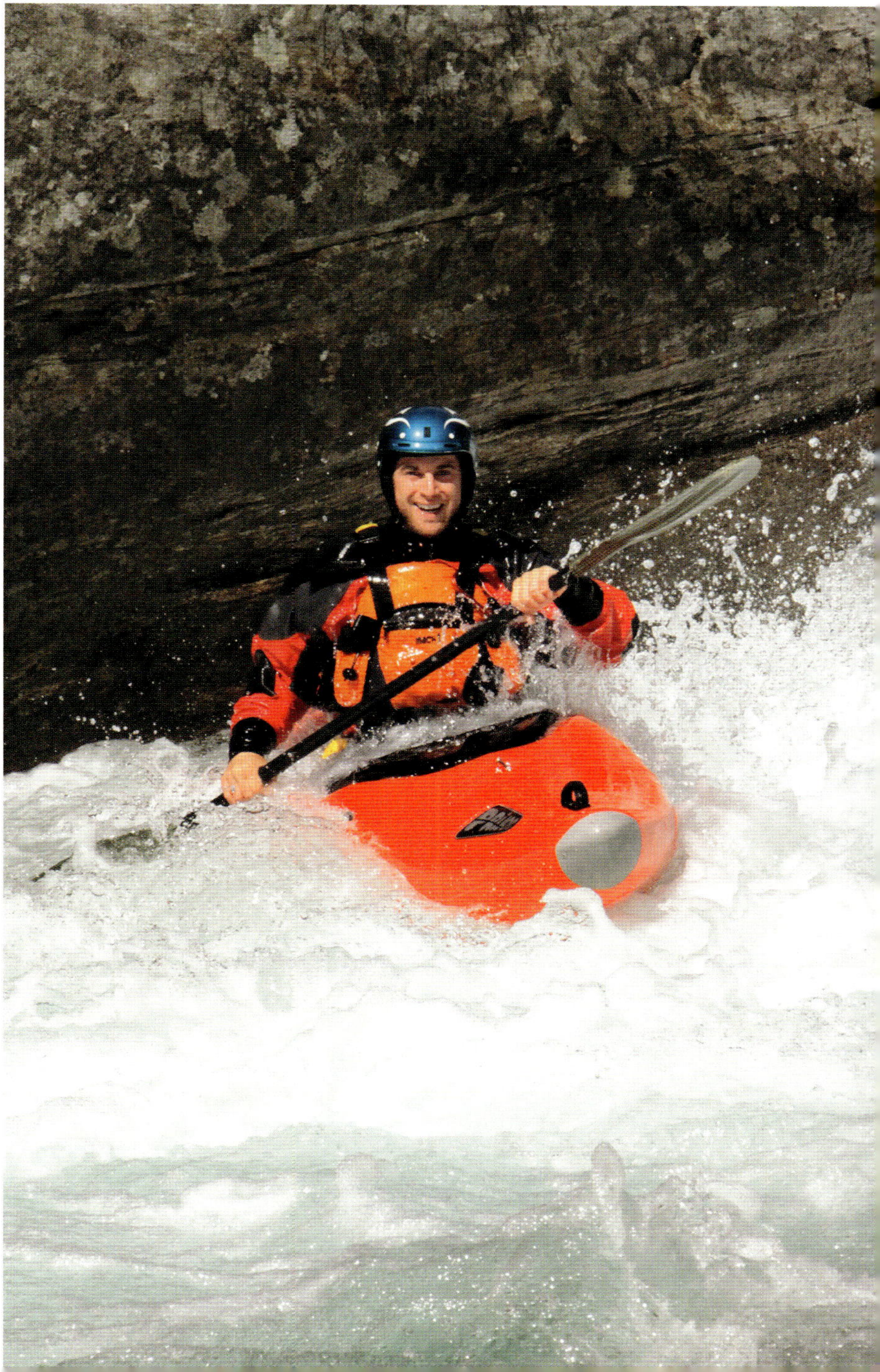

In Bewegung

Kajakfahren ist eine Ganzkörpersportart! Jede Bewegung ist von den Zehenspitzen bis zum Kleinen Finger spürbar. Die Kunst eines effektiven Paddelstils besteht darin, das Zusammenspiel aller Muskelgruppen und Gelenke so zu optimieren, dass eine fließende Bewegung möglich ist.
Die Kraftübertragung auf das Paddel und die Gelenkstellung sind dann ideal, wenn du die Hände leicht öffnen kannst und sich das Paddel von selbst stabilisiert. Dies gilt für alle Schläge!

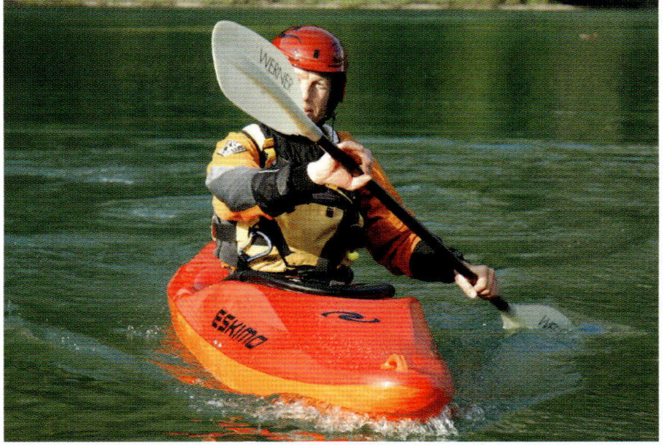

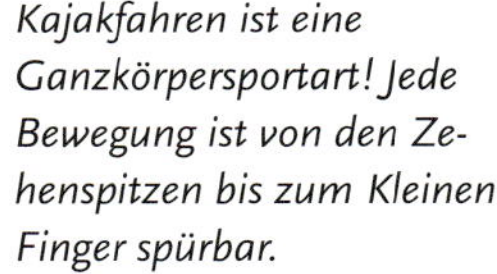
Kajakfahren ist eine Ganzkörpersportart! Jede Bewegung ist von den Zehenspitzen bis zum Kleinen Finger spürbar.

Trainingstipps

- Paddel mit halber Kraft, wenn du neue Bewegungen oder Taktiken ausprobierst.
- Spüre einer Bewegung nach wo sie anfängt und wo sie endet.
- Denke bei einer Bewegung nicht so viel mit dem Kopf, sondern fühle mit dem Körper.
- Setze möglichst viele und große Muskelgruppen ein.
- Rotiere aus dem Oberkörper heraus und paddel nicht nur aus den Armen heraus.
- Spiele mit allen Komponenten bis sich die Bewegung optimal anfühlt.
- Zu enge Schenkelstützen und Rückengurte blockieren Bewegungen.

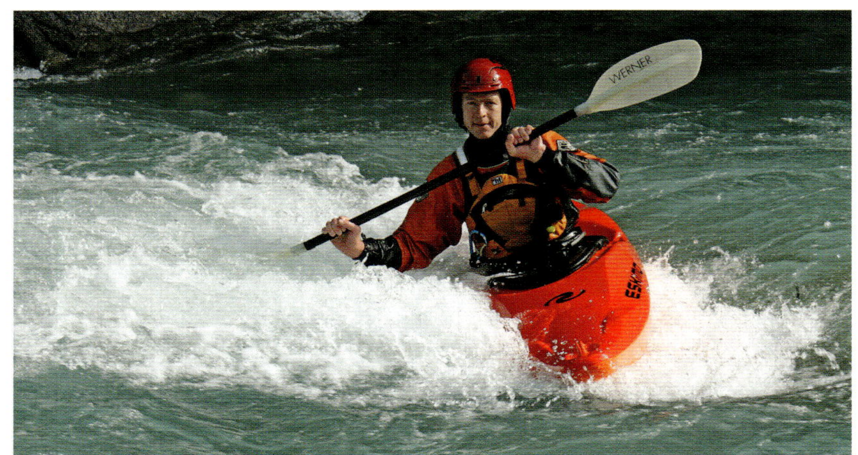

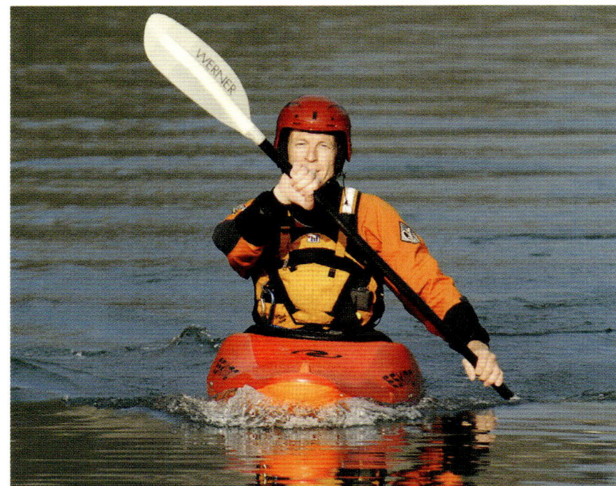

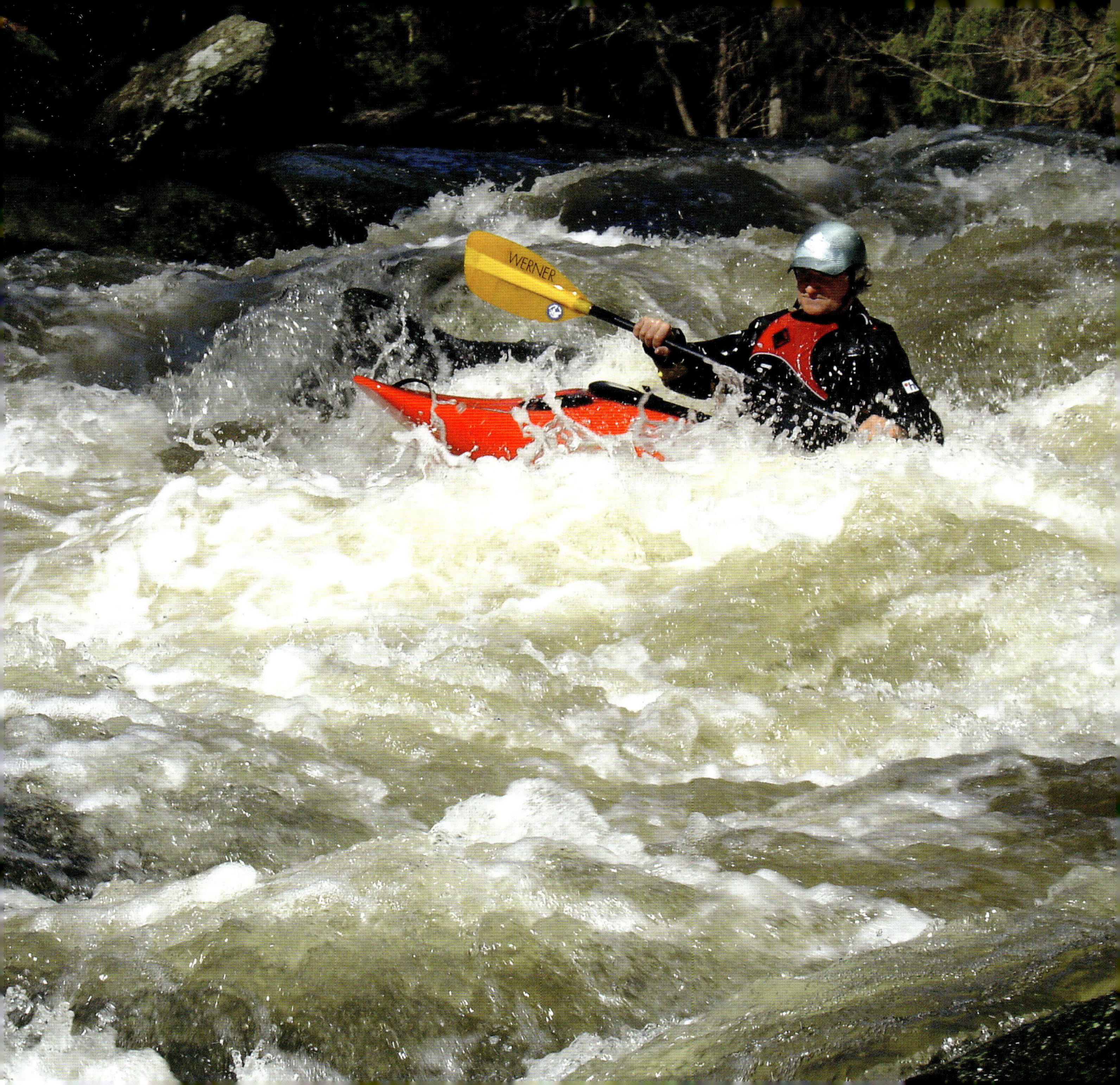
WERNER

Basistechnik

Die Basistechniken sind das Fundament auf der deine Wildwasserkarriere aufbaut. Nimm dir Zeit und besinne dich immer wieder darauf zurück. Auch für einen WW 4 Paddler ist es hilfreich, von Zeit zu Zeit an seinem Grundschlag zu arbeiten.

Die Bewegungsrichtungen

Grundsätzlich kannst du das Boot in drei Dimensionen bewegen. Die Vorstellung von drei Achsen welche durch dein Boote laufen, erleichtern eine Bewegungsvorstellung. Die Längsachse ist für alle Vorwärts- und Rückwärtsbewegungen, die Tiefenachse für alle Auf- und Abwärtsbewegungen und die Querachse für alle Seitwärtsbewegungen von Bedeutung. Eine Rotation des Bootes kann um alle Achsen erfolgen.

Mögliche Bewegungsachsen:

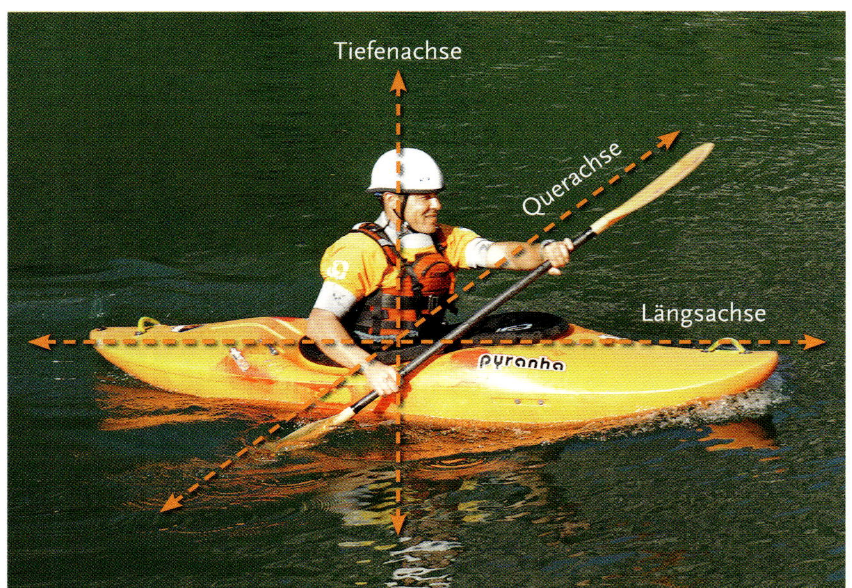

Der Antrieb

Das Paddel ist ein Hilfsmittel um die Kraft aus dem Körper auf das Wasser zu übertragen. Genauso kannst du alle Bewegungen und Techniken auch mit den Händen umsetzen. Die Hände imitieren hierbei die Paddelflächen, so dass jede Stellung deiner Hand identisch ist mit der entsprechenden Blattstellung. Auf diese Weise erhältst du ein gutes Gefühl für die Strömungen und die Effektivität deiner Paddelbewegungen.

Das Bootsgefühl

Bevor du dich den ersten Paddelschlägen zuwendest, ist es sinnvoll, ein Gefühl für das Material, das Wasser und deine eigenen Bewegungen zu bekommen.

Nimm dir hierzu Zeit! Auch wenn du schon gut mit dem Paddel umgehen kannst, ist es sinnvoll, sich immer wieder mit diesem Thema zu beschäftigen.

Die folgenden Übungen helfen dir dein Bootsgefühl zu verbessern und ein Gespür für die Kraftübertragung aufs Boot zu bekommen.

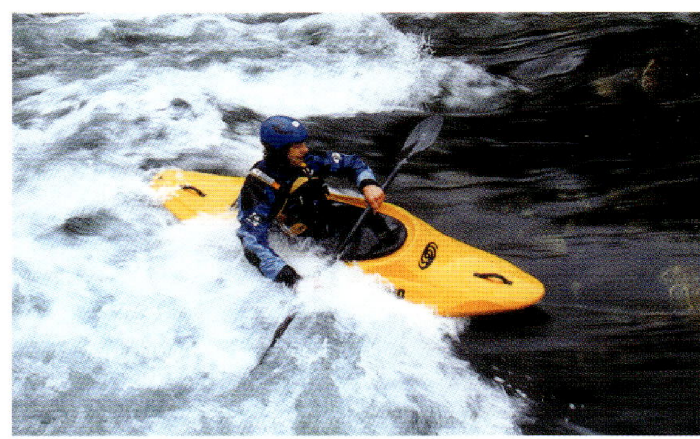

Optimales Bootsgefühl umgesetzt beim Surfen.

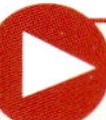

Trainingstipps

- Paddel mit den Händen umher und bewege dich in alle Richtungen.
- Hangel dich mit den Händen am Ufer entlang oder um das Boot deines Kollegen.
- Benutze das Paddel als Reckstange (zwei andere Paddler halten es) und rotiere das Boot aus der Hüfte.
- Versuche durch Körperbewegungen dein Boot zu drehen.
- Wackel aus der Hüfte, mache Wellen mit dem Boot.
- Versuche Bug und Heck unter Wasser zu bringen.
- Verwende das Paddel in unterschiedlichen Formen um vorwärts zu kommen.

Bewusstes, kraftschlüssiges Paddeln – im WW unabdingbar.

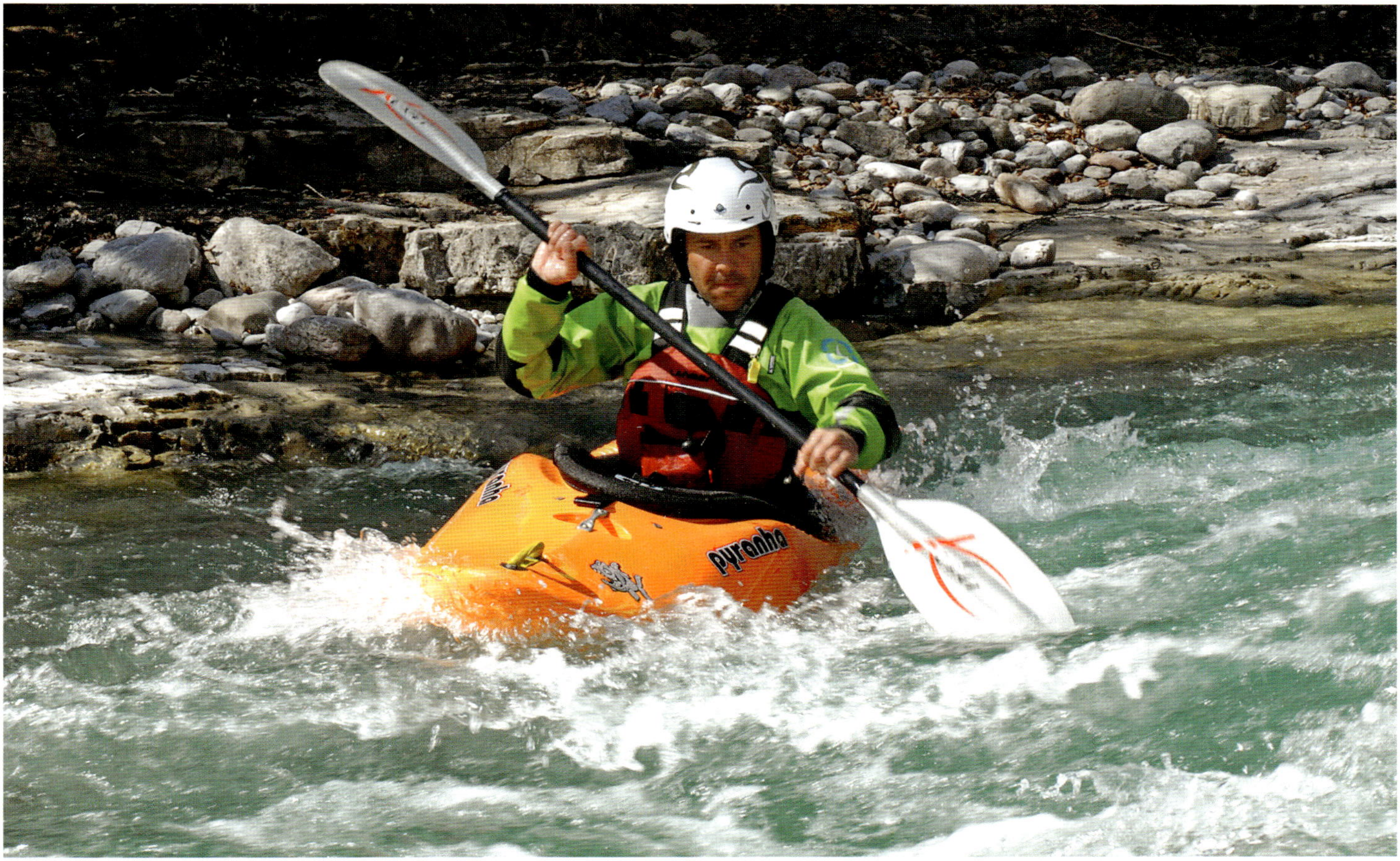

Paddeltechnik

Die Ausgangsposition der Technikformen bezieht sich immer auf die Grundhaltung (siehe Seite 25).

Die Paddelhaltung

Strecke deine Arme nach vorne. Bei einem rechtsgedrehten Paddel steht das rechte Paddelblatt nun 90 Grad zur Wasseroberfläche und die gekehlte Seite schaut zu dir. Behalte die Griffposition deiner rechten Hand für sämtliche Paddelmanöver bei. Man spricht hier von der Fixhand. Eine Drehung des Paddels erreichst du durch Beugen oder Strecken des Handgelenks. Die linke Hand umschließt hierbei locker den Schaft und lässt die Drehungen zu. Sie wird als „lose Hand" bezeichnet.

Für alle Techniken muss diese Grundhaltung nicht verlassen werden.

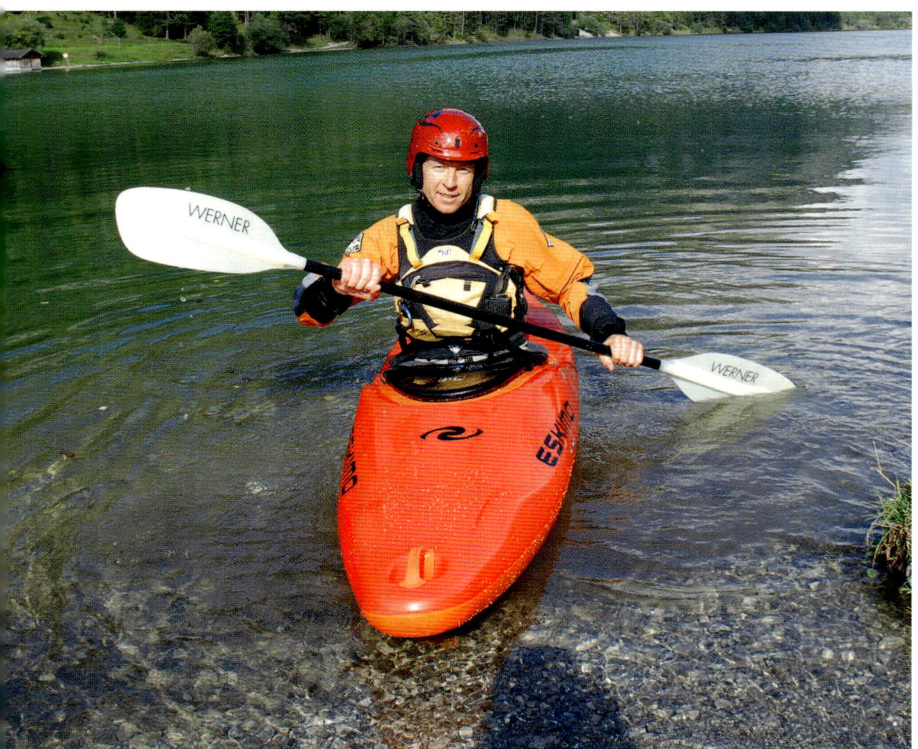

Das Kanten

Durch Kanten wird die Wasserlage des Bootes verändert. Die Angriffsflächen des Wassers variieren. Dies hat unterschiedliche Auswirkungen auf das Boot. Diesem Umstand verdankt das Kajakfahren seine Lebendigkeit.
Durch richtiges Kanten kann eine Kenterung verhindert, oder das Boot gezielt gesteuert werden. Kanten unterscheidet sich durch die Richtung (Ankanten/Wegkanten) und die Körperhaltung (Hüftknick/Körperauslage) durch die es eingeleitet wird. Die gängigste Art des Kantens im Wildwassersport ist das Ankanten durch den Hüftknick.

1. Ankanten
Unter Ankanten versteht man das Drehen des Bootes um die Längsachse hin zur Aktionsseite. Diese Art des Kantens ist die Gebräuchlichste beim Wildwasserfahren und zum Steuern des Boots.

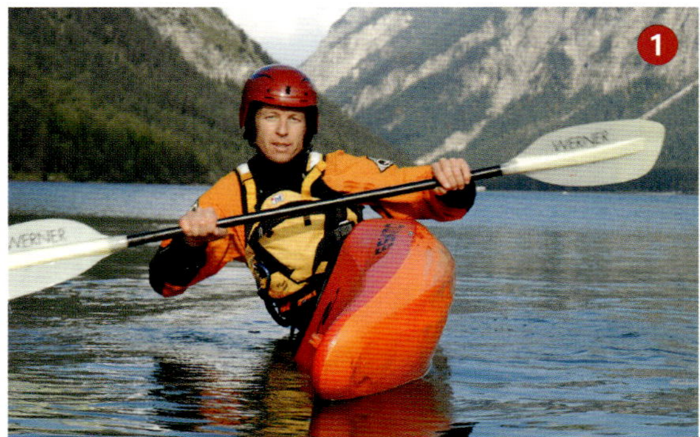

Trainingstipps

- Nimm die Hände über den Kopf und wackel aus der Hüfte hin und her.
- Versteife dich im Boot und lege dich zur Seite.
- Nimm die Bootsspitze eines anderen Bootes und kante durch Hüftknick und Körperauslage.
- Nimm Fahrt auf, lass dich vom Wasser in eine Richtung drehen und lege dich in die Innenkurve.

2. Wegkanten

Unter Wegkanten versteht man das Drehen des Bootes um die Längsachse hin zur Gegenseite. Das Wegkanten findet vor allem beim Spielbootfahren und beim High End Wildwasserfahren seine Anwendung.

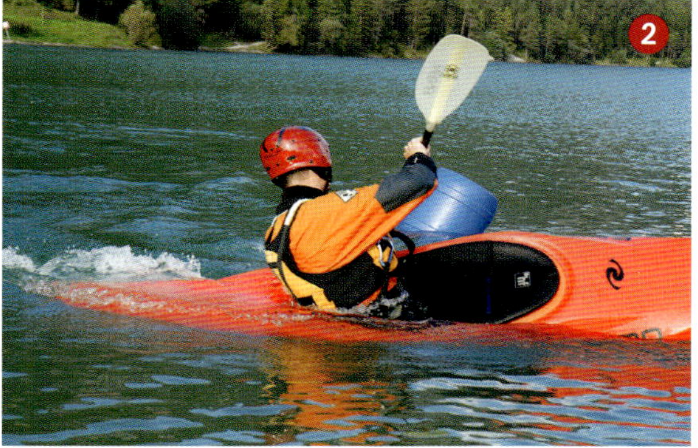

3. Hüftknick

Das Boot wird durch seitliches Heben des Beckens und Oberschenkeldruck aufgekantet. Der Körperschwerpunkt bleibt dabei über dem Boot.
Ein Umkippen ist durch diese Art des Kantens nicht möglich. Der Hüftknick ist die Art des Kantens mit der du 90% aller Situationen beim Wildwasserfahren abdeckst.

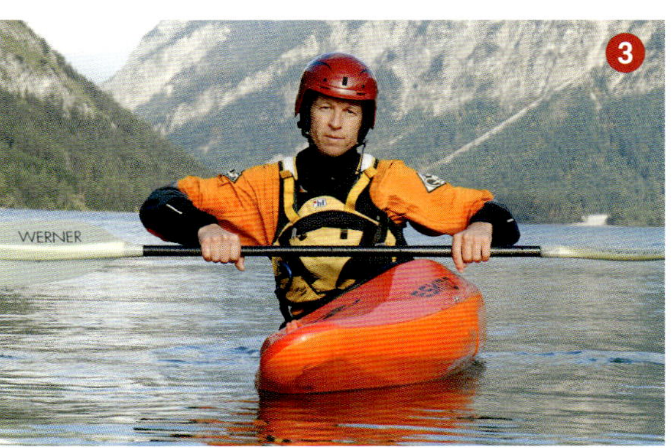

4. Körperauslage

Das Boot wird durch Hinauslegen des Oberkörpers aufgekantet. Die Wirbelsäule und das Becken bleiben dabei in aufrechter Haltung. Der Körperschwerpunkt verlagert sich über das Boot hinaus. Ohne die nötige Dynamik des Wassers fällst du um. Vor allem bei hohen Strömungsdynamiken wie z.B. schnellen Kehrwässern kommt diese Art des Kantens zum Einsatz.

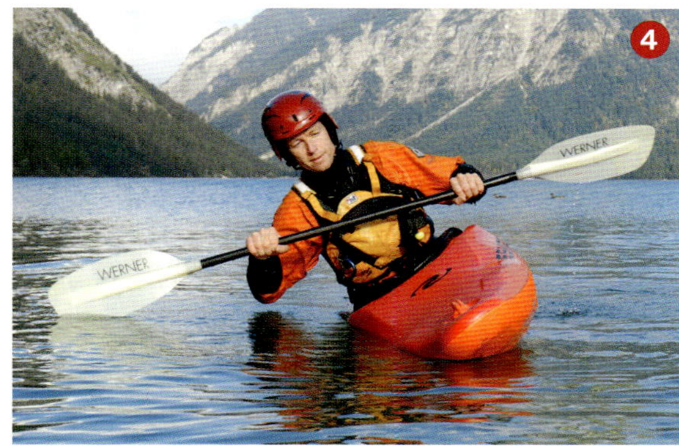

Das Kanten:
1. Ankanten
2. Wegkanten
3. Hüftknick
4. Körperauslage

Paddelanker

Umgangssprachlich sagt man: „ziehe das Paddel durchs Wasser". Dieses Bild ist verwirrend, denn eigentlich müsste es heißen: **„ziehe dich am Paddel vorbei"**. Die Vorstellung, das Paddel im Wasser zu verankern und das Boot um diesen Anker herum zu bewegen, ist für deine Bewegungsvorstellung hilfreich und trifft die Wahrheit bei einem gut ausgeführten Schlag besser.

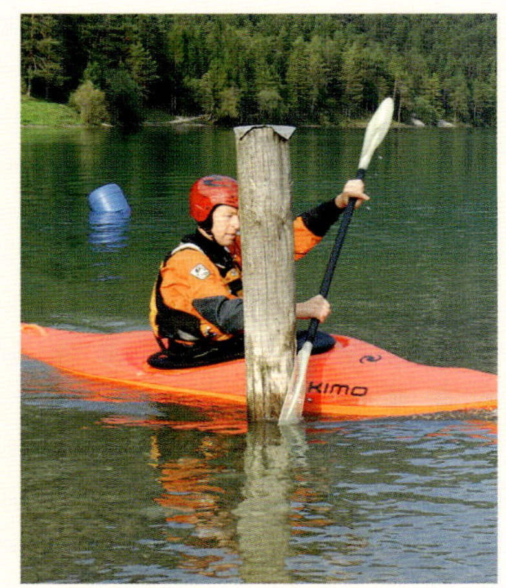

Der Grundschlag

Egal ob du in Schweden über die Seen bummelst oder im Wildwasser deine Kapriolen drehst: der Grundschlag ist der Motor, der dir die nötige Geschwindigkeit verleiht, dein Ziel zu erreichen. Mit dem Grundschlag kannst du dein Boot effektiv beschleunigen, auf Kurs halten und stabilisieren. Der Grundschlag rückwärts funktioniert analog dem Grundschlag vorwärts, wird aber, anatomisch bedingt, deutlich flacher ausgeführt. Er dient dem Verlangsamen der Fahrt in der Strömung und wird beim Rückwärtstraversieren eingesetzt.

Ausführung

Der Grundschlag beginnt bootsnah und relativ weit vorne. Du erreichst diese Position indem du den Aktionsarm streckst, die Gegenhand etwa auf Stirnhöhe hältst und die Schulterachse mitrotierst. Tauche das Blatt vollständig ein und ziehe es erst langsam und dann schneller nach hinten durch. Hierbei streckt sich der Gegenarm, der Aktionsarm beugt sich leicht und die Schulterachse rotiert mit. In Hüfthöhe hebst du das Paddel aus dem Wasser und beginnst die Bewegung auf der Gegenseite neu. Zum Umsetzen des Paddels musst du es leicht aus dem Handgelenk drehen bis das neue Aktionsblatt wieder mit der Kehlung zu dir schaut. Jetzt beginnt die Bewegung von neuem.

Kriterien auf die es ankommt

- Die Hauptkraft kommt aus dem Schultergürtel und der Rumpfmuskulatur.
- Je steiler das Paddel geführt wird, desto effektiver aber auch anstrengender ist der Grundschlag. Auf Wandertouren oder leichten Zwischenstücken im Wildwasser wird das Paddel daher deutlich flacher geführt als vor dem Wasserfall.
- Das Paddel sollte frühzeitig ausgehoben werden, da der Vortrieb hauptsächlich am Bug und nicht am Heck stattfinden sollte.
- Halte das Boot flach. Nur so erreichst du einen ruhigen Geradeauslauf.
- Der Oberkörper sollte zwar um die Schulterachse rotieren, nicht aber nach vorne und hinten bewegt werden, um ein Schaukeln um die Querachse zu vermeiden.

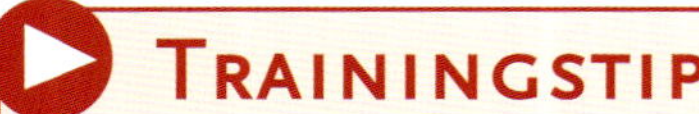

Trainingstipp

- Ein effizienter Grundschlag stellt sich erst nach vielen hundert Kilometern ein. Gehe immer wenn du kannst aufs Wasser. Betrachte es wie joggen. Nach Feierabend eine Stunde am See ist das beste Training.

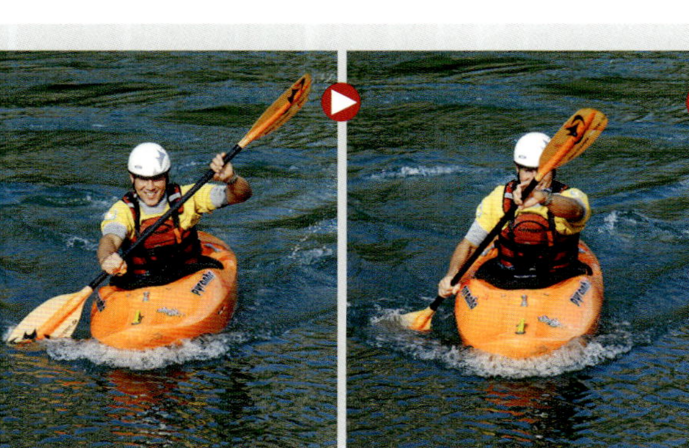

Bootsnah vorne einsetzen...

gleichzeitiges Ziehen, Drücken und Rotieren des Oberkörpers...

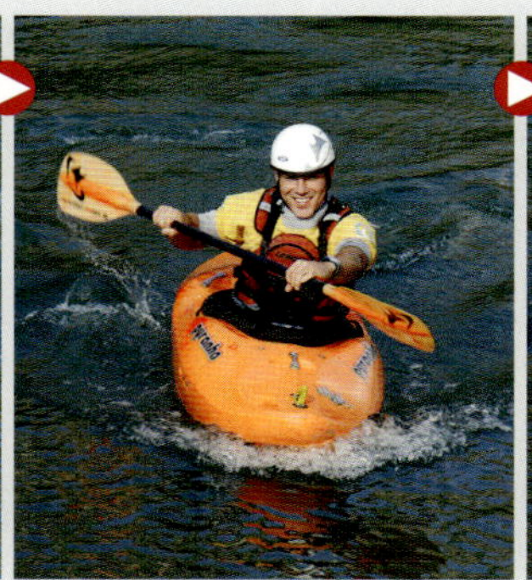

in Hüfthöhe ausheben...

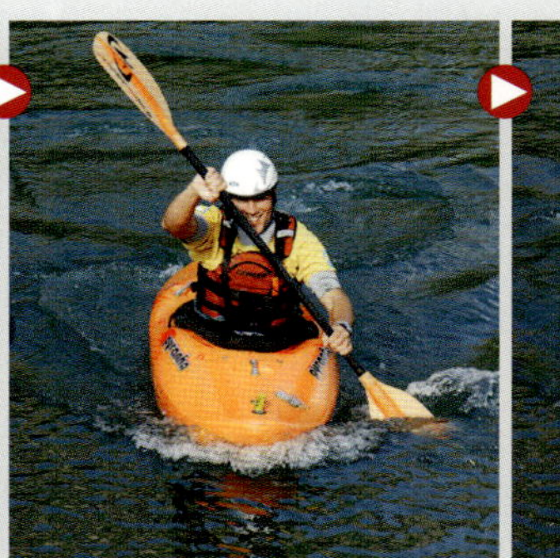

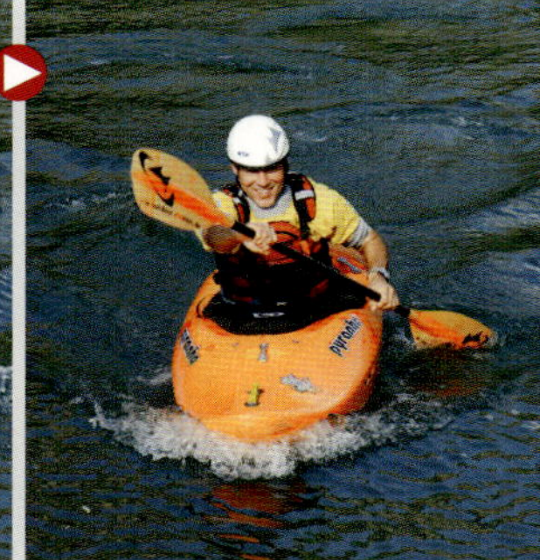

und auf der Gegenseite der gleiche Bewegungsablauf.

Der Bogenschlag

Mit dem Bogenschlag kannst du dein Boot effektiv um die Tiefenachse drehen. Diese Art der Richtungsänderung wird in vielen Situationen gebraucht: um dein Boot beim Geradeausfahren auf Kurs zu halten, Hindernissen auszuweichen, Kehrwasserfahren, einer Drehungen entgegen zu wirken, zur Vorbereitung von Spielbootfiguren usw. In Kombination mit dem Grundschlag ist er wohl der am häufigsten eingesetzte Paddelschlag. Weil er neben der Drehung auch noch eine stabilisierende und beschleunigende Wirkung hat, eignet er sich auch für Anfänger als „Einsteigertechnik" zum Geradeausfahren.
Der Bogenschlag rückwärts wird analog dem Bogenschlag vorwärts ausgeführt.

Ausführung

Wie der Name des Schlages schon verrät, beschreibt dein Aktionsblatt einen weiten Bogen um den Drehpunkt. Die Ausgangsposition erreichst du, indem du die Aktionshand streckst, die Gegenhand in Brusthöhe vor dem Körper hältst, die Schulterachse zur Gegenseite hin drehst und das Blatt ungefähr auf Fußhöhe einsetzt. Jetzt rotierst du aus dem gesamten Rumpf heraus zur Aktionsseite und schaust dem Paddel hinterher. Bevor es am Heck anschlägt, hebst du es aus dem Wasser aus. In der Praxis wirst du nicht immer den vollen Radius brauchen. Je nach Einsatzbereich wird das vordere, mittlere oder hintere Drittel stärker betont oder separat ausgeführt.

Kriterien auf die es ankommt

- Der Paddelschaft wird während der gesamten Bewegung flach gehalten.
- Das Paddelblatt beschreibt einen weiten Bogen um die Tiefenachse. Der Aktionsarm bleibt gestreckt.
- Die Bewegung kommt vor allem aus dem Rumpf.
- Boot während der gesamten Bewegung flach halten.
- Der Gegenarm bleibt in Brust-/Bauchhöhe
- Das Aktionsblatt steht 90° zur Wasseroberfläche.

TRAININGSTIPP

- Schaue dem Paddelblatt hinterher. Somit vermeidest du ein Beugen des Aktionsarms und erreichst eine gute Oberkörperrotation. Setz dich an Land in dein Boot, während ein Partner das Paddelblatt zwischen die Beine nimmt und es auf diese Weise fixiert. Drehe nun dein Boot um das Paddelblatt.

Mit dem Bogenschlag kannst du dein Boot effizient um die Tiefenachse drehen.

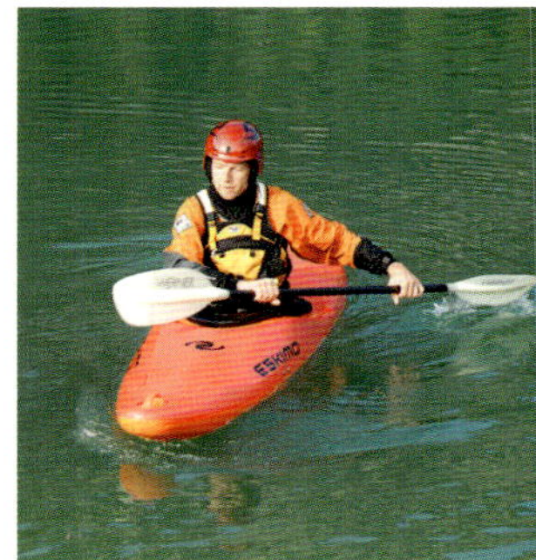

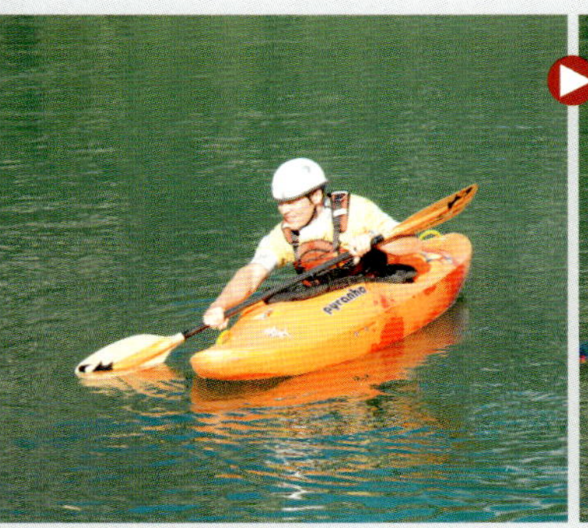

Paddelschaft flach...

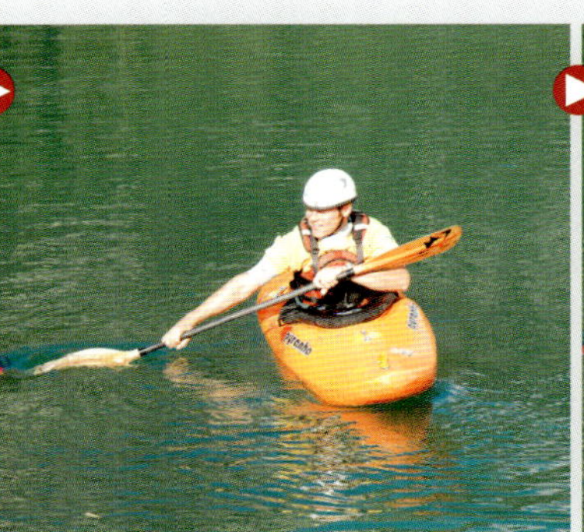

Aktionsarm gestreckt...

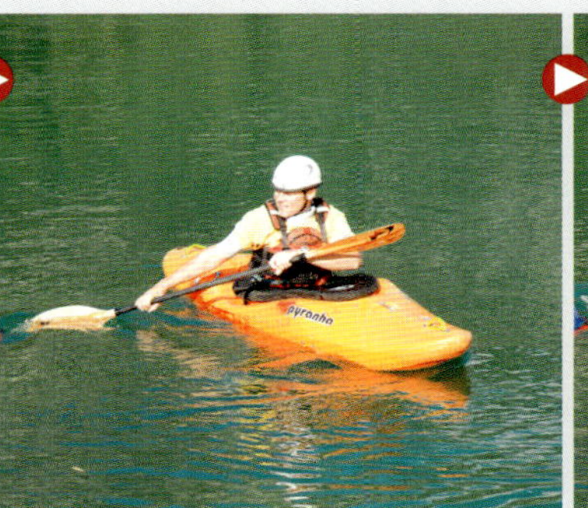

Boot flach halten...

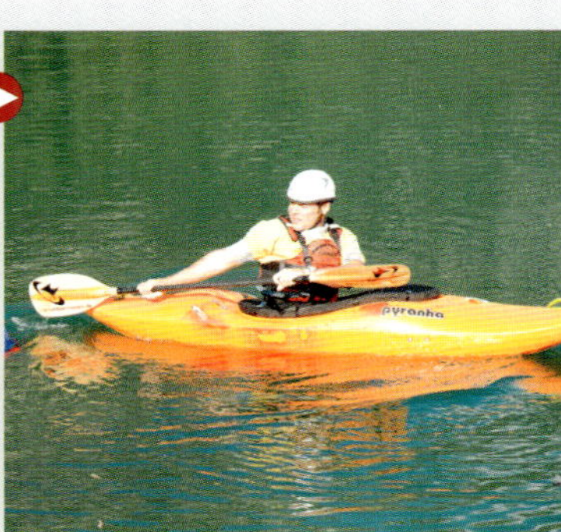

Oberkörper rotiert mit...

Der Konterschlag

Der Konterschlag dient dem schnellen Abstoppen des Bootes. Er wird in der Regel wechselseitig ausgeführt um ein Rotieren des Bootes zu reduzieren. Es gibt viele Situationen in denen es wichtig ist, schnell die Geschwindigkeit zu reduzieren z.B. um Zeit zu gewinnen, sich zu orientieren und die nächsten Paddelmanöver zu planen.

Konterschlag in der Praxis.

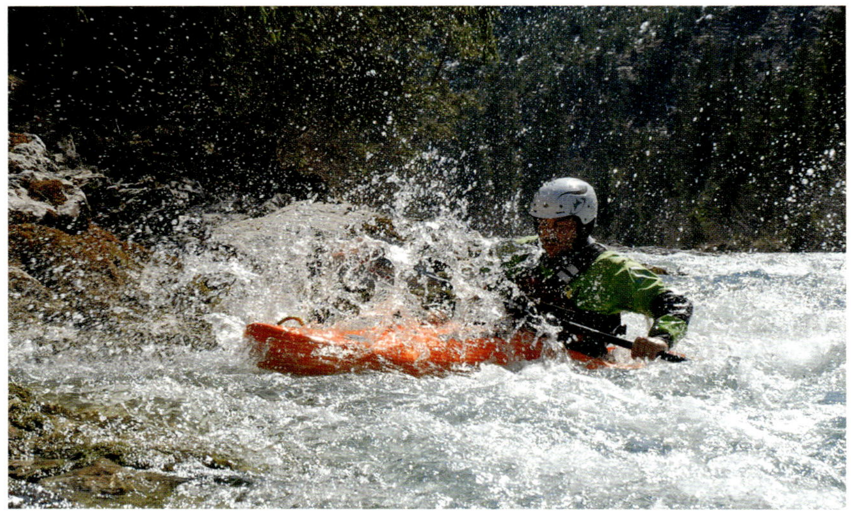

Ausführung

Die Voraussetzung um einen Konterschlag auszuführen ist eine Vorwärtsbewegung des Bootes. Dabei setzt du dein Aktionsblatt auf Hüfthöhe ins Wasser und hältst mit deinem gebeugten Aktionsarm statisch gegen den Druck der sich am Blattrücken aufbaut. Die Position ähnelt der Endstellung beim Grundschlag vorwärts. Bevor sich das Boot zu stark zur Aktionsseite hindreht, wechselst du die Aktionsseite. Normalerweise reichen zwei bis drei Schläge um das Boot vollständig abzustoppen. Als Weiterführung der Rückwärtsbewegung kannst du in den Grundschlag rückwärts übergehen.

Kriterien auf die es ankommt

- Das Aktionsblatt bootsnah auf Hüfthöhe einsetzen.
- Den Paddelschaft steil halten.
- Der Blattrücken ist die Arbeitsseite.

TRAININGSTIPP

- Fahre schnell auf ein Hindernis zu und versuche so effektiv wie möglich zu bremsen. Wähle den Zeitpunkt, an dem du den Konterschlag ansetzt, immer näher am Hindernis.

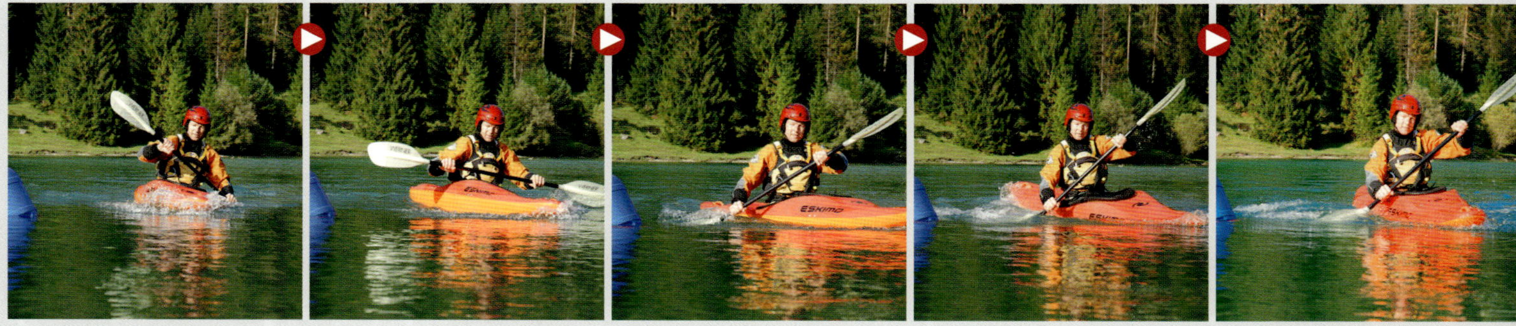

Aus der Fahrt heraus wird das Paddel wechselseitig in Hüfthöhe eingesetzt, bis der gewünschte Effekt eintritt.

Der Steuerschlag

Enge Durchfahrten, schnelle Richtungsänderungen oder Surfen in der Welle sind die Einsatzgebiete des Steuerschlages. Das Paddel wirkt dabei wie das Ruder eines Schiffes. Durch einen Steuerimpuls erzeugst du eine Drehung um die Tiefenachse ohne viel Geschwindigkeit zu verlieren.

Ausführung

Das Aktionsblatt wird parallel zum Boot am Heck eingesetzt. Der Paddelschaft ist hierbei vollständig auf der Aktionsseite. Die Gegenhand befindet sich ca. auf Schulterhöhe. Die Steuerbewegung kommt dadurch zustande, dass das Paddelblatt entweder am Blattrücken oder auf der Innenseite stärker angeströmt wird. Erreichen kannst du dies auf zwei Wegen: Entweder du drehst das Paddel aus dem Handgelenk (beugen und strecken) oder du drückst mit dem Aktionsarm nach außen, bzw. für die umgekehrte Steuerbewegung mit dem Gegenarm nach außen. In der Praxis werden beide Varianten gemischt. Das Steuern zur Aktionsseite hin ist einfacher. Deshalb ist ein Seitenwechsel für die Steuerbewegung in die Gegenrichtung sinnvoll.

Kriterien auf die es ankommt

- Das Paddelblatt muss parallel zum Boot stehen, ansonsten ist die Bremswirkung zu groß und es ähnelt mehr einem Bogenschlag rückwärts.
- Halte das Boot flach um keine zusätzliche, evtl. gegenläufige Wirkung zu erzielen.

Trainingstipp

- Suche dir eine flache Welle zum surfen, in der du nicht gleich Wasser auf den Bug bekommst oder lass dich von einem Freund über den See schleppen und verändere die Richtung nur durch Steuerschläge. Die Blattstellung ist nicht immer leicht zu halten, da sie sich außerhalb des Sichtfeldes bewegt. Schau also dein Aktionsblatt aktiv an und du wirst sehen, ob es richtig steht.

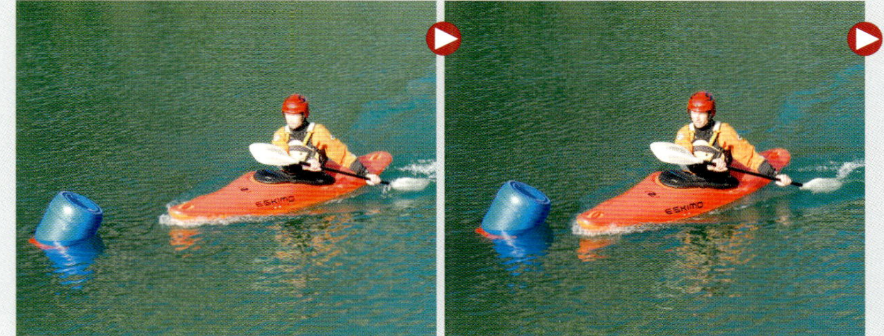

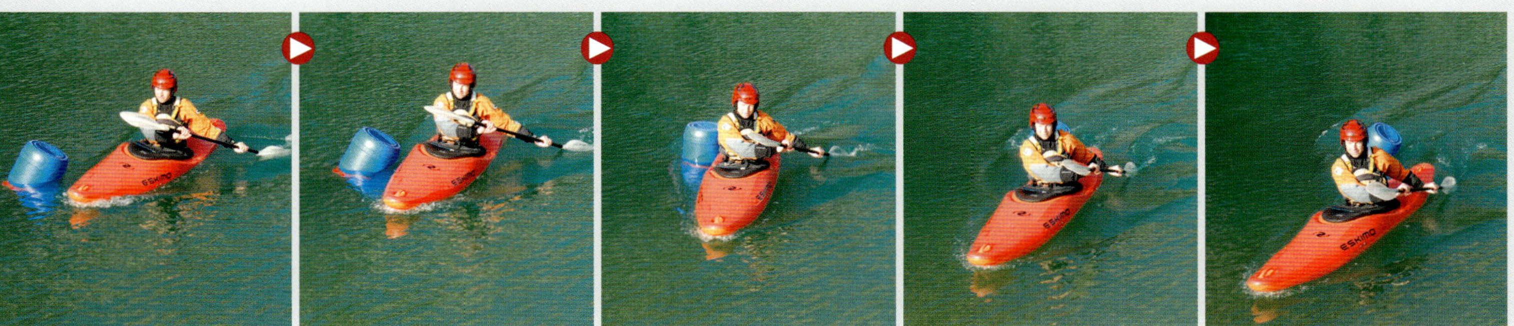

Enge Durchfahrten, schnelle Richtungsänderungen oder Surfen in der Welle sind die Einsatzgebiete des Steuerschlages.

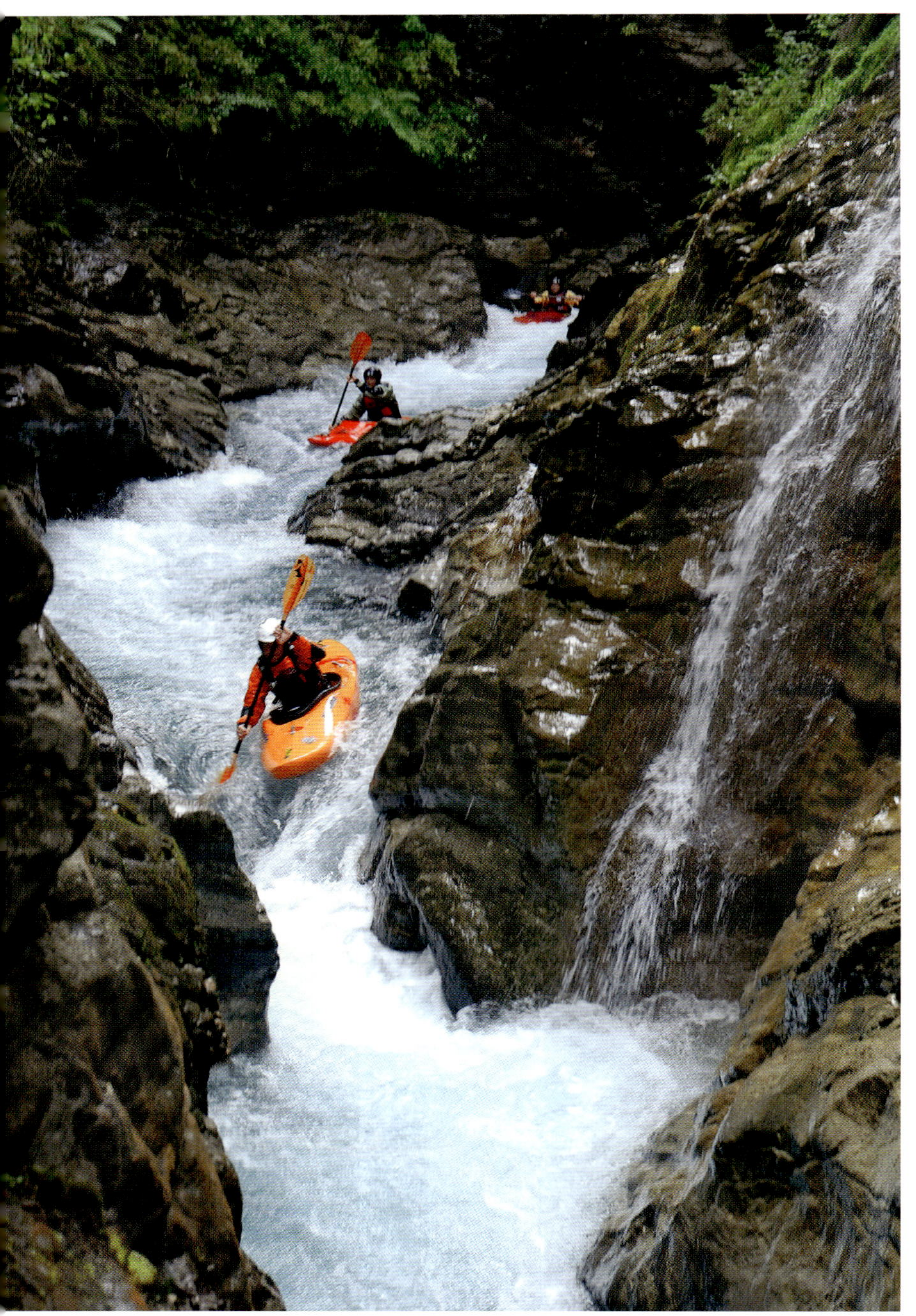

Schlagkombinationen

Die Reinform eines Paddelschlags kommt beim Wildwasserfahren so gut wie nie vor. Genauso dynamisch wie sich das Wasser verhält, muss sich die Technik an die Situation und das Ziel anpassen. Bewährte und häufig eingesetzte Technikkombinationen werden unter dem Sammelbegriff Schlagkombinationen geführt. Darüber hinaus ist natürlich jede andere zielführende Form möglich. Schlagkombinationen sind aber keine Ausrede für eine schlechte Paddeltechnik. Nur wer die Grundschläge sauber beherrscht, kann auch gute und sinnvolle Kombinationen fahren.
Der grundsätzliche Charakter einer Schlagkombination ist, dass eine Phase einer Technik so weit ausgeführt wird, bis der gewünschte Effekt eingetreten ist, z.B. Wegdrehen der Spitze. Dann geht man ohne Unterbrechung der Bewegung in eine andere Technik über, welche die Gesamtbewegung/Ziele vollendet.

Funktionale Schlagkombinationen, die sich aus oben beschriebenen Techniken ergeben, sind:

Grundschlag - Bogenschlag

Der ersten Phase des Grundschlags folgt die letzte Phase eines Bogenschlags. Das Boot wird beschleunigt und von der Aktionsseite weggedreht.

Bogenschlag - Grundschlag

Hier erfolgt erst ein Wegdrehen des Bootes von der Aktionsseite und anschließend ein Beschleunigen.

Beide Schlagkombinationen sind Standardschläge beim Wildwasserfahren und werden beim Ausweichen von Hindernissen, beim Queren von Strömungen oder beim Kehrwasserfahren eingesetzt.

Grundschlag / Steuerschlag
Der Grundschlag wird bis zum Heck durchgezogen und geht dort in einen Steuerschlag über. Das effektive Beschleunigen und ein anschließendes Aussteuern des Bootes wird z.B. beim Durchfahren enger Passagen oder beim Einfahren in Wellen angewendet.

Taktik im Flachwasser

Mit dem voran beschriebenen Können bist du jetzt in der Lage, dich in ruhigem Wasser und auf leichtem Wildwasser sicher zu bewegen.
An- und Ablanden sowie gezieltes Fahren ist Spiel und kein Kampf mehr. Hindernissen kannst du ausweichen, ohne von ihnen magisch angezogen zu werden. Du hast jetzt alle relevanten Grundlagen gelegt um Spaß im Wildwasser zu haben.

Anlanden und Aussteigen

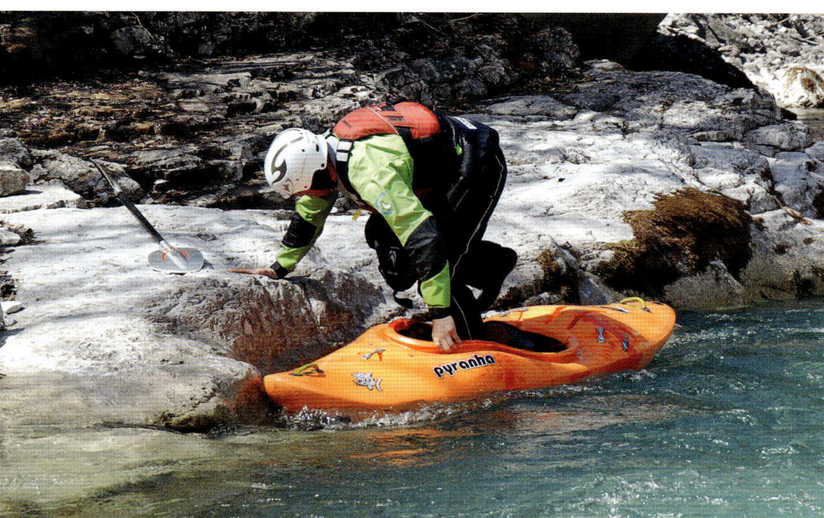

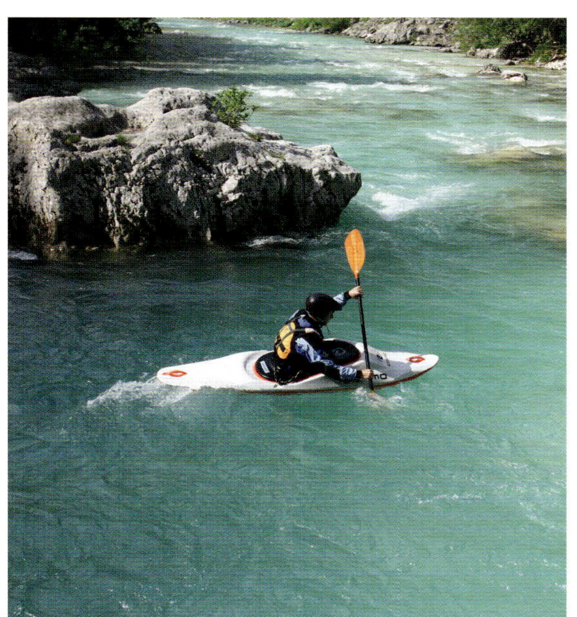

Ausweichen von Hindernissen

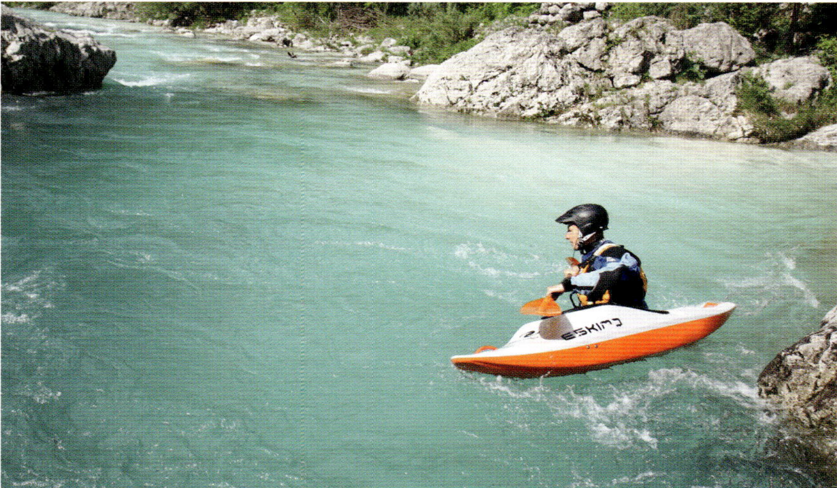

Sich Bewegen in leichter Strömung

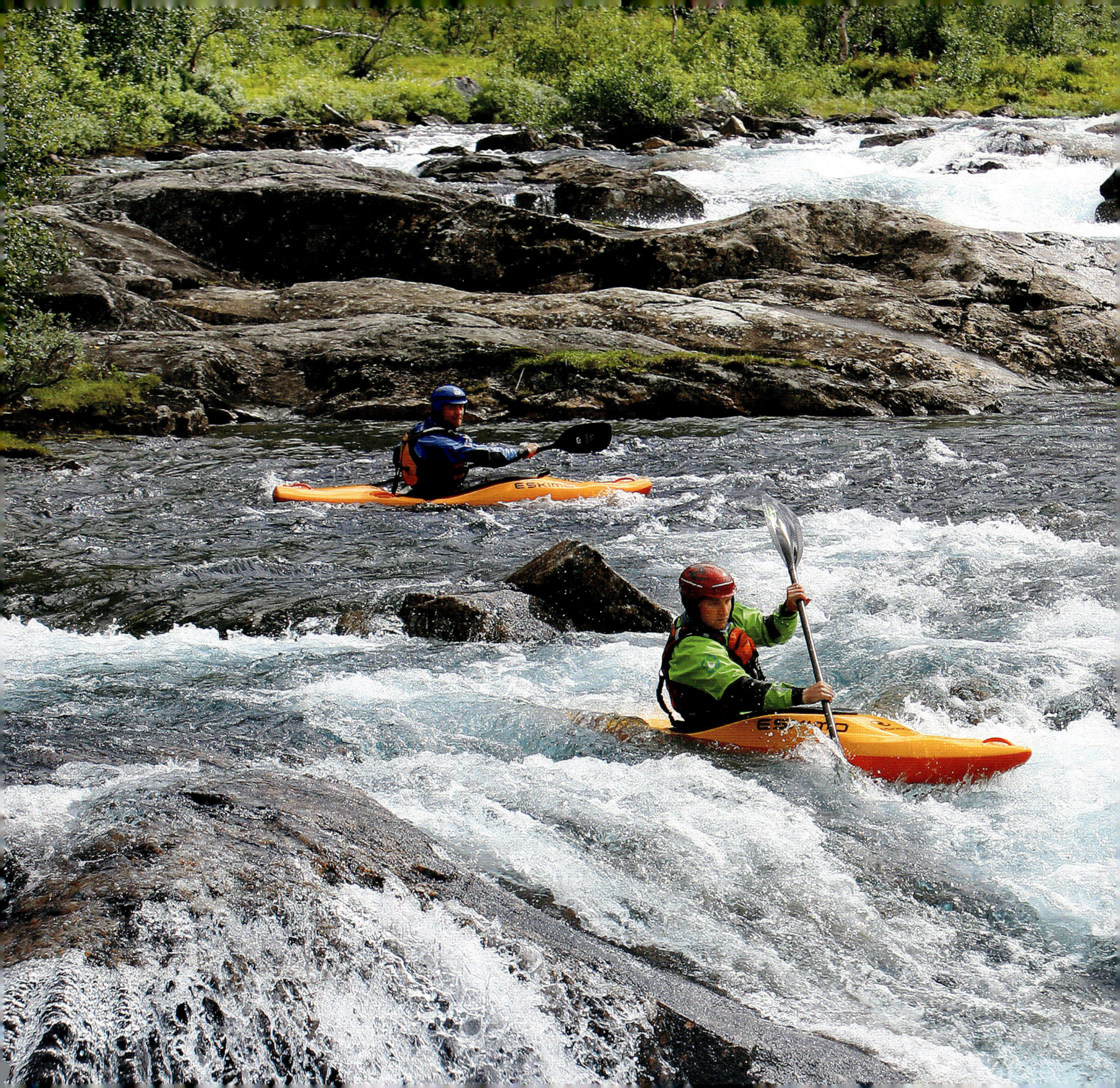

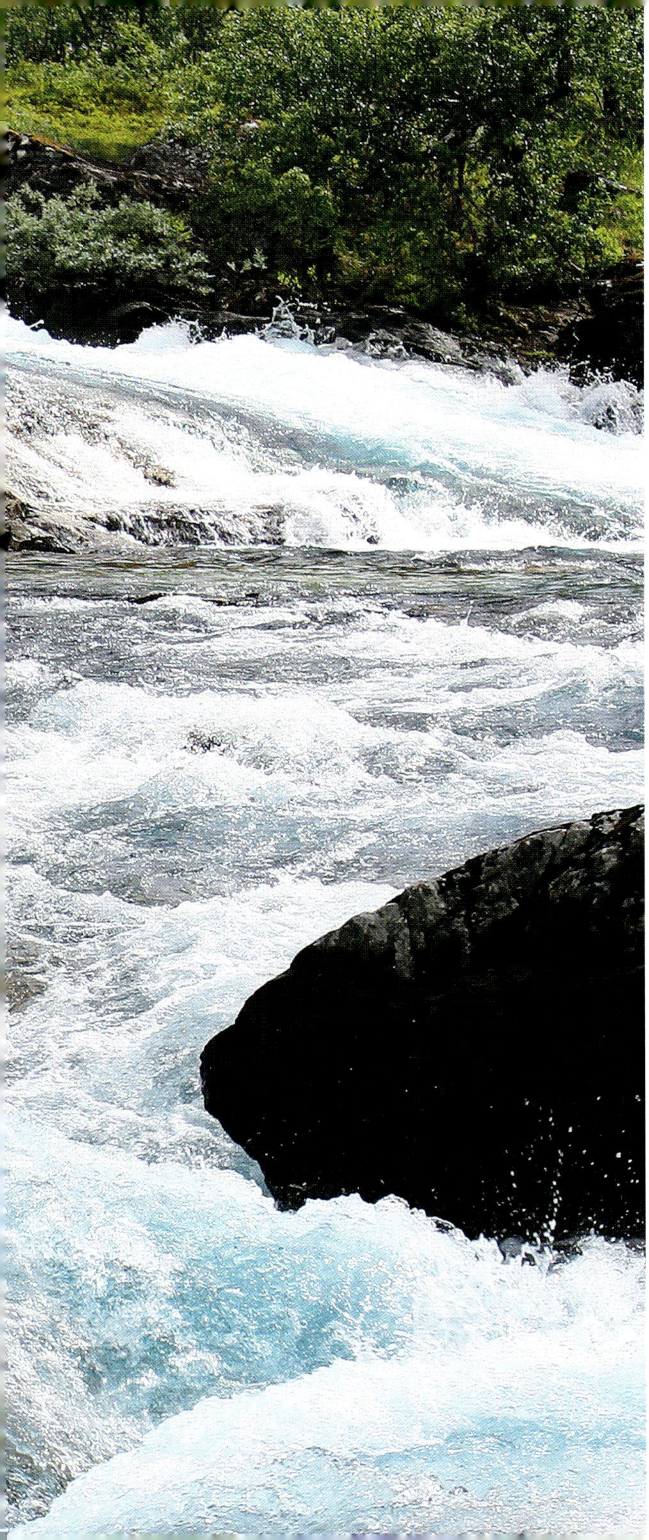

Vom Einsteiger zum Aufsteiger

In diesem Kapitel erfährst du einiges über Techniken, die hilfreich sind, in dem dreidimensionalen Gebilde Wildwasser klarzukommen. Wichtiger als Techniken einzustudieren ist es jedoch, sich mit taktischen Manövern auseinanderzusetzen. Strömungen zu erkennen und zu verstehen wie diese auf das Boot wirken, bildet hierbei die Grundlage für taktische Manöver wie Kehrwasserfahren oder Wellen und Walzen zu nutzen.
Das Wort TIMING umschreibt dabei die Fähigkeit die es auszubilden gilt, alle Komponenten zeitlich abzustimmen.
Wenn es einen generellen Tipp für diesen Lernbereich gibt, dann lautet der wohl so: „Probiere dich immer nur dort aus, wo du Reserve in deinem persönlichen Handlungsspielraum hast“. Lernen findet nicht in Grenz- oder Überforderungssituationen statt!

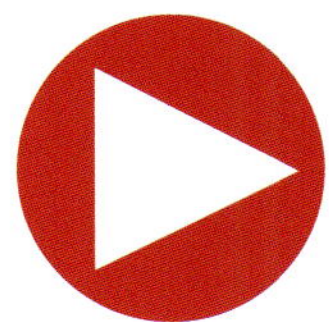

Paddeltechnik

Mit den Technikformen aus dem vorhergehenden Kapitel kannst du dein Boot in allen Ebenen bewegen. Die folgenden Stütztechniken helfen dir Stabilität in kippeligen Situationen zu bekommen und die Ziehschlagtechniken sorgen für einen größeren Handlungsspielraum im Wildwasser.

Die Paddelstütze

Mit der Paddelstütze stabilisierst du dein Boot in fast allen Lagen. Sie ist anfangs wie das Stützrad am Fahrrad und hilft dir später dich in Walzen zu stabilisieren und Kenterungen zu vermeiden. Am häufigsten wird sie zum Ein- und Ausfahren von Kehrwassern angewandt.

Ausführung

Setze dich ohne Boot mit ausgestreckten Beinen auf den Boden und lass dich zur Seite umfallen. Reflexartig stützt du dich mit der Handfläche am Boden ab, gehst leicht in Vorlage und knickst in der Hüfte ein – Gratulation, eine perfekte Handstütze. Wenn du jetzt im Boot sitzt, das Paddel dazu nimmst und dich mit der Blattrückseite abstützt, dann ist auch deine Paddelstütze perfekt. Bevor das Paddel versinkt und du zur Seite umfällst, hebst du es nach vorne oben aus und kantest gleichzeitig zurück in die Normallage.

Mit der Paddelstütze stabilisierst du dein Boot in fast allen Lagen.

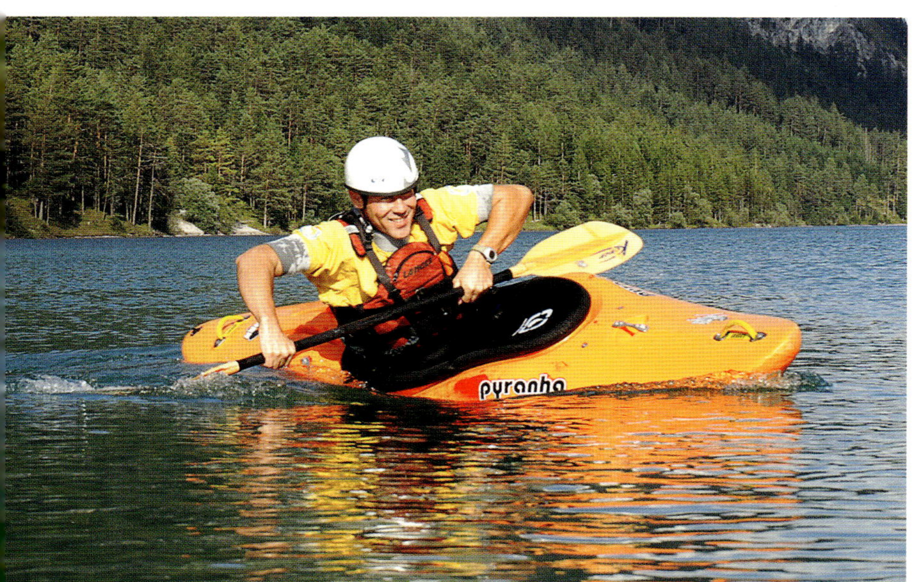

Kriterien auf die es ankommt

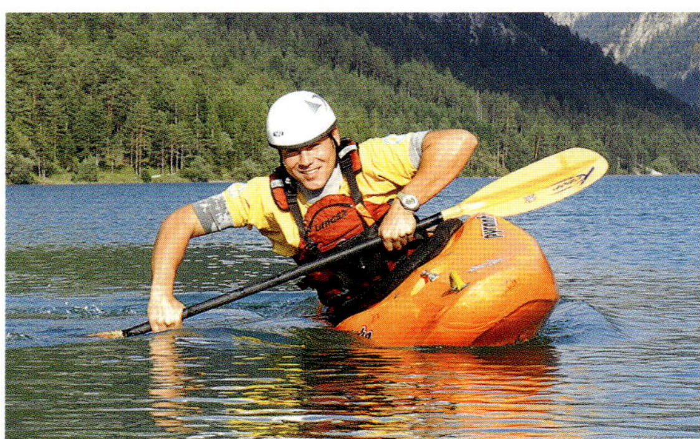

- Der Paddelschaft ist möglichst flach und der Aktionsellbogen über dem Schaft. So erreichst du physiologisch die beste Kraftübertragung.
- Bei einer idealen Paddelstütze bildet der Schaft einen 90-Grad-Winkel zur Bootslängsachse. Dabei wird das Aktionsblatt leicht nach außen geschoben um eine bessere Stützwirkung zu erreichen.
- Die Blattrückseite bildet die Stützfläche.
- Halte das Blatt parallel zur Wasseroberfläche. Mache keinen Konterschlag aus der Stütze!

Tipp Paddelstütze

► Stell dich hüfttief ins Wasser und erfühle den Widerstand den du mit dem Blattrücken aufbauen kannst.
Im Boot spürst du die Stützwirkung am leichtesten, wenn du Geschwindigkeit aufnimmst und nach ein paar Schlägen leicht zur Aktionsseite hin kantest und stützt. Dabei soll das Paddel über das Wasser gleiten und nicht bremsen.

Der Paddelhang

Analog zur Paddelstütze kannst du dein Boot auch mit dem Paddelhang stabilisieren. Wie der Name schon sagt, erfolgt die Kraftübertragung beim Paddelhang von unten her – man „hängt" praktisch am Schaft. Der Paddelhang eignet sich zum stabilisieren in Walzen und als „Abfangtechnik" um eine vollständige Kenterung zu verhindern. Der falsch angewandte Paddelhang (Gelenkendstellungen der Schulter in einer überstreckten Position) ist die verletzungsanfälligste Technik. Fast alle Schulterluxationen beim Wildwasser- und Spielbootfahren resultieren hieraus. Leider wurde in früheren Zeiten diese Technik fälschlicherweise als die hohe Kunst des Paddelns bezeichnet. Viele Schultern haben das mit dem „Leben" bezahlt.

Der extrem ausgeführte Paddelhang kommt einer Eskimorolle (Paddelhangrolle) schon sehr nahe und erfordert einen guten Hüftknick um das Boot wieder aufzurichten.

Ausführung

Von der Grundstellung ausgehend werden die Ellbogen unter den Schaft gebracht und ggf. das Handgelenk überstreckt, bis die Kehlung des Blattes zur Wasseroberfläche zeigt. Sobald das Blatt die Wasseroberfläche berührt, kannst du dich stabilisieren oder mit dem Hüftknick wieder aufrichten. Diese Grundstellung wird ständig so angepasst, dass das Paddel im Wasser optimalen Halt findet. Dabei darf es nie zu einer Gelenkendstellung in der Schulter kommen, da sonst die Verletzungsgefahr sehr hoch ist. Wer den Paddelhang aktiv nutzt, sollte über ein gutes Körpergefühl verfügen und sich lieber einmal mehr umfallen lassen, als mit roher Kraft dem Kentern entgegenzuwirken.

Kriterien auf die es ankommt

- Die Blattkehlung zeigt zur Wasseroberfläche.
- Der Paddelschaft ist möglichst parallel zur Wasseroberfläche.
- Vermeide Gelenkendstellungen.

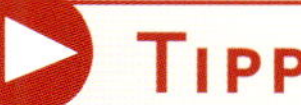

Tipp

► Lege das Paddel am Uferrand auf und übe die Bewegung mit einem statischen Widerstand.
Durch das sogenannte Wriggen (Vor- und Rückführen des Blattes) im Wasser erreichst du einen dynamischen Auftrieb, der dir ein Üben ohne Strömung ermöglicht.

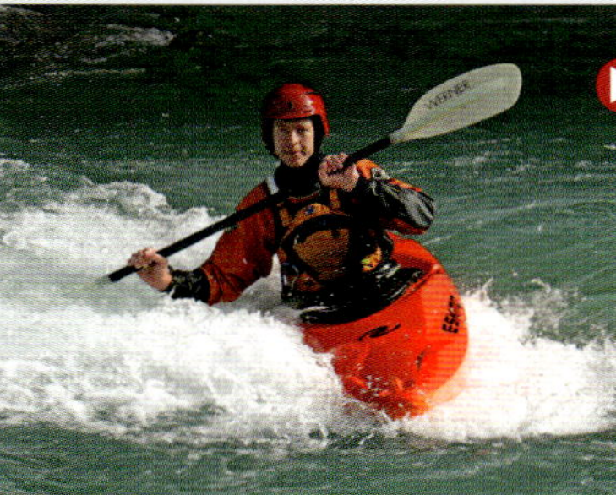

Perfekter Paddelhang in einer Walze

Verletzungsgefährdente Haltung (Schulter)

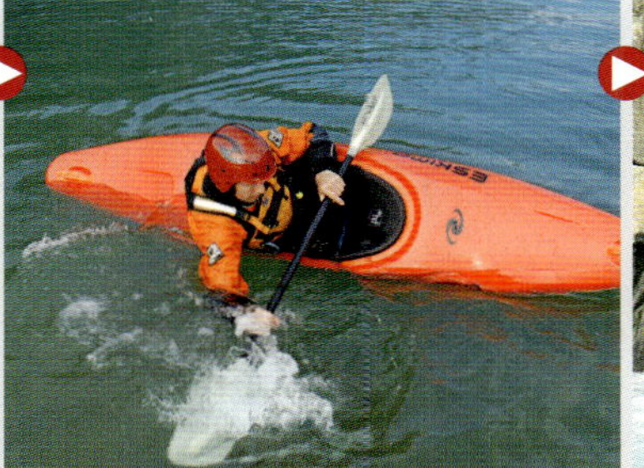

Paddelhang am See

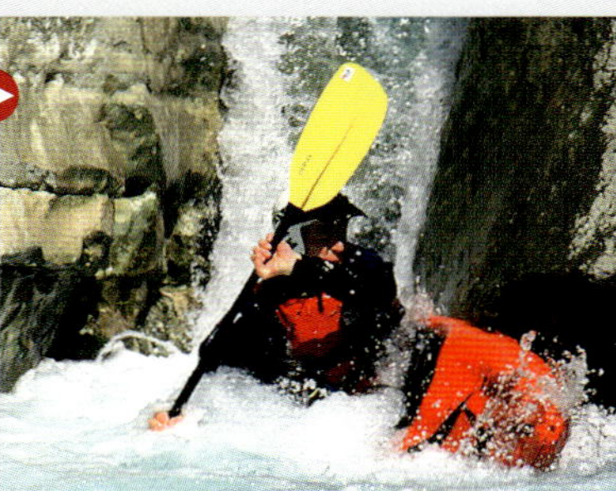

Stabilisieren um ein Kentern zu vermeiden

Ziehschläge

Ziehschläge sind das Sahnehäubchen der Wildwassertechniken. Von außen gut anzusehen, sind sie eine effektive Methode das Boot schnell zu drehen oder zur Seite zu versetzen, ohne dabei Geschwindigkeit einzubüßen. Der Ziehschlag vorne, wie er im Slalomsport gefahren wird, lässt sich ideal mit Grund- und Bogenschlag kombinieren. Damit ist er ideal geeignet Richtungsänderungen und Ausweichmanöver einzuleiten.
Mit dem seitlichen Ziehschlag kannst du dein Boot schnell und effizient seitlich versetzen. Ganz leicht zu erlernen sind Ziehschläge nicht, da durch die steile Blattführung die Stützwirkung entfällt.

Ausführung Ziehschlag vorne

Trainingstipp

- Um in die Ausgangsposition zu kommen rotiert die Schulterachse mit und der Oberkörper ist in einer leichten Vorlage.

Da der Ziehschlag vorne komplex ist, hilft ein gegenseitiges Beobachten.
Halte dein Boot flach, so dreht es leichter.

Mit dem Ziehschlag vorne drehst du dein Boot zur Aktionsseite hin. Die Ausgangsstellung erreichst du, indem du das Paddelblatt in Fußhöhe, nahe am Bug einsetzt. Die Blattkehlung schaut in Richtung Spitze, so dass sich ein nach vorne geöffneter Winkel zwischen Boot und Paddelblatt bildet. Dieser sollte nicht größer als 45 Grad sein. Das Handgelenk ist dabei überstreckt. Die Gegenhand befindet sich in Stirnhöhe vor dem Kopf (Wasser das den Schaft runterläuft tropft auf deine Nase). Dein Aktionsarm sollte dabei leicht gebeugt sein.
Um die Drehung im Boot einzuleiten ziehst du von weiter außen aktiv zur Spitze hin. Das Paddel wird nach vorne oben ausgehoben bevor es am Boot anstößt. Diese Variante wählst du, wenn die Strömung, die am Paddel angreift sehr schwach ist, oder - wie am See - keine Strömung am Blatt ansteht.
Aus der Fahrt heraus oder beim Kehrwasserfahren ist es nicht notwendig aktiv zu ziehen. Das Paddel wird im anströmenden Wasser verankert und das Boot dreht um das Paddel.
Hierbei wird durch die entsprechende Drehung aus dem Handgelenk das Paddelblatt permanent an das anströmende Wasser angepasst. So erreichst du einen optimalen Druckpunkt.

Kriterien auf die es ankommt

- Der Schaft ist steil.
- Das Aktionsblatt ist nach vorne geöffnet (nicht parallel zum Boot).

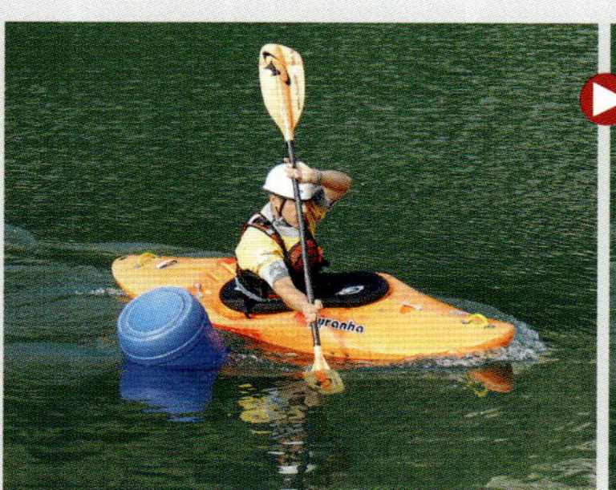
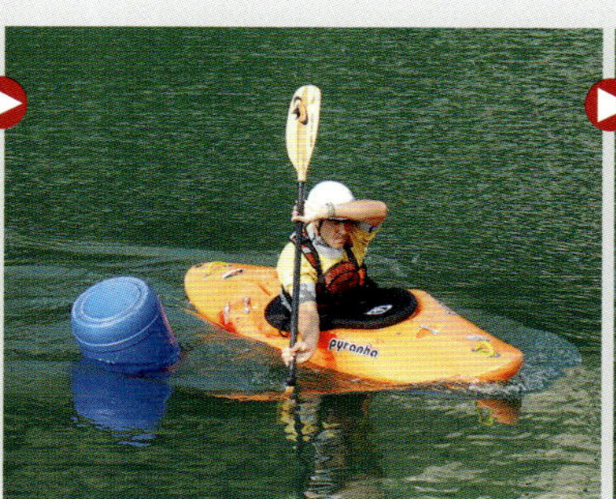
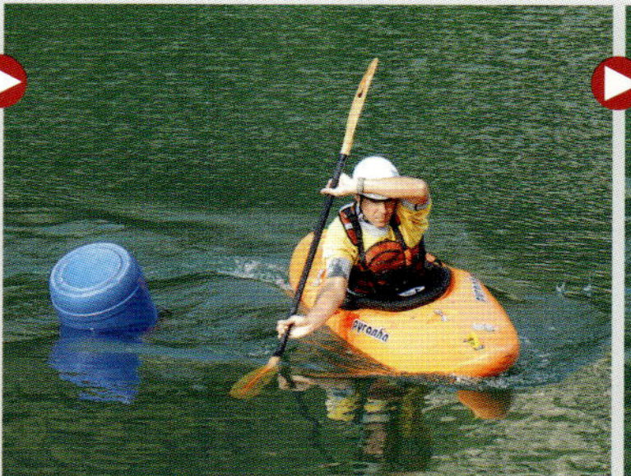
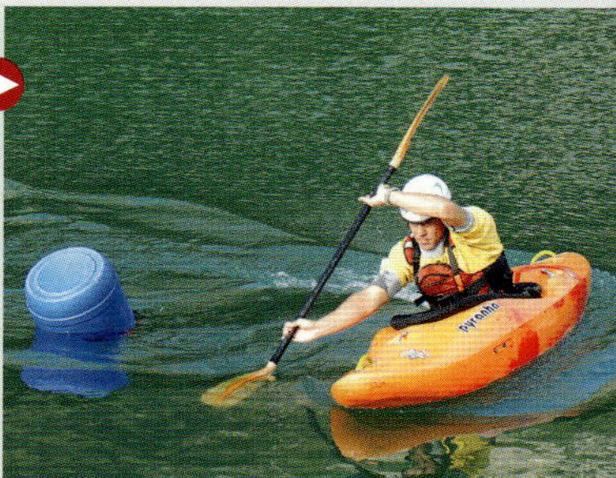

Mit dem Ziehschlag vorne wird das Boot effektiv gedreht, ohne viel Geschwindigkeit zu verlieren

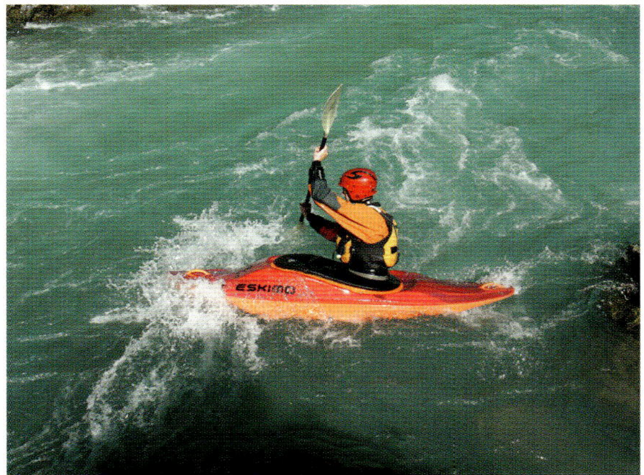

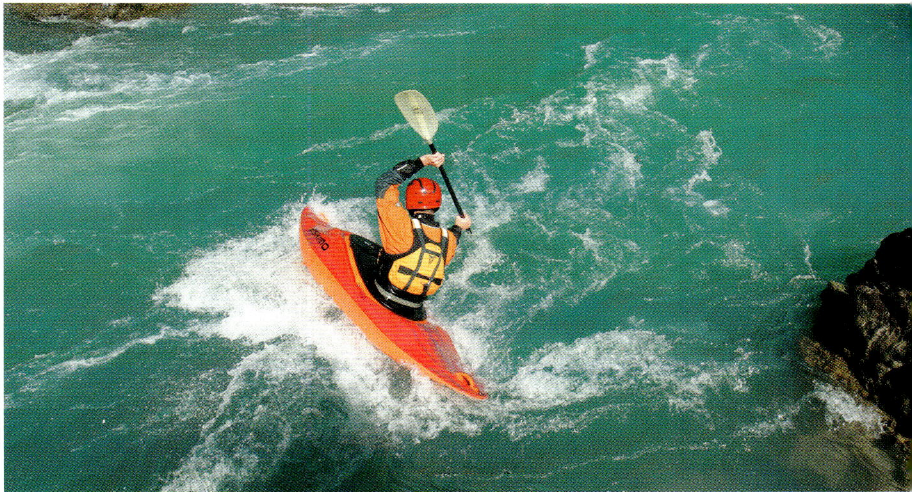

Ziehschlag vorne in Anwendung beim Kehrwasserfahren

Ausführung Ziehschlag seitlich

Der Paddelschaft ist nahezu senkrecht. Beide Arme befinden sich auf der Aktionsseite. Das Blatt wird parallel zum Boot in Hüfthöhe und bootsfern eingesetzt. Jetzt wird das Boot zum verankerten Paddel hingezogen. Bevor das Paddel am Boot anstößt (Kentergefahr) wird es nach hinten oben ausgehoben oder aus dem Handgelenk um 90 ° gedreht und unter Wasser wieder nach außen in die Ausgangsposition geschoben. Dreht sich das Boot nach vorne oder hinten weg, so musst du die Position des Paddels in die entgegengesetzte Richtung korrigieren.

Kriterien auf die es ankommt

- Paddelschaft so steil wie möglich.

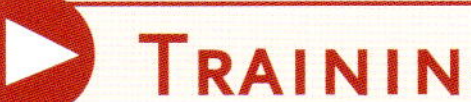

Trainingstipp

- Halte dein Boot flach, so gleitet es besser zur Seite.

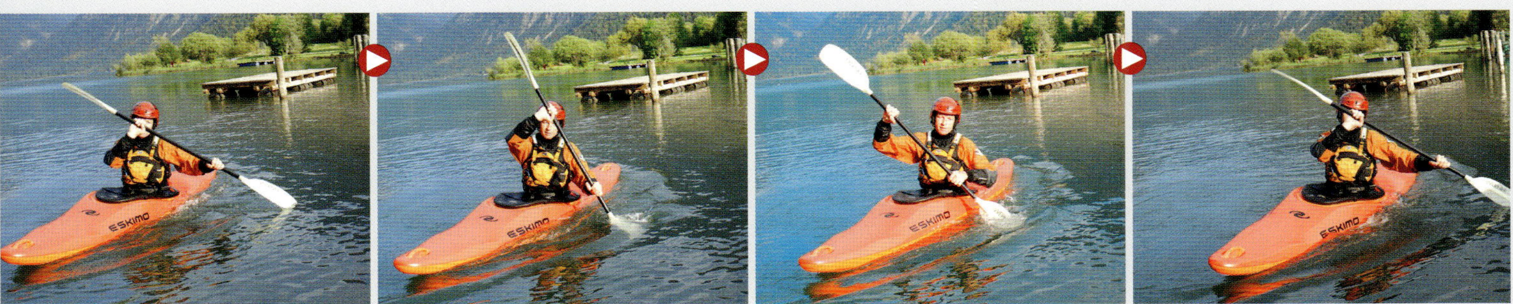

Ziehschlag seitlich um z.B. Hindernissen auszuweichen oder anzulegen

Der S-Schlag

Der S-Schlag ist wahrscheinlich die gängigste Schlagkombination im Wildwasser. Ein Ziehschlag vorne leitet die Drehung ein. Der Grundschlag beschleunigt dich am Hindernis vorbei und das letzte Drittel des Bogenschlags bringt das Boot wieder in die Ausgangsspur. Je nachdem welche Phase du besonders betonst, kannst du den S-Schlag für fast alle Ausweichmanöver anwenden.

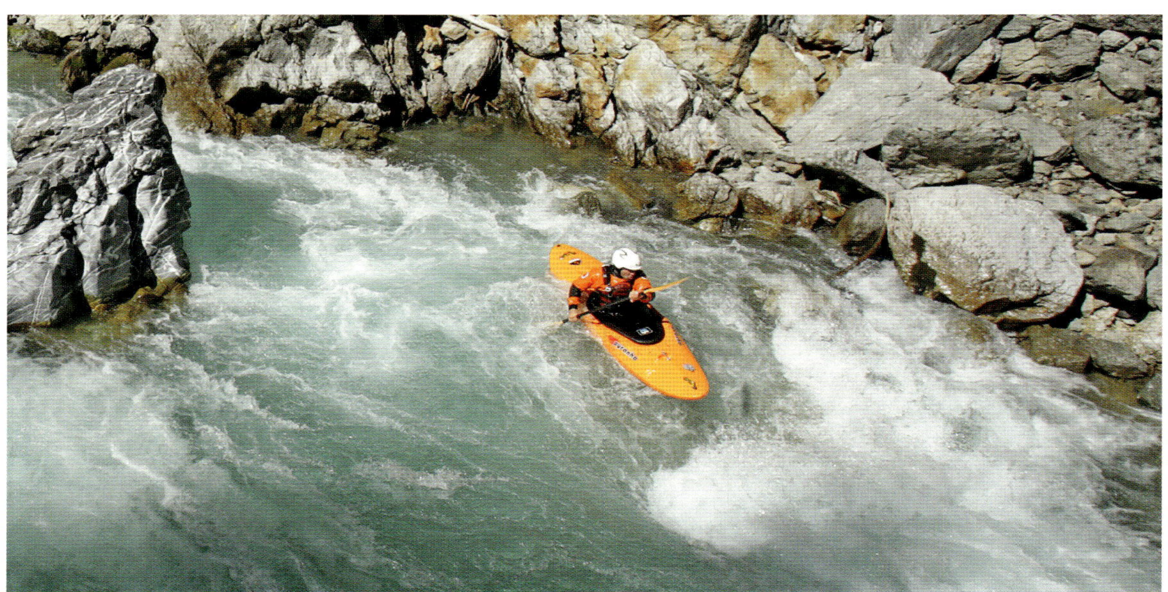

Der S-Schlag ist wahrscheinlich die gängigste Schlagkombination im Wildwasser.

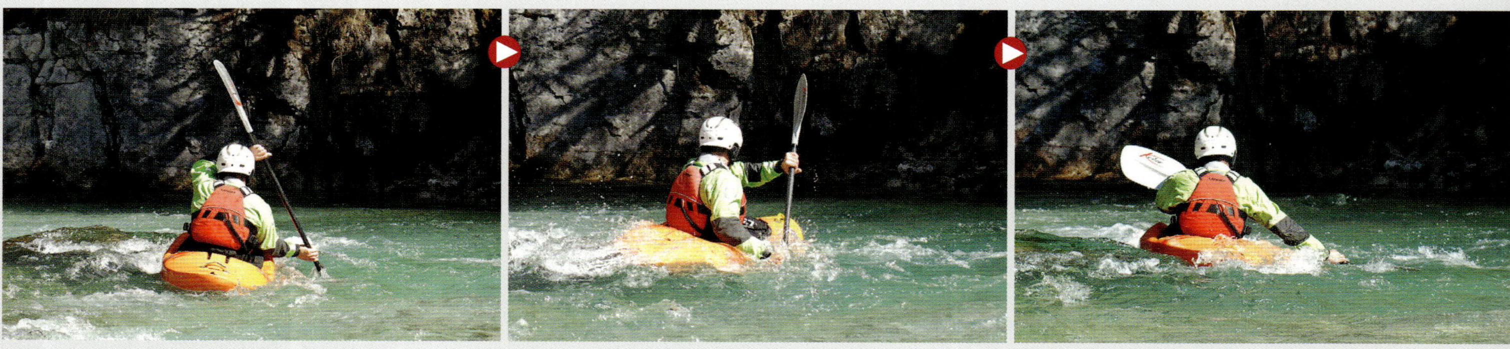

S-Schlag - neue Richtung einstellen

S-Schlag - beschleunigt am Hinderniss vorbei

S-Schlag - zurück in die alte Richtung

Die Eskimorolle

Die Eskimorolle vereint - als eigenständige Technik um das Boot wieder aufzurichten - viele technische Teilaspekte die dir beim Wildwasserfahren weiterhelfen. Die Kombination aus Hüftknick, Bogenschlag, Orientierung unter Wasser und dem richtigen Timing macht die Rolle komplex. Viele Paddler fahren Wildwasser ohne die Rolle wirklich zu beherrschen. Sie haben alle Teiltechniken so optimiert und angepasst, dass sie bis WW 3 und manchmal auch darüber hinaus gut zurechtkommen. Unbestritten bleibt jedoch, dass die Eskimorolle das Paddeln angenehmer und spätestens ab WW 4 sicherer macht. Wer bei den ersten Rollversuchen nicht gleich hochkommt, sollte nicht verzweifeln, denn eskimotieren ist und bleibt eine komplexe Bewegung, die nur mit viel Geduld und guter Anleitung erlernt werden kann.
Jens Reinhold hat sich in seinem Buch „Eskimorolle" ausgiebig mit dem Thema beschäftigt. Das Buch ist allerdings nur antiquarisch zu beziehen.

Grundprinzipien

Im gekenterten Zustand hat das Boot mit Paddler einen stabilen Zustand erreicht. Der Schwerpunkt befindet sich unter dem Kipppunkt. Ein Zustand der den physikalischen Gesetzen folgt, für den Menschen aber ein unangenehmer Zustand ist. Die folgenden drei Tricks helfen dir dabei, dich aus dieser misslichen Lage zu befreien.

1. Um den Kraftaufwand gering zu halten, bringst du deinen Körperschwerpunkt nah an den Drehpunkt heran. Im Wildwasser erfolgt dies durch Oberkörpervorlage, da so das Gesicht geschützt bleibt. Im Seekajak oder auf Wanderflüssen kann der Oberkörper in Rücklage gebracht werden.

2. Eine ökonomische Rolle basiert auf einem gelungenen Hüftknick.
3. Durch das Paddel erzeugst du den Auftrieb, der notwendig ist, den Schwerpunkt über das Boot zu bringen. Je nach Technik wird hier die Bogenschlagrolle von der Paddelhangrolle unterschieden. Könnern reicht auch der Auftrieb den die Hände erzeugen (Handrolle).

Die Eskimorolle vereint viele technische Teilaspekte die dir beim Wildwasserfahren weiterhelfen.

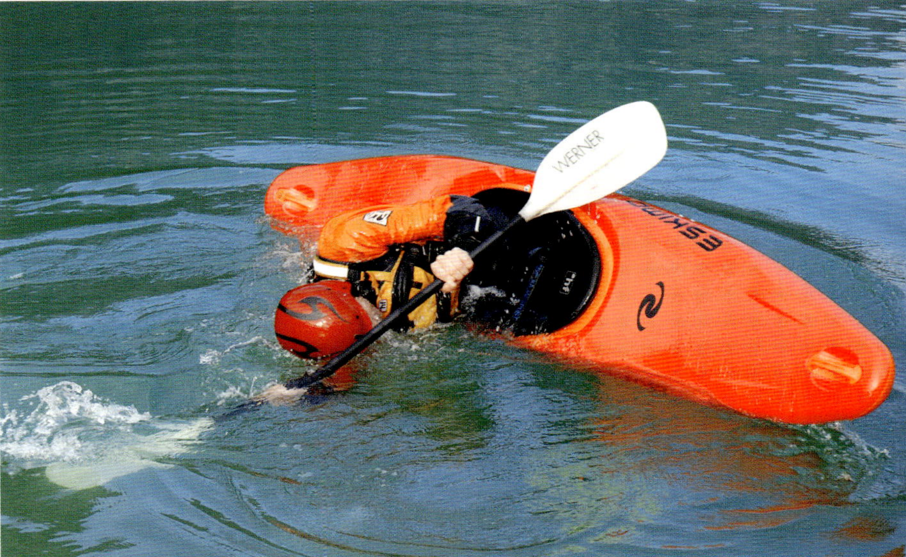

Soviel zur Theorie. In der Praxis bringt dich folgende Anleitung schnell zum Ziel.

1. Da die Kraftübertragung bei der Rolle über die Oberschenkel und das Gesäß erfolgen, sollte das Boot optimal auf dich eingestellt sein.

2. Übe zuerst den Hüftknick. Halte dich hierzu ohne Paddel am Beckenrand oder an den Händen deines Freundes fest. Lasse dich nun Kentern und richte anschließend zuerst das Boot wieder auf.

Dein Kopf befindet sich maximal lang unter Wasser. Erst wenn deine Beweglichkeit es nicht mehr zulässt, folgen der Oberkörper und der Kopf. Reduziere den Kraftaufwand der hierzu notwendig ist auf ein Minimum.

3. Versuche als nächstes die Rolle mit einem Schwimmbrett.

4. Der letzte und wohl schwierigste Schritt ist die Integration des Paddels in die Rollbewegung. In der Ausgangsstellung liegt das Paddel parallel zur Bootslängsachse und seitlich vom Boot. Das vordere Paddelblatt schaut mit der Kehlung in den Himmel. Nach der vollständigen Kenterung und kurzem Warten, ziehst du einen Halbkreis, ähnlich dem Bogenschlag, bis auf ca. 90 Grad. Während der Bewegung baust du Druck nach unten auf und setzt gleichzeitig mit dem Hüftknick ein. Der Aktionsarm ist dabei gestreckt. Der Gegenellbogen ist stark angewinkelt und behält während der Aktionsphase immer Kontakt zum Boot. Erst im letzten Moment löst er sich vom Boot.

Die Kombination aus Hüftknick, Bogenschlag, Orientierung unter Wasser und dem richtigen Timing macht die Rolle komplex.

5. Wenn die Rolle im ruhigen Wasser klappt, dann übertrage sie auf das Fließgewässer. Suche dir strömendes und ausreichend tiefes Wasser.
Warte nach einer Kenterung kurz ab, bis die Turbulenzen abnehmen. In der Regel ist es einfacher durchzurollen, als auf der Kenterseite aufzudrehen.

Trainingstipps

- Eine Nasenklammer und eine Schwimmbrille erleichtern die Orientierung unter Wasser.
- Gewöhne dich langsam durch Übungen wie aussteigen unter Wasser, in die Sitzluke tauchen oder rollen im Wasser ohne Boot, an die ungewohnte Situation unter Wasser.
- Übe immer auf beiden Seiten, auch wenn sich bald eine „Schokoladenseite" herausbildet.
- Zu zweit macht's mehr Spaß und geht schneller.

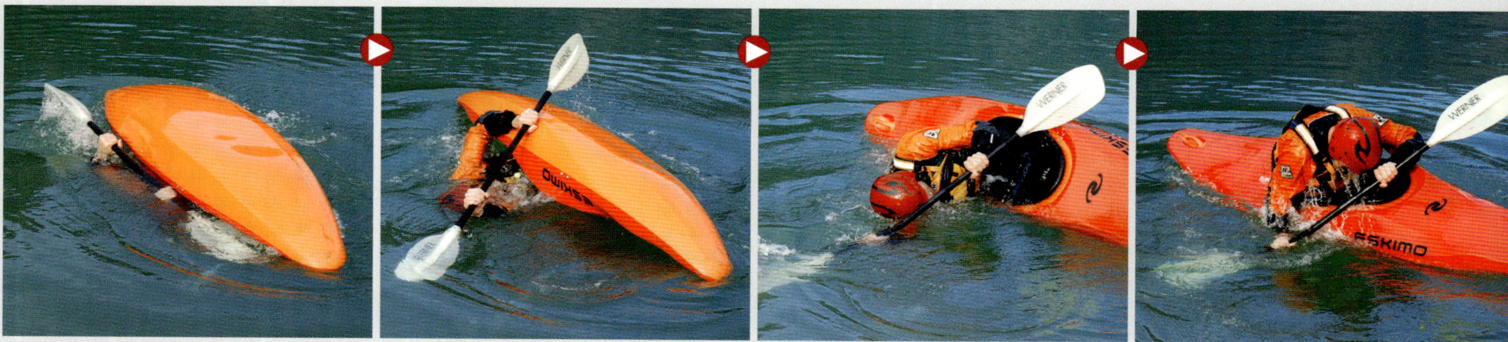

Während das Paddel in einer Bewegung nach aussen geführt wird, baust du Druck am Paddel auf und der Hüftknick setzt ein.

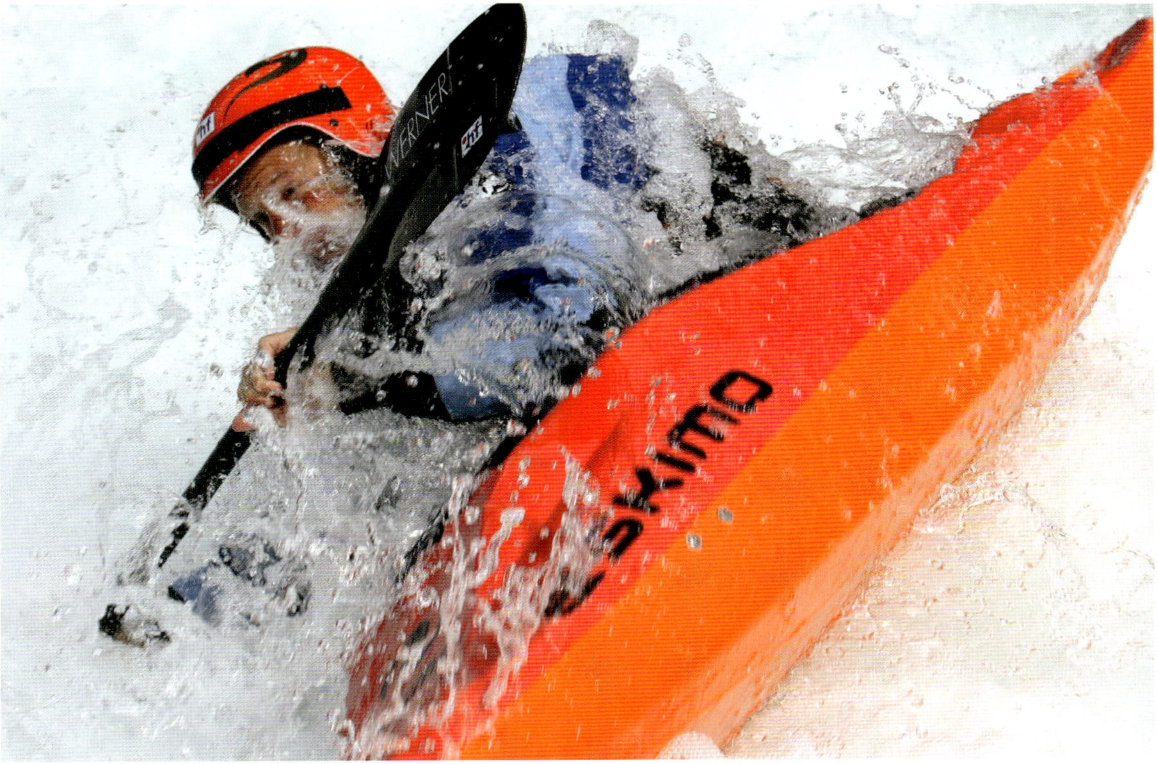

Im Wildwasser müssen alle Teilaspekte perfekt sitzen.

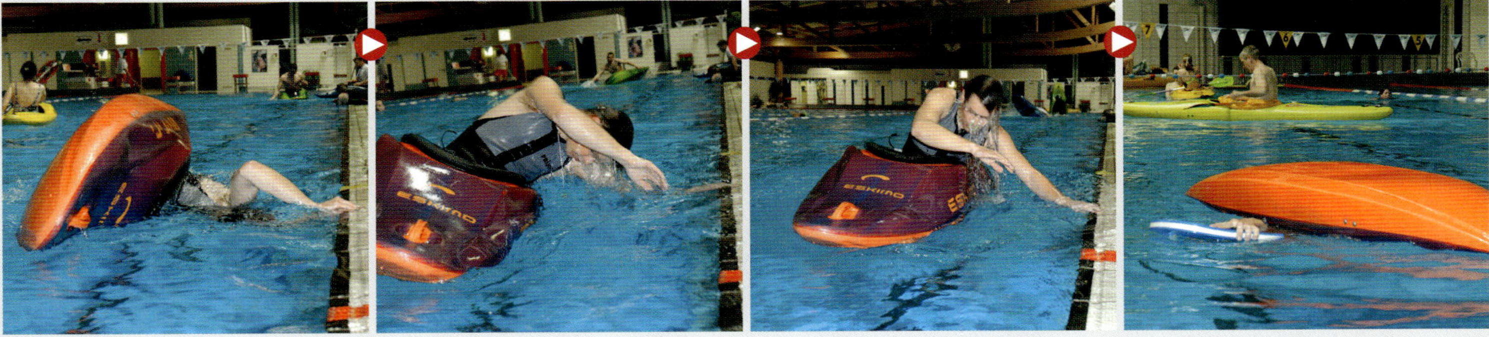

Beim Hüftknick verlässt der Kopf als letztes das Wasser

Mit der Schwimmhilfe zur Rolle

Die Dynamik des Wassers

Wer im Wildwasser seine Technik umsetzen will, muss das Wasser lesen können und es verstehen. Der Weg dahin führt über ein grundlegendes Verständnis der Entstehung von Strömungen und vor allem über eigene Erfahrungen.
Wildwasser kann man im wahrsten Sinne des Wortes nur „er – fahren“.

Grundlagen

Zum Entstehen von Wildwasser tragen drei Faktoren maßgeblich bei:

Das Gefälle

Das Gefälle eines Flusses wird in Promille angegeben. Dies sagt aus, wieviel Höhenmeter ein Fluss auf tausend Meter Länge verliert. Im Durchschnitt haben Wildwasserflüsse 2-20 ‰. Diese Kennzahl gibt einen Anhaltspunkt über die zu erwartenden Schwierigkeiten. Je steiler ein Fluss ist, desto schwieriger ist er in der Regel. Die Schwierigkeit eines Flusses hängt allerdings noch von anderen Faktoren wie der Wassermenge und dem Charakter des Flusses ab.

WW 4 mit viel Gefälle

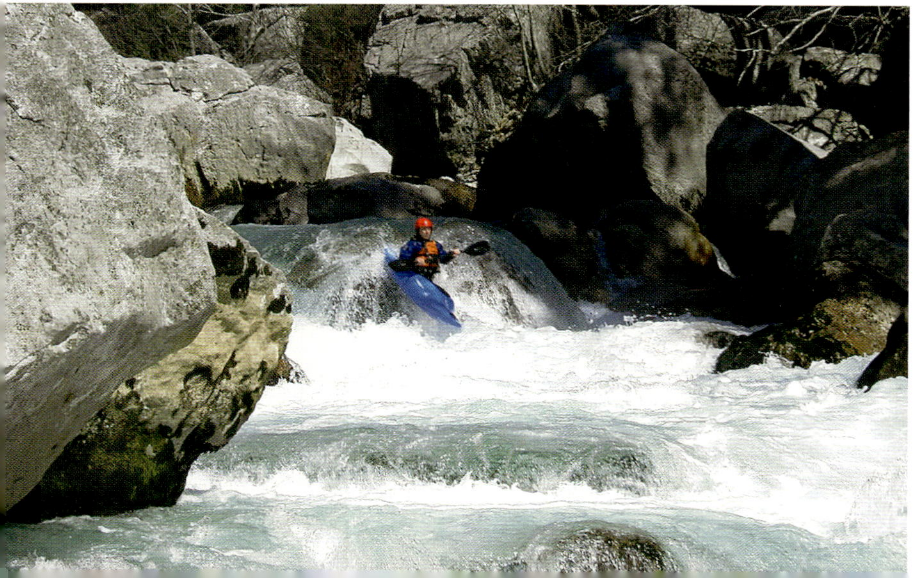

Die Wassermenge

Die Wassermenge oder auch Abflussmenge eines Flusses wird in Kubikmeter pro Sekunde gemessen (cbm/sec). Kleine „Rinnen“ mit einem entsprechend engen Flussbett, können bereits ab 2 cbm/sec. befahren werden. Nach oben hin sind fast keine Grenzen gesetzt. Ein wuchtiger Fluss, im Vergleich zu einem verblockten Fluss der gleichen Schwierigkeit, stellt allerdings ganz andere Ansprüche an den Paddler. Taste dich deshalb sehr vorsichtig an große Wassermassen heran.
Im Internet sind viele Pegelstände abrufbar. Sie geben meist auch Auskunft über Niedrig- und Hochwasser. Vor Ort lässt sich die Abflussmenge nur schätzen. Dies erfordert viel Erfahrung und selbst dann liegt man oft daneben. Der gute alte Pegel ist da immer noch das beste Hilfsmittel, vorausgesetzt, man hat einen Referenzpegel. Die meisten Flussführer beziehen sich auf einen bestimmten Pegelstand und geben diesen an. Zur groben Einschätzung eines Wasserstands dienen die im jahreszeitlichen Verlauf entstandenen Flussmarken. Sind Moose und Farne weit von der Wasseroberfläche entfernt, so herrscht Niedrigwasser. Stehen junge Baumsprösslinge mit den Füßen im Wasser so deutet dies auf einen hohen Wasserstand hin. Hochwasserführende Flüsse sind meist braun, führen viel Sediment und Treibholz mit sich.

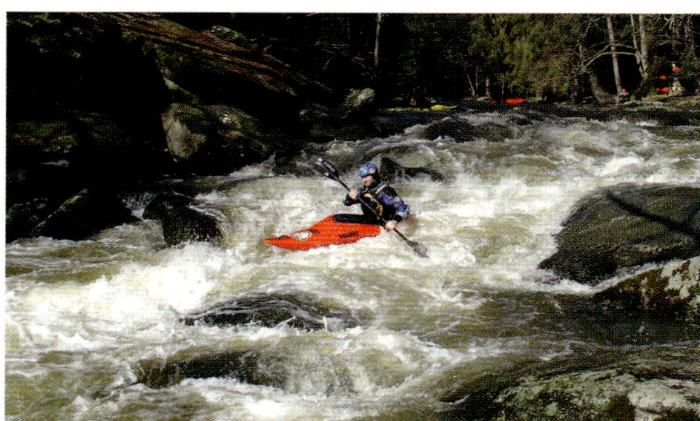

WW 4 mit weniger Gefälle

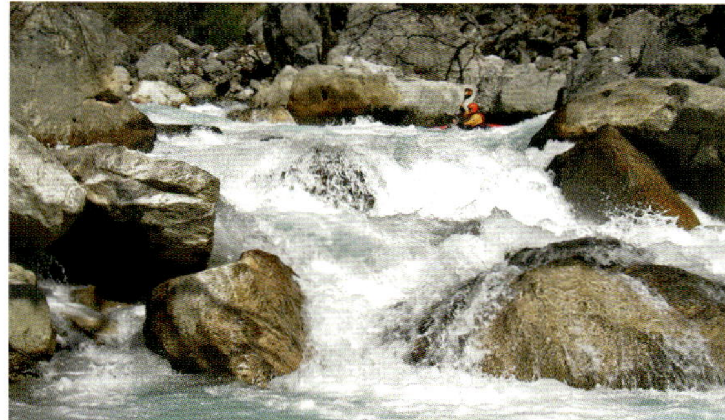
Gefällereicher Bach

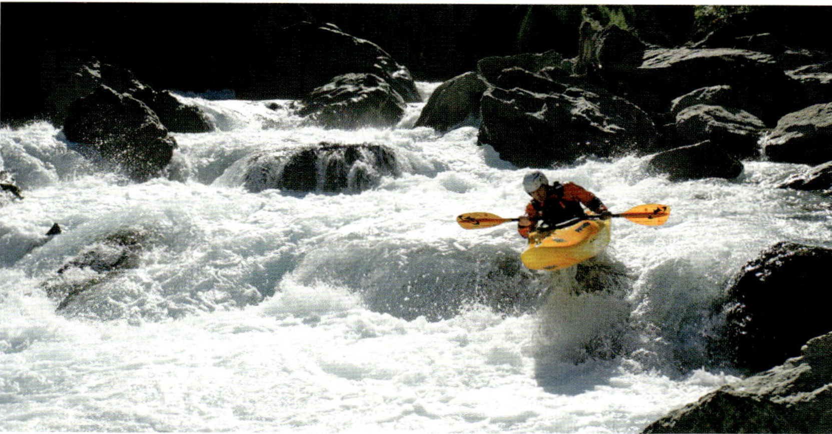
Schweres Wildwasser mit akzeptablen Passagen

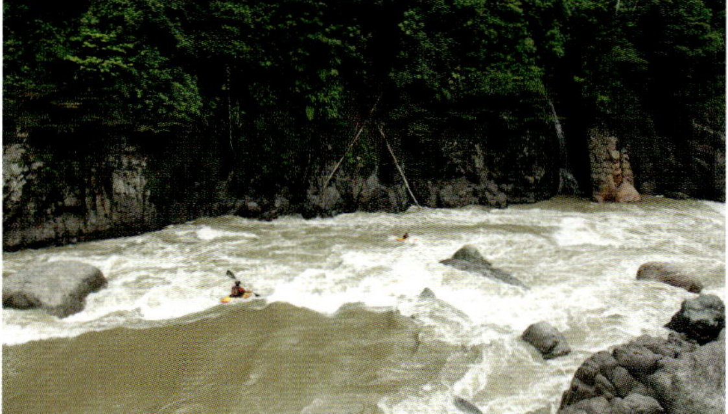
Wuchtwasser

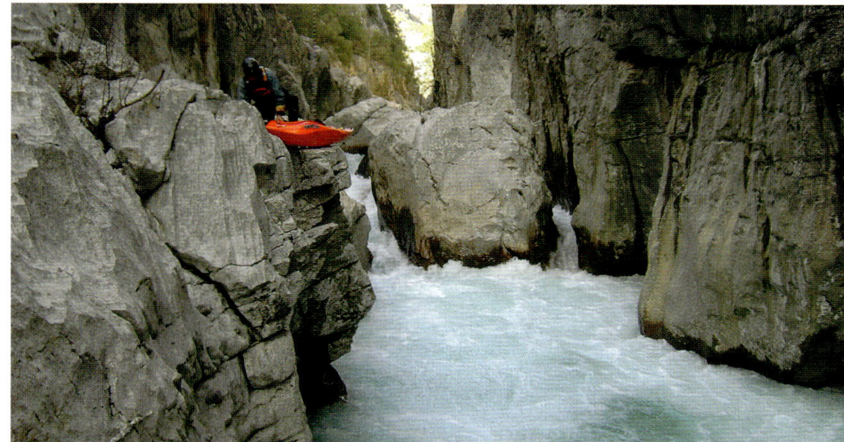
Schluchtenbefahrungen erfordern viel Know-How

Der Flusscharakter

Abhängig von der Gesteinsart und dem Gebirge hat der Fluss unterschiedliche Talformen ausgebildet und das Flussbett gestaltet. Der Verdon, eine Kalksteinschlucht in Südfrankreich WW 3-4, mit unzugänglichen Stellen und vielen Unterspülungen, ist sicherlich anspruchsvoller zu befahren wie z.B. die Loisach im Werdenfelser Land mit ihrem offenen und leicht zugänglichen Charakter ähnlicher Schwierigkeit.
Stufenbäche (drop and pool) verlangen andere Fähigkeiten als Flüsse mit gleichmäßig verteiltem Gefälle. Informiere dich deshalb über den Charakter des Flusses. Dieser ist nicht immer in Flussführern beschrieben.

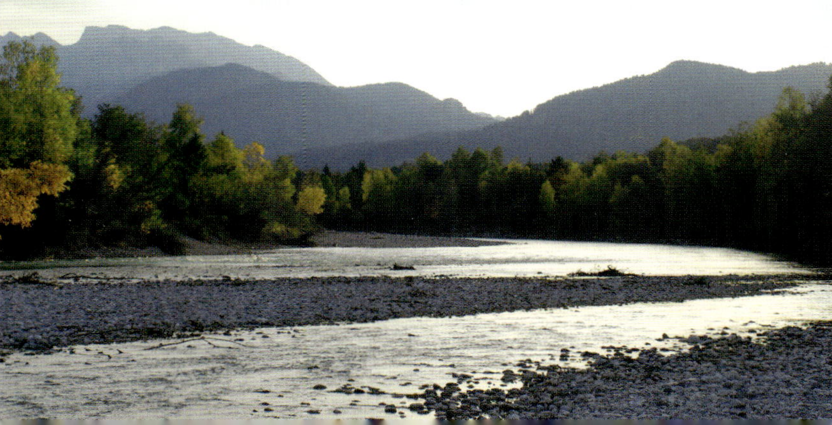
Offene Flussläufe erleichtern eine Befahrung

Typische Strömungsformen im Wildwasser

Wenn Wasser fließt entstehen unterschiedliche Strömungen. Je nach Form und Art der Hindernisse die sich dem Wasser entgegenstellen, entstehen verschiedene Strömungsformen. Um effizient zu paddeln, musst du diese erkennen und deine Taktik darauf abstimmen können.

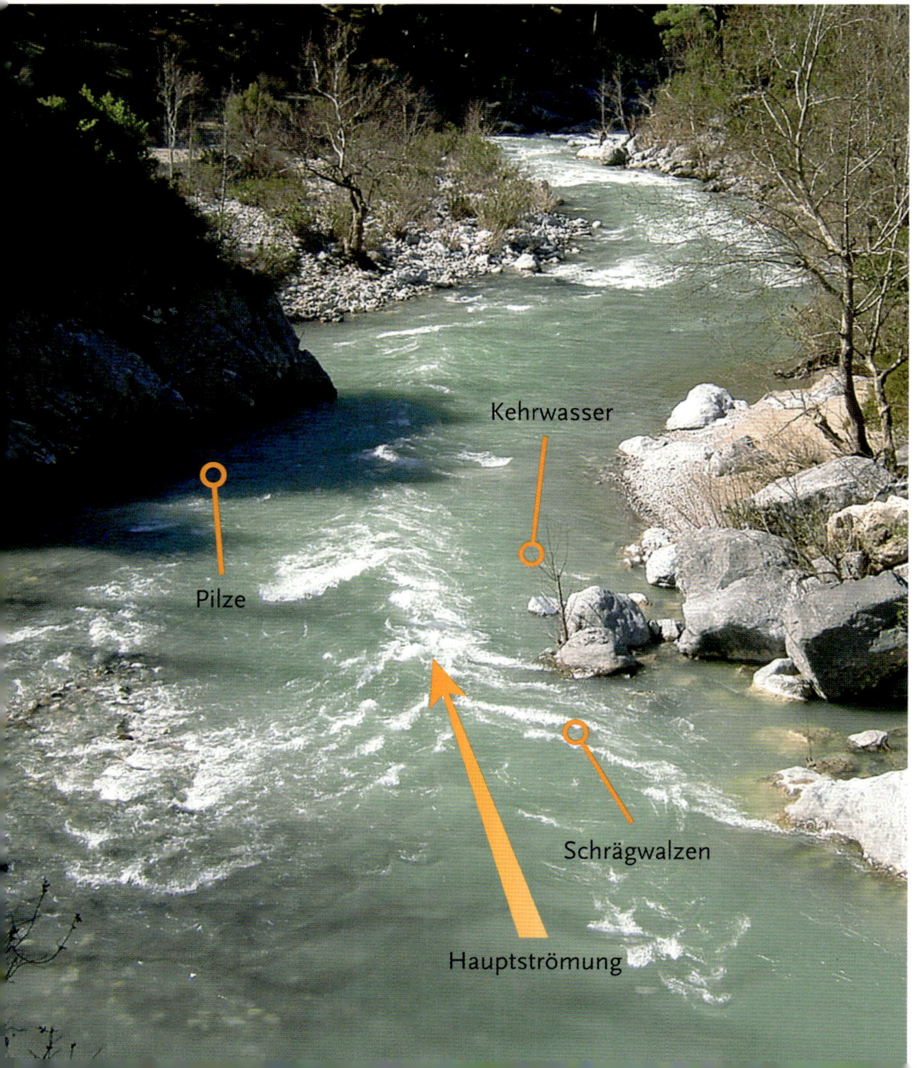

Typische Strömungsformen im Wildwasser

Die Hauptströmung

Fließendes Wasser bahnt sich seinen Weg durch den Boden. Dadurch bilden sich charakteristische Formen des Flussbetts aus. Meist ist es in der Flussmitte, wo das Wasser am schnellsten strömt und auch am tiefsten ist. An den auslaufenden Ufern ist die Reibung höher, das Wasser fließt langsamer und Sediment wird abgelagert.
In Flussbiegungen fließt es in der Außenkurve schneller als in der Innenkurve. Dies bedeutet eine stärkere Erosion der Außenkurve und ein Abtragen und Ausspülen des Ufers. Im Gegenzug wird in der Innenkurve Sediment angelagert und es entstehen typische Ufer- und Kiesbänke.
Die Ideallinie für einen Paddler ist das Hauptwasser. Es ist jedoch nicht immer möglich dort zu fahren.

Kehrwasser

Das Kehrwasser ist die zentrale Strömungsform im Wildwasser. Durch das Bestreben des Wassers nach Niveauausgleich und der Massenträgheit kommt es hinter Hindernissen zu rückfließenden Strömungen, dem sogenannten Kehrwasser. Eine ausführliche Beschreibung zu diesem Thema findest du unter „Kehrwasserfahren“ in diesem Kapitel ab Seite 60.

Polster und Pilze

Als Polster oder Pilz werden Strömungen bezeichnet die von tief unten zur Oberfläche hinströmen und dort als „hochquellendes“ Wasser sichtbar werden (Pilzform). In der Badewanne kannst du dieses Phänomen beobachten, wenn du den Duschkopf unter Wasser hältst. Am Fluss entstehen solche Strömungsformen immer dann, wenn fließendes Wasser an Hindernissen wie Steinen, Felswänden, künstlichen Einbauten oder Uferzonen zur Oberfläche hin umgelenkt werden. Dies kannst du häufig nach scharfen Kurven, in Canyons oder an angespülten Steinen sehen.

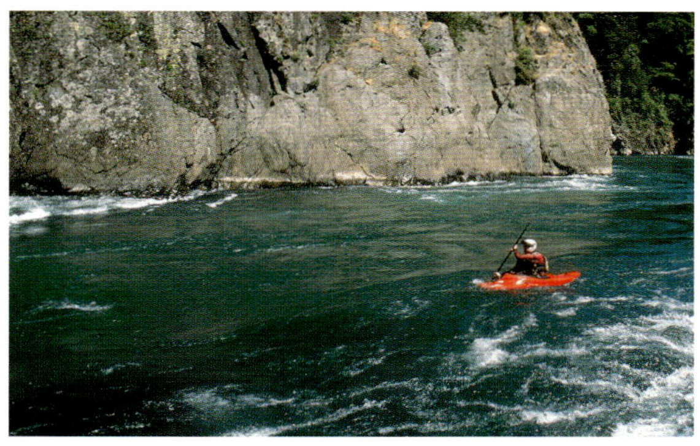

Für einen Paddler sind solche Bereiche oft unangenehm zu befahren, da die Fließrichtung des Wassers nicht klar ist. Am Rand des Pilzes, dort wo er wieder mit der Strömung zusammentrifft, besteht Kentergefahr. Vermeide durch aktives Paddeln dich von Pilzen „rumschieben" zu lassen. Beschleunige dein Boot im möglichst stumpfen Winkel in Richtung Pilzmitte, stelle dort dein Boot in die gewünschte Fahrtrichtung und beschleunige es erneut.
Da es sich bei Polstern und Pilzen um aufströmendes Wasser handelt, wird alles darin Befindliche an die Oberfläche befördert. Aber Vorsicht, irgendwo verschwindet das Wasser und dort gilt genau das Gegenteil. Hinter Rückläufen (siehe Seite 57) und an unterspülten Wänden sind Pilze mit Vorsicht zu genießen!

Unterspülung / Siphon

Unterspülungen und Siphone sind im Wildwasser mit die gefährlichsten Bereiche und Ursache vieler tödlicher Unfälle. Das Wasser und alles sich darin befindliche verschwindet unter Felsen, Baumverhauen oder in unterirdischen Höhlen. Manche Gesteinsarten neigen mehr dazu Unterspülungen und Siphone auszubilden als andere. Meist sehen Siphone und Unterspülungen relativ unspektakulär aus. Es spritzt keine Wasser hoch und Wellen entstehen ebenfalls nicht. Dies ist der Grund warum sie häufig nicht wahrgenommen werden. Erkennungsmerkmal ist, dass relativ viel Wasser auf ein Hindernis zuströmt, aber auf den ersten Blick nicht erkenntlich ist, wo es hinfließt. Meist befindet sich neben oder hinter dem Hindernis aufpilzendes Wasser.
Als Paddler solltest du aufmerksam nach Siphonen und Unterspülungen Ausschau halten und solche Bereiche weiträumig umfahren oder umtragen, denn um einen Schwimmer unter Wasser zu ziehen ist nicht besonders viel Druck notwendig.

Als Polster oder Pilz werden Strömungen bezeichnet die von tief unten zur Oberfläche hinströmen und dort als „hochquellendes" Wasser sichtbar werden (Pilzform).

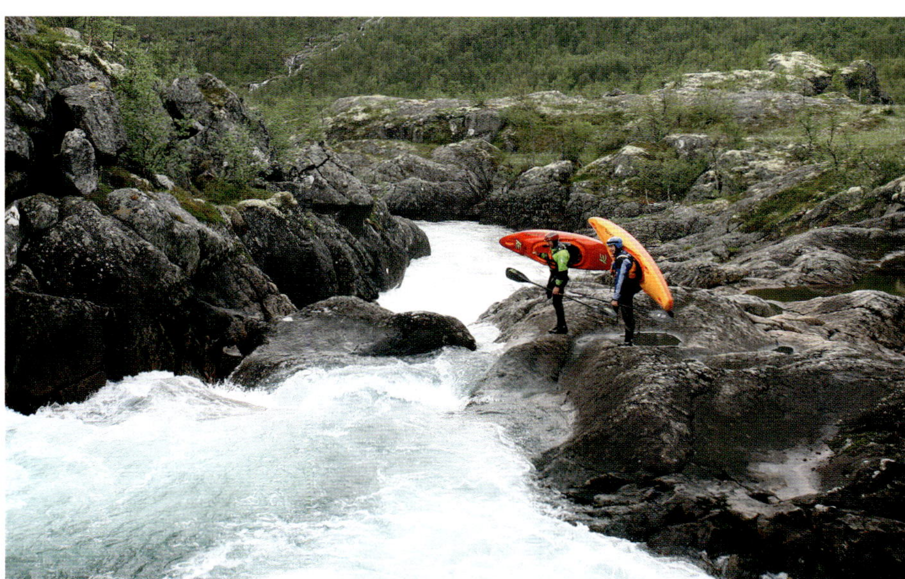

Gefährlicher Syphon - hier muss in jedem Falle umtragen werden.

Wellen

Wellen entstehen durch Unebenheiten im Untergrund und/oder durch die Zunahme der Strömungsgeschwindigkeit. Sie können wenige Zentimeter oder mehrere Meter hoch sein. Charakteristisch ist, dass eine Welle immer aus „grünem Wasser" (das Wasser ist nicht luftdurchsetzt) besteht. Der tiefste Punkt wird als Wellental und der höchste Punkt als Wellenberg bezeichnet. Wenn weiße Schaumkronen entstehen handelt es sich um überschlagende Wellen, was den fließenden Übergang zur Walze darstellt. Wellen sind für Wildwasserfahrer harmlos und ein Riesenspaß. Hat die Welle die passende Größe für dein Können und dein Boot, dann steht dem Spielbootfahren nichts mehr im Weg.

Walzen

Walzen entstehen wie Wellen. Je steiler der Wellenberg wird, desto mehr Wasser fließt als Weißwasser an der Oberfläche in Richtung Wellental zurück. Ein Paddler wird durch das rücklaufende Wasser gebremst oder abgestoppt und festgehalten. Das ablaufende Wasser befindet sich weiter unten, unter der Wasseroberfläche. Dies ist der Grund, warum z.B. Bälle oder Paddler in Walzen gehalten, aber Baumstämme oder Schwimmer durchgetrieben werden. Aber Vorsicht, eine Sonderform der Walze ist die sogenannte Stauwalze, wie sie meistens hinter Wehren oder wehrähnlichen Stufen entsteht. Hier ist der Anteil, des an der Oberfläche ablaufenden Wassers so gering, dass selbst Baumstämme und Schwimmer im rücklaufenden Teil der Walze

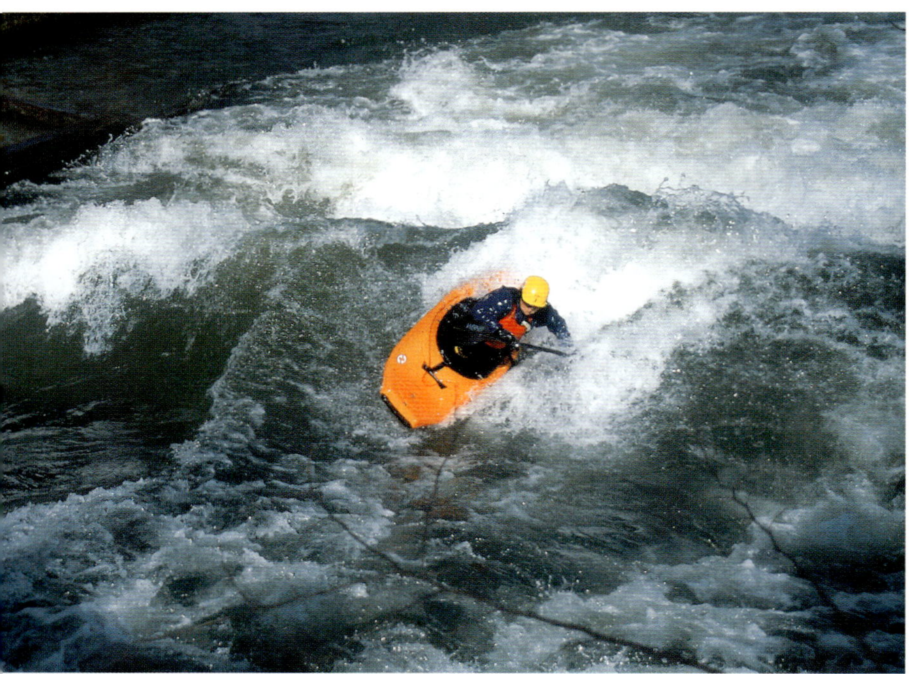

Ein Freestylefahrer surft auf einer ausgeprägten Welle

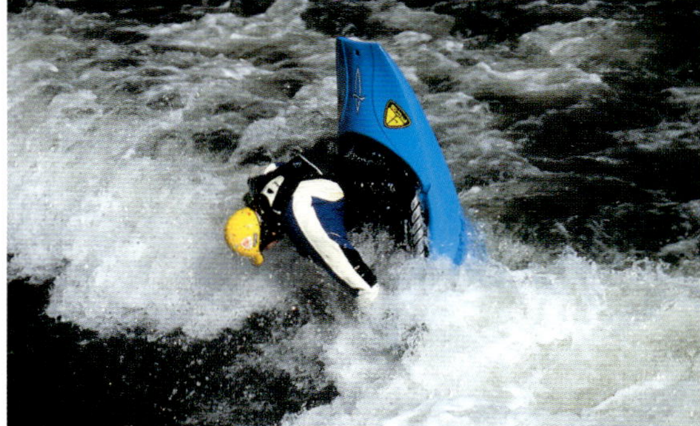

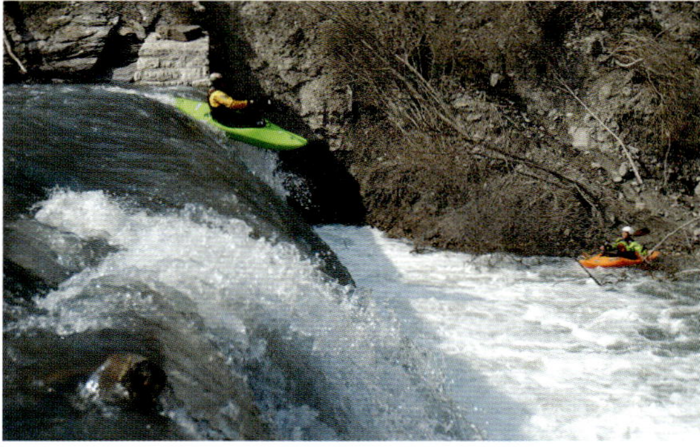

Spielwalze, o.r. und Stauwalze, u.r.

ewig kreiseln. Eine Rettung ist dann meist nur von außen möglich.

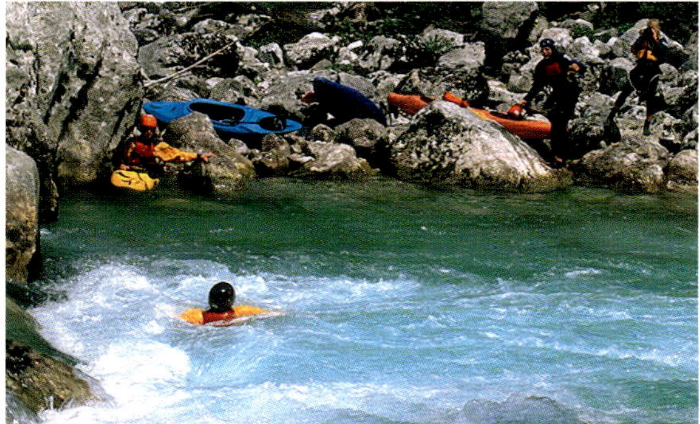

Schwimmer in einer Stauwalze

Schulter

Als Schulter werden die seitlichen Begrenzungen von Walzen und Wellen bezeichnet. Sie stellen den Übergang zur restlichen Strömung dar. Der Paddler kann sie taktisch nutzen um die Richtung seiner Fahrroute zu ändern oder um in die Walze oder Welle ein- bzw. auszufahren.

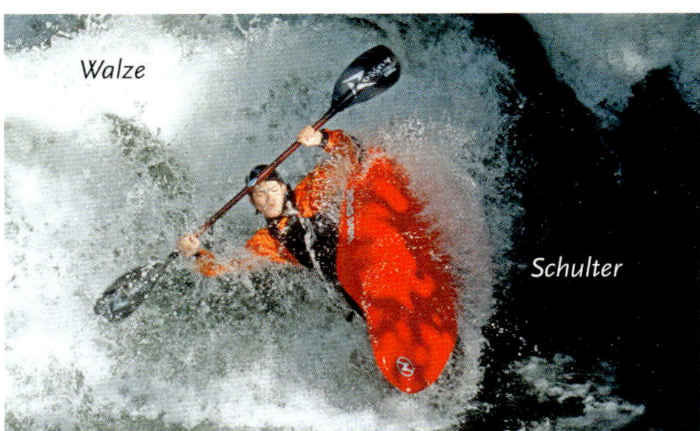

Extreme Ausprägung einer Walzenschulter

Verschneidungen

Verschneidungen entstehen immer dann, wenn unterschiedlich schnelle Strömungen aufeinandertreffen. Das typische Beispiel ist die Verschneidungszone beim Kehrwasser, aber auch bei Einmündungen von Seitenarmen oder nach Kurven treten Verschneidungen auf. Erkennen kann man sie an gegenläufigen Strömungen, welche unterschiedliche Oberflächen ausbilden. Als Paddler überfährst du solche Bereiche am besten mit Geschwindigkeit. Durch die unterschiedliche Dynamik der beiden Strömungen ist es fast immer notwendig das Boot zu kanten. Die genaue Beschreibung wie du als Paddler reagieren kannst, findest du auf S.60 im Absatz „Taktik des Kehrwasserfahrens“.

Zwei unterschiedliche Stömungen treffen aufeinander

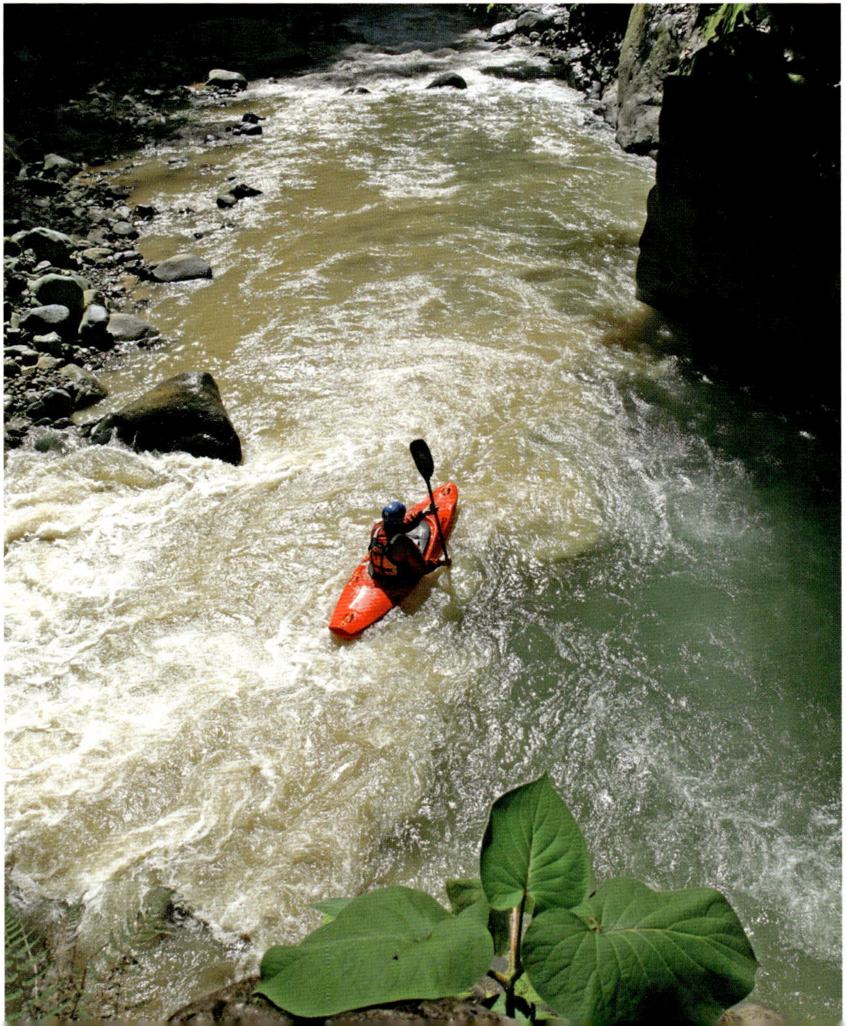

Das V

Nehmen das Gefälle und die Fließgeschwindigkeit zu, ohne dass nennenswerte Hindernisse im Fluss liegen, konzentriert sich das Wasser mit zunehmender Geschwindigkeit zur Mitte hin. Somit entsteht ein flussabzeigendes V. Während sich an der Spitze des V´s hohe Wellen bilden, ist das Wasser in der Mitte relativ glatt. An den Rändern entstehen vor allem bei viel Wasser Querwalzen. Die beste Linie als Paddler ist, mittig im glatten Wasser anzufahren, die volle Energie mitzunehmen und kurz vor der Spitze nach rechts oder links über die Schulter zu gleiten.

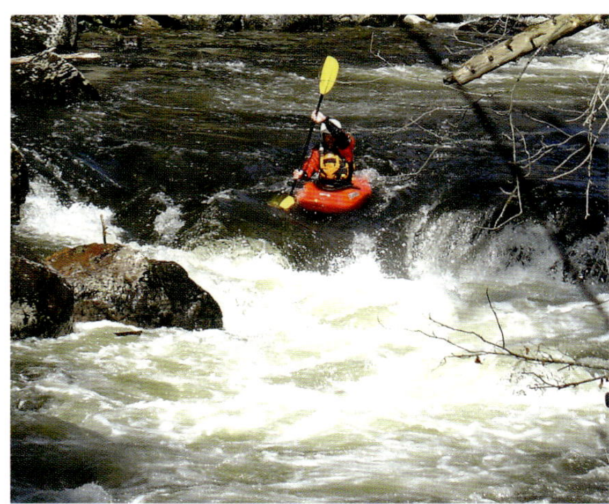

Durch Gefälle und Fließgeschwindigkeit konzentriert sich das Wasser zur Mitte hin, es entsteht ein flussabzeigendes V.

Das „V“

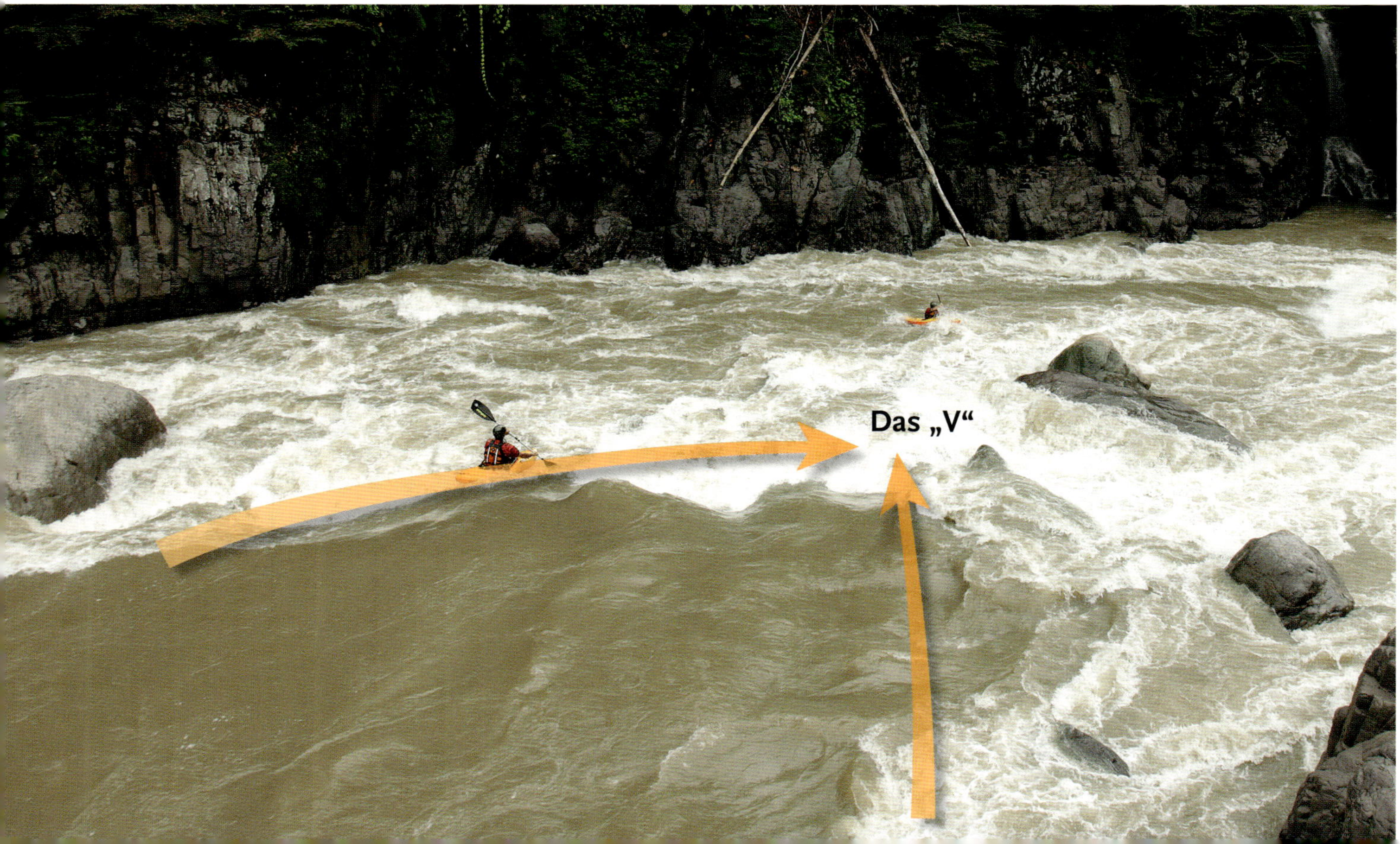

Wehre

Wehre sind künstliche Einbauten deren Sinn und Zweck es entweder ist, die Energie des Wassers zu vernichten, um so den Schutz von Brückenpfeilern und Uferböschungen herzustellen oder Wasser für die Energiegewinnung zu stauen. Sie stellen im eigentlichen Sinn kein Wildwasser dar und werden deshalb in der Regel umtragen. Wehre sind eine tödliche Falle für Paddler – auch außerhalb von alpinem Wildwasser.
Je nach Bauart werden verschiedene Wehrtypen unterschieden, welche unterschiedliche Strömungsformen erzeugen und unterschiedliche Gefahren bergen.

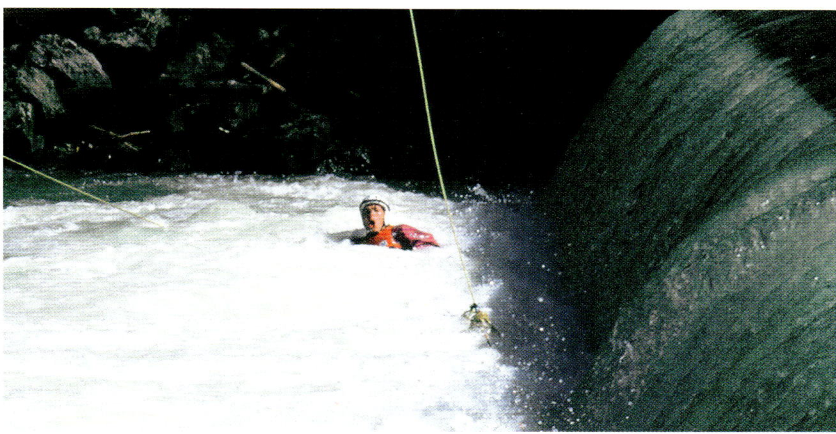

Schwimmer im Rücklauf eines Steilwehrs

Befahrung des Steilwehrs am Glenner

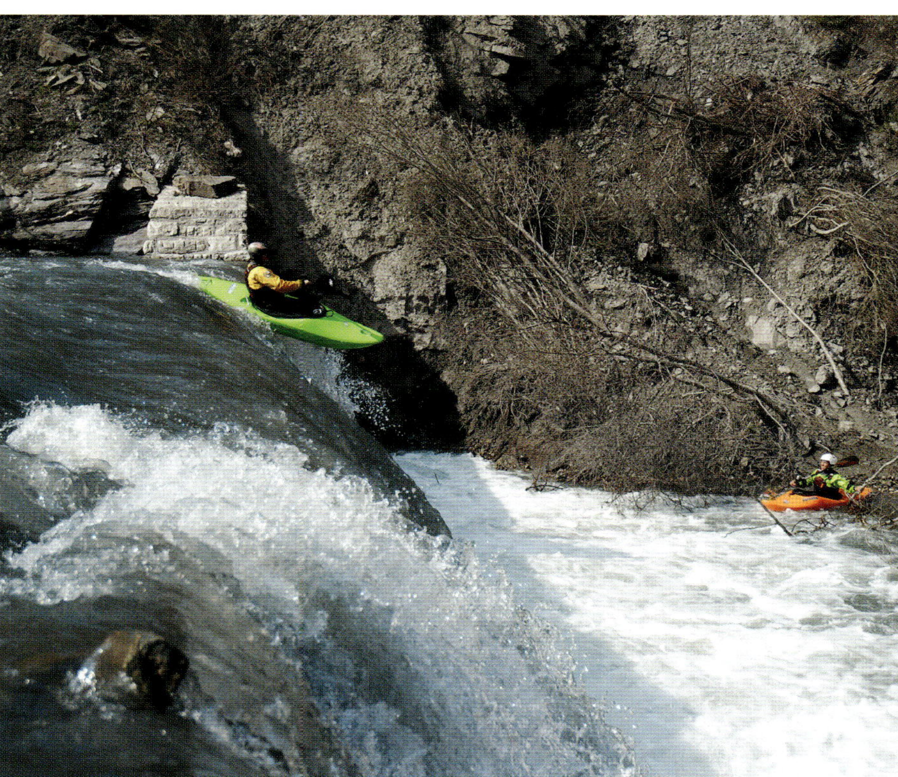

Steilwehr

Steilwehre sind Wehre mit senkrecht abfallendem Wasser. Sie sind besonders gefährlich, da sie im Unterwasser einen sogenannten Kolg ausbilden, der eine gefährliche Walzenbildung noch verstärkt. Je nach Bauart kann sich nicht nur nach vorne, sondern auch nach hinten eine Walze ausbilden, welche einen Schwimmer oder ein Boot hinter dem abfallenden Wasser hält. Eine solche Situation ist besonders heikel für eine Rettungsaktion.
Eine Sonderform des Steilwehrs ist das Kastenwehr (siehe unten).

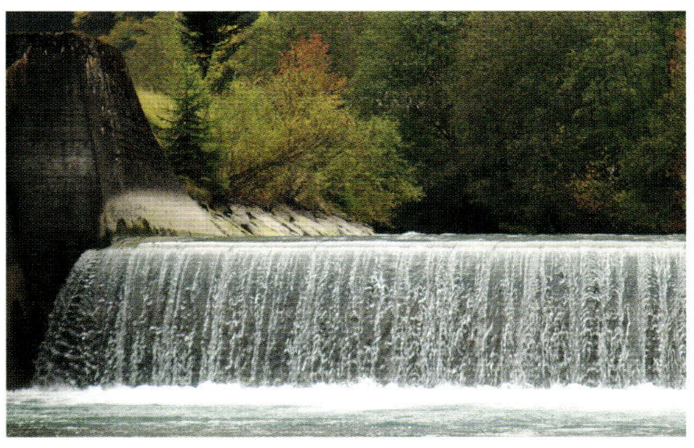

Hier befindet sich im Unterwasser ein zusätzlich eingebauter Kasten, welcher das Auskolgen verhindert und das Abfließen des Wassers zusätzlich verlangsamt.

Schrägwehre

Bei Schrägwehren wird das Gefälle auf einer mehr oder weniger schrägen Fläche abgebaut. Der Vorteil von Schrägwehren ist, dass die Walzenbildung meist geringer ist und bei einer Befahrung der Eintauchwinkel des Bootes es erleichtert, über den Rücklauf hinwegzukommen.
Eine große Gefahr dieser Wehre geht von dem verwendeten Material aus. Ist die Schräge mit Holz getäfelt, kommt es nach einigen Jahren zu Verfallserscheinungen. Bei der Zusatzlast eines Bootes können die Dielen einbrechen und den Bootfahrer verklemmen! Bei sogenannten Blockwurfwehren besteht die Schräge aus großen Steinen, welche nebeneinander angeordnet auf einer Ebene liegen. Die Blöcke sind untereinander mit Stahlseilen verbunden und manchmal mit Beton ausgegossen. Die große Gefahr besteht bei einer Kenterung darin, sich in den Zwischenräumen zu verklemmen oder an den kantigen Steinen zu verletzen.

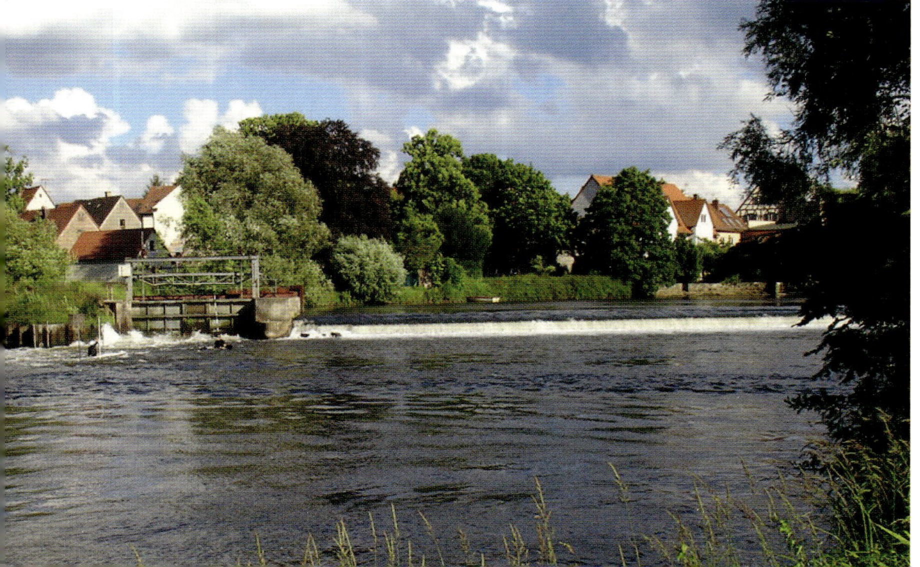

Schrägwehre bergen neben dem Rücklauf weitere Gefahren für Paddler.

Kombinationen

An vielen Stellen werden Schrägwehre mit Steilwehren kombiniert. Hier sind die Nachteile beider Wehrtypen für uns Paddler vereint.

Schlauchwehre

Bei Schlauchwehren wird die Wehrkrone durch einen variabel aufpumpbaren Schlauch gebildet. Über diesen gleitet das Wasser in einem Viertelkreis ins Tosbecken. Dieser Wehrtyp sieht für Unerfahrene besonders harmlos aus, da er kaum zu aufspritzendem Wasser führt und der Rücklauf meist sehr glatt aussieht.
Der Rücklauf ist deshalb aber nicht weniger gefährlich, nur eben schwieriger zu erkennen und einzuschätzen.

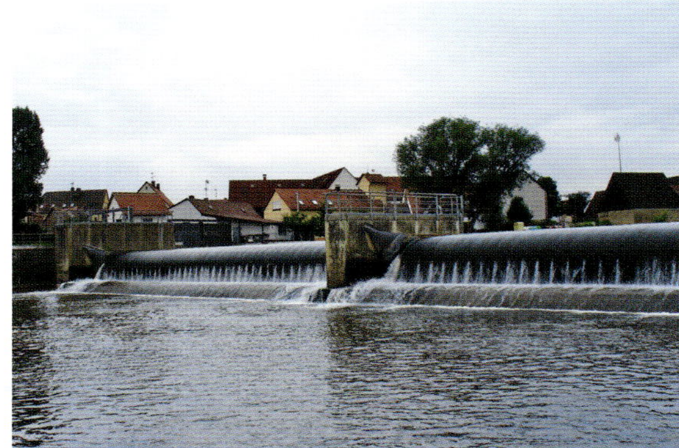

Ein Schlauchwehr, das bei stärkerem Überlauf Paddlern keine Chance lässt.

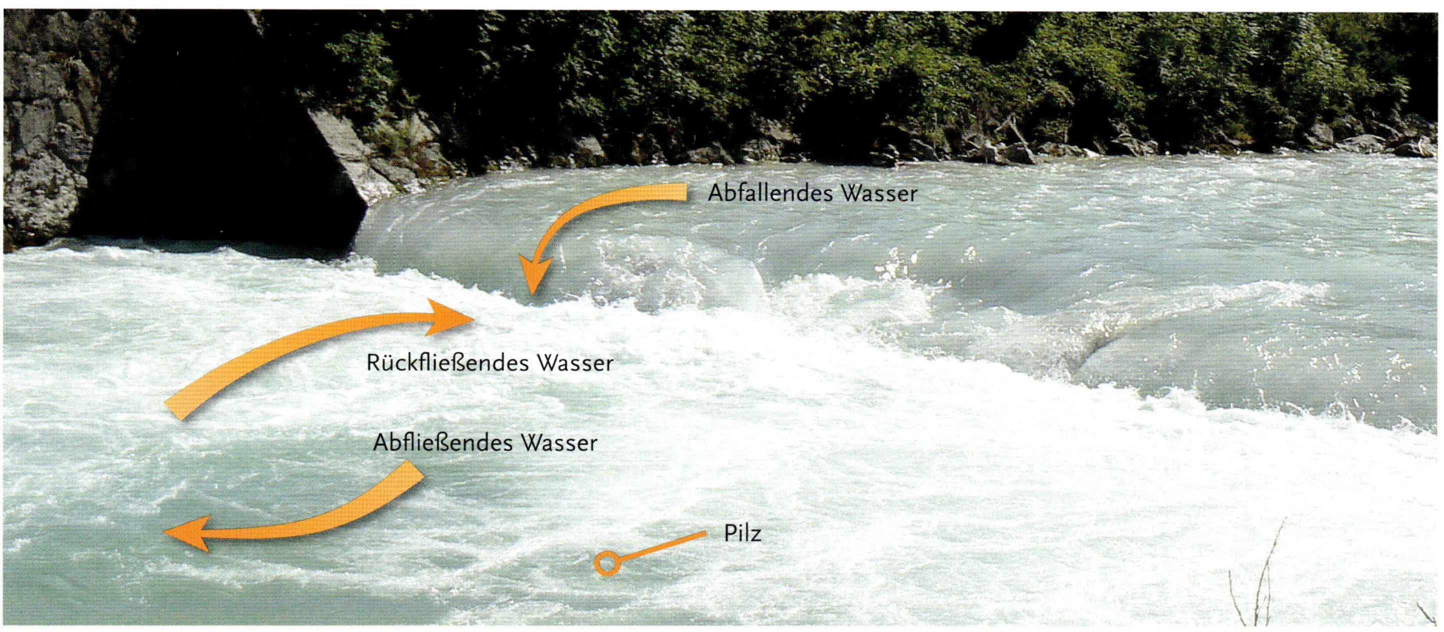

Typisches Stauwehr, welches als Gefällebremse eingesetzt wird.

Rücklauf

Als Rücklauf wird eine Stauwalze (siehe Walzen S. 52) bezeichnet. Diese bildet sich vorwiegend hinter Wehren. Zur Beurteilung der Gefährlichkeit eines Rücklaufs sind die Wassermenge und die Distanz zwischen dem einströmenden und dem hochpilzenden Wasser ausschlaggebend. Je mehr Wasser einströmt, desto mehr Gefahrenpotential hat eine Walze. Eine kritische Rücklauflänge beginnt bereits ab 50 cm bis 1 m! Für eine Befahrung stellt diese Distanz zwar selten ein Problem dar, für einen Schwimmer kann dies bereits tödlich sein.

Wasser lesen

Vom Ufer aus, beim Besichtigen von Flussabschnitten, lassen sich eben beschriebene Strömungsformen leicht erkennen und eine mögliche Fahrroute ist schnell gefunden. Aus der Perspektive eines Paddlers, kaum einen Meter über der Wasseroberfläche, ist dies schon erheblich schwieriger. Einige sichtbare Hinweise helfen dir die „Besichtigungsstops" auf ein Minimum zu reduzieren.

Abrisskante

Bildet das Wasser am Horizont eine Linie und ist der weitere Flussverlauf nicht zu sehen, so bedeutet dies eine starke und schnelle Zunahme des Gefälles. Die Abrisskante kann sich über den ganzen Fluss ziehen oder nur in einem Segment sichtbar sein. Sie kann auch auf ein Wehr oder eine natürliche Stufe hindeuten. Ohne weitere Anhaltspunkte solltest du stoppen und die Stelle vom Ufer aus besichtigen.

Beule

Ist am Horizont eine „Beule“ in der Wasseroberfläche zu erkennen, dann erwartet dich ein überspülter Stein. Dahinter befindet sich entweder eine unangenehme Walze oder ein Kehrwasser. Fahre von der Seite an und vergewissere dich, dass keine Gefahr besteht bevor du hineinfährst.

Gischt

Ist am Horizont Gischt zu sehen, so wird es höchste Zeit das nächste Kehrwasser zu suchen. Hochfliegende Gischt ist ein untrügliches Zeichen einer hohen Stufe mit viel Wasserwucht.

Tipp

- Grundsätzlich gilt das Prinzip nur in Stellen einzufahren, bei denen du gesehen hast, welchen Weg das Wasser nimmt.

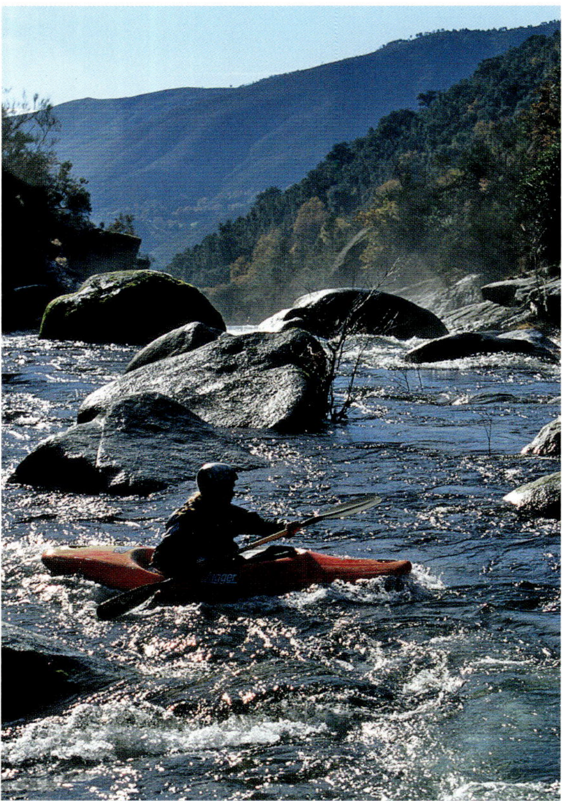

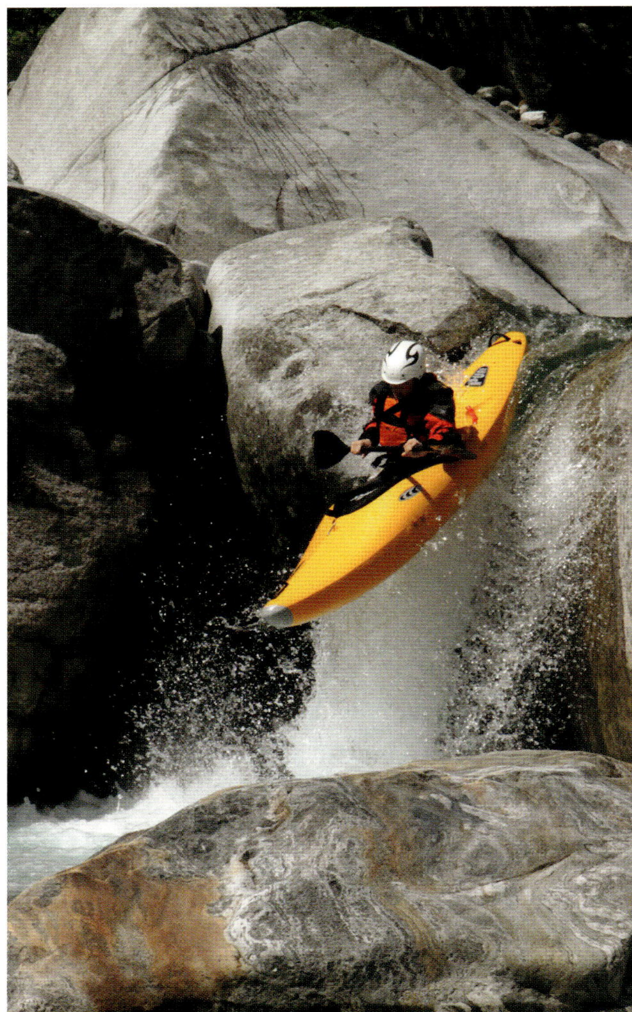

Deutliche Abrißkante am Flußhorizont mit aufstiebender Gischt. ▶

Eine Besichtigung unübersichtlicher Stellen ist Pflicht. ▶▶

Geländemarken

Ähnlich den Hinweisen am Wasser gibt das angrenzende Ufer deutliche Zeichen, die dich auf eine Veränderung des Wildwassers hinweisen.

Geländesprung

Nimmt das Gefälle am Fluss zu, so ist dies auch am Ufer abzulesen. Die Baumwipfel weisen plötzlich einen Versatz auf oder die Geländelinien deuten auf einen Höhensprung hin.

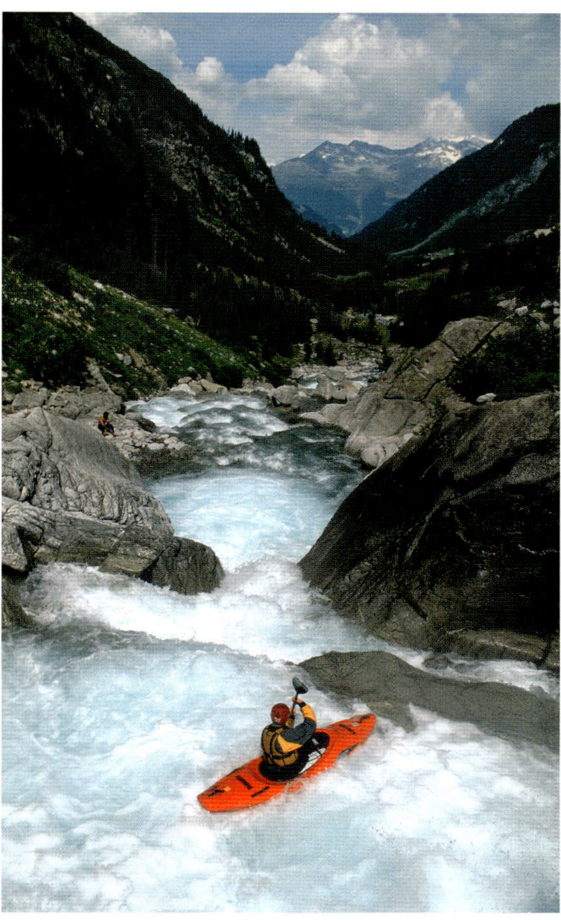

◀◀ *Aus der Sicht des Paddlers lassen sich Geländesprünge erkennen, die auf unterschiedliche Schwierigkeiten hinweisen.*

Ufer und Berge

Oft ist über Kilometer hinweg anhand der Bergformen schon zu sehen, wo es zu einer Steigerung der Schwierigkeiten kommen wird. In unmittelbarer Nähe rücken die Ufer zusammen und die flachen Uferbereiche weichen steileren.

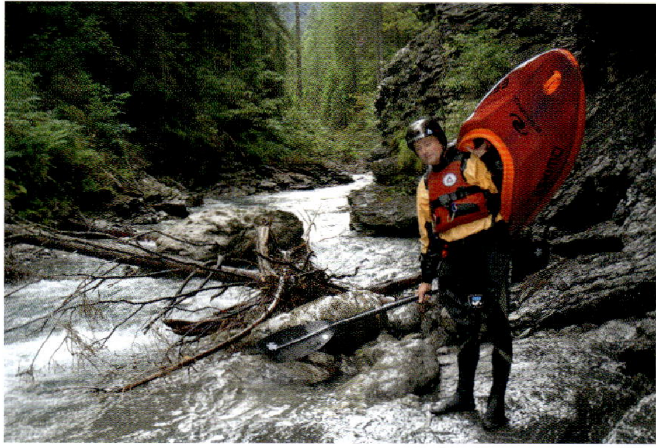

◀ *In Waldschluchten ist definitiv mit Hindernissen zu rechnen.*

Seitenbäche

Seitenbäche bringen in Hochwasserzeiten häufig viel Geschiebe mit. Dies kann den Hauptfluss im Bereich der Mündung erheblich umgestalten.

Befahrung eines Seitenbaches mit viel „Geschiebe“. ▼

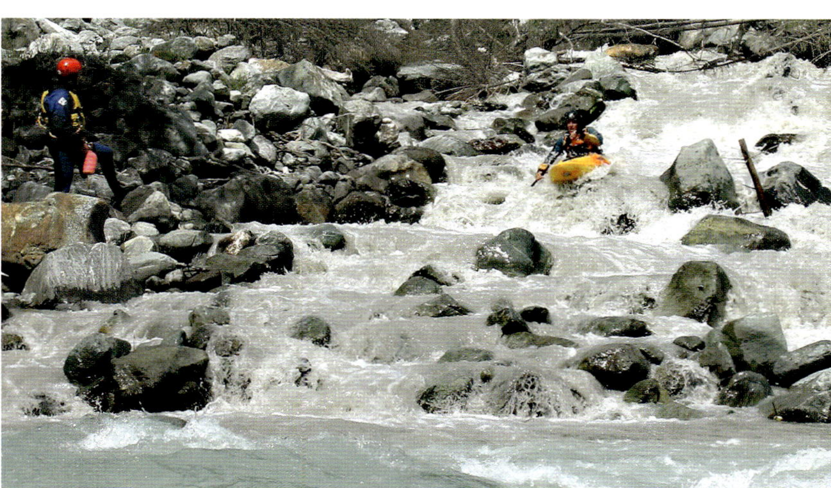

Taktik im Wildwasser

Die Taktik nimmt mit fortschreitendem Können einen immer größeren Platz ein. Wo es im Einsteigerbereich vor allem darum geht Techniken zu lernen, beschäftigt sich der Wildwasseraufsteiger mit der Fragestellung wie die Technik der Schläge mit seinen Wildwasserzielen und der Strömung vereinbar ist.

Die Taktik einer Befahrung ist die „Handschrift" eines Paddlers.

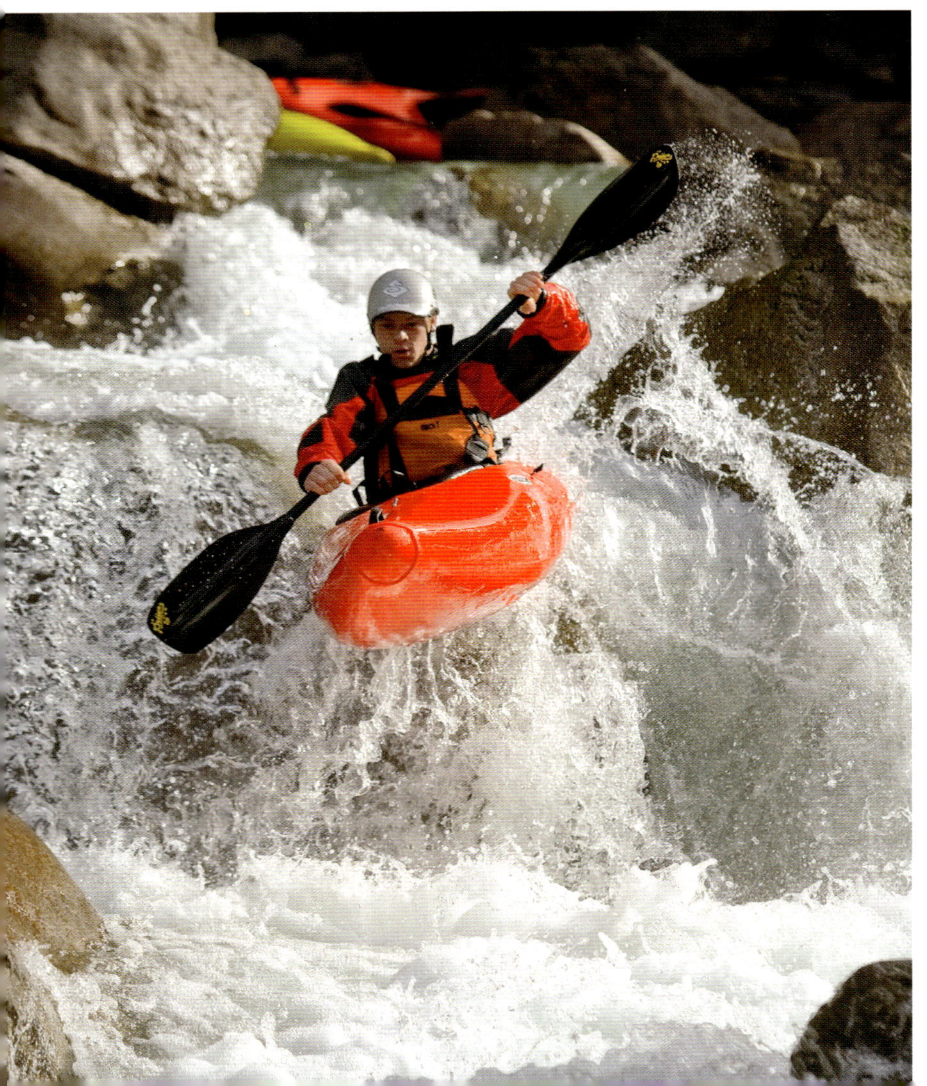

Die zentrale Strömungsform mit der sich Wildwasserfahrer auseinandersetzen müssen, ist das Kehrwasser. Das Befahren eines Kehrwassers stellt an den Paddler hohe Anforderungen an seine technischen und taktischen Fähigkeiten sowie an sein Gefühl für Strömungen. Wer hier sattelfest unterwegs ist, hat eine große Karriere als Paddler vor sich.

Kehrwasser sind im Fluss die einzige Möglichkeit anzuhalten. Wer erstmal sicher im Kehrwasser sitzt, kann auf seine Kollegen warten, sichern, fotografieren, oder einfach nur die Landschaft genießen. Darüber hinaus macht Kehrwasserfahren einen Riesenspaß.

Strömungen queren ist eine weitere essentielle Taktik im Wildwassersport. Positionen müssen im Fluss gewechselt werden um einen besseren Ausgangspunkt für die Anfahrt zu haben, das gekenterte Boot des Kollegen zu bergen oder die Brotzeitstelle zu erreichen.

Während einer Flussbefahrung stellen sich dann zwei weitere grundlegende Herausforderungen: Wie durchfahre ich Wellen und Walzen und wie komme ich sicher und effektiv durch Kurven und an Prallwänden vorbei.

Das große Gesamtziel ist es, alle Teilaspekte in eine taktische Linie auf den Fluss zu übertragen.

Kehrwasserfahren

Kehrwasser bilden sich hinter natürlichen Hindernissen (z.B. Felsblock) und künstlichen Einbauten (Brückenpfeiler) sowie in der Innenkurve eines Flusses und hinter Ufervorsprüngen. Das Wasser hat aufgrund seiner Trägheit die Eigenschaft, nicht mit gleichbleibender Geschwindigkeit unmittelbar um ein Hindernis herum und dann in Richtung Hauptströmung weiterzufließen. Stattdessen breitet es sich erst nach einer gewissen Zeit und Distanz wieder gleichmäßig aus. Dabei fließt ein

Teil des Wassers mit der Hauptströmung weiter, der andere Teil jedoch entgegengesetzt zurück in Richtung Hindernis, vergleichbar mit einem Vakuum, das durch Sogwirkung wieder aufgefüllt wird. Zwischen Haupt- und Kehrwasserströmung kann ein mehr oder weniger starker Höhenunterschied entstehen. Je schneller die Strömungsgeschwindigkeit, desto stärker ist die Kehrwasserströmung. Entlang des Grenzbereiches zwischen Kehrwasser und Hauptströmung, der als Verschneidungszone bezeichnet wird, treten turbulente Verwirbelungen und Strudel auf. Die Zone ist direkt nach dem Hindernis meist scharf abgegrenzt. Nach unten hin verbreitert sie sich und wird diffuser.

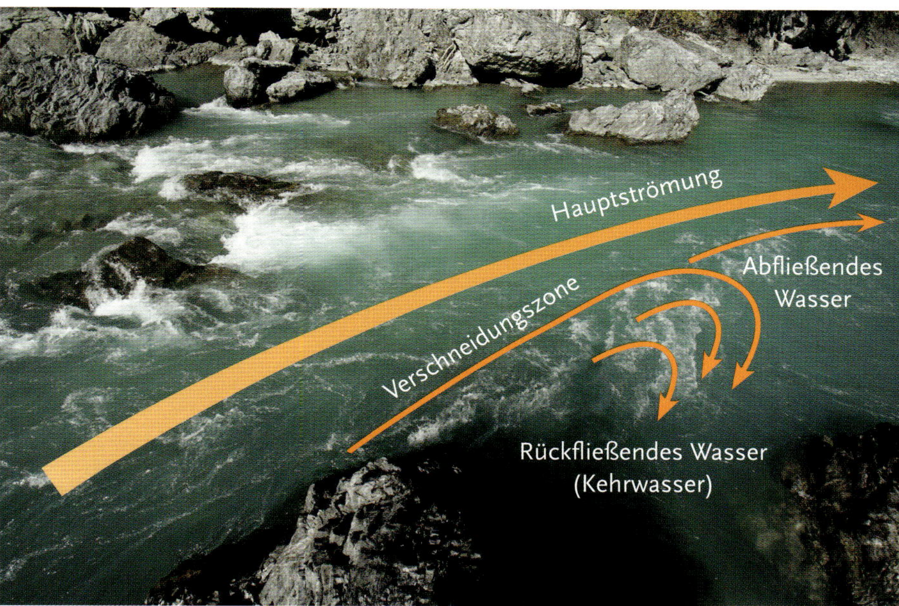

Der Gesamtablauf

Stelle weit oberhalb des Kehrwassers die Bootsspitze in Richtung Kehrwasser und paddle auf das Hindernis, welches das Kehrwasser bildet, zu. Fahre dabei möglichst geradlinig. Überfahre die Verschneidungszone in einem Winkel von ca. 45° Grad kurz unterhalb des Hindernisses und kante das Boot zur Kurveninnenseite an. Die Kehrwasserströmung bremst nun die Bootsspitze ab. Durch die gegenläufigen Strömungen (Bug im Kehrwasser, Heck in der Hauptströmung) wird das Boot gedreht.
Beim Einschlingen in die Hauptströmung stellst du die Bootsspitze in Richtung dieser, paddelst nahe am Hindernis über die Verschneidungszone und kantest das Boot an. Das von der Strömung erfasste Boot wird gedreht und fährt weiter flussab.
Alle Paddelschläge dienen dabei der Vorbereitung und Absicherung des Kehrwasserfahrens. Egal ob du ein- oder ausfährst – die Taktik und Technik bleibt immer gleich!

Die Hauptmerkmale

Die wichtigsten Merkmale bei der Befahrung eines Kehrwassers sind Geschwindigkeit, Anfahrtswinkel, Kanten und das Timing. Sie hängen voneinander ab und beeinflussen sich gegenseitig.

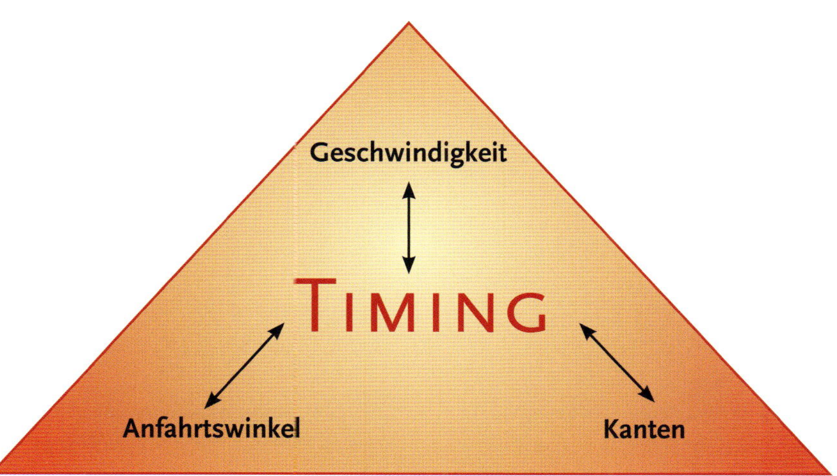

Geschwindigkeit

Ohne Geschwindigkeit geht nichts! Je höher deine Eigengeschwindigkeit ist, desto leichter überfährst du die Verschneidungszone und desto weiter fährst du in das Kehrwasser bzw. die Strömung ein. Eine hohe Eigengeschwindigkeit ist vor allem bei breiten und/oder sehr dynamischen Verschneidungszonen wichtig. Bei kleinen und engen Kehrwassern musst du deinen Speed entsprechend drosseln. Ideal zum Beschleunigen sind Grundschläge. Zum Halten der Richtung kannst du Bogenschläge verwenden. Du solltest in einer möglichst geraden Linie aufs Kehrwasser zufahren; denn die Drehung des Bootes übernimmt das Wasser! Denke niemals an Konterschläge, sie rauben dir deinen Speed.

Anfahrtswinkel

Der optimale Anfahrtswinkel ist bei jedem Kehrwasser verschieden. Er liegt beim Ein- und Ausfahren für das Kajak etwa bei 45° Grad (allgemein zwischen 30° und 65° Grad). Wählst du den Winkel bei der Einfahrt zu spitz, schießt dein Boot am Kehrwasser vorbei. Bei zu stumpfem Winkel dreht dein Boot zu schnell und bleibt auf der Verschneidungszone hängen oder trudelt ab. Der richtige Anfahrtswinkel hängt zum einen von der Größe des Kehrwassers ab, zum anderen von der Strömungs- und Bootsgeschwindigkeit. Ein spitzer Anfahrtswinkel bewirkt, dass dein Boot erst relativ spät und „weich“ in das Kehrwasser einschwingt. Willst du ein Kehrwasser knapp und „hart“ anfahren, wählst

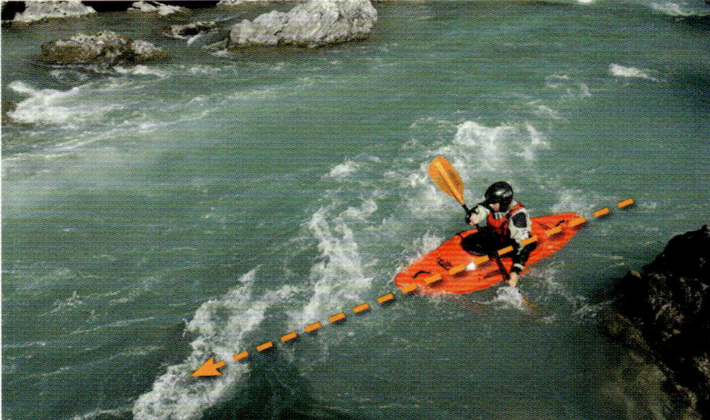

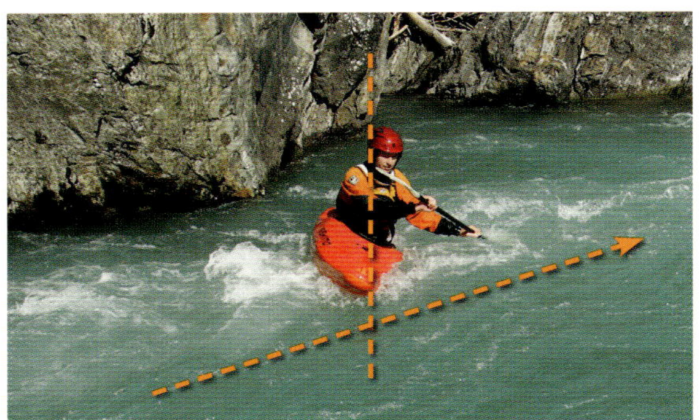

Unterschiedliche Anfahrtswinkel sind eine taktische Möglichkeit, Kehrwässer optimal anzufahren.

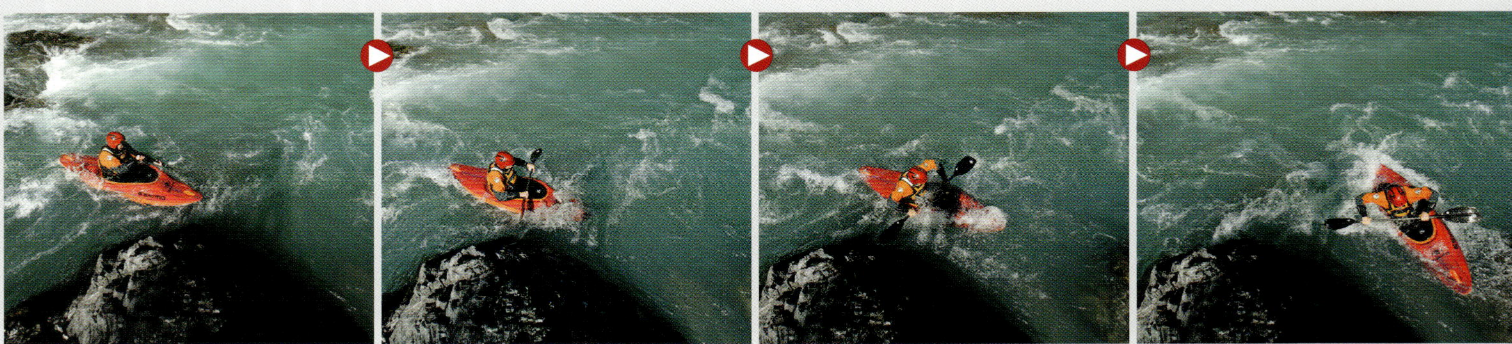

Unterschiedliche Anfahrtsgeschwindigkeiten verursachen unterschiedlich starke Drehungen

du den Winkel entsprechend stumpfer. Das ist besonders bei kleinen, scharfen Kehrwassern notwendig. Als Faustregel gilt, dass der Anfahrtswinkel beim Ausschlingen aus der Hauptströmung etwas stumpfer gewählt wird als beim Einschlingen in die Hauptströmung.

Kanten

Die hohe Dynamik der gegenläufigen Strömungen beim Kehrwasserfahren bringen dein Boot zum Kentern, wenn du nicht durch Aufkanten darauf reagierst. Sobald das Boot von einer gegenläufigen Strömung erfasst wird, kantest du es von dieser weg. Das Wasser hat somit keine Angriffsfläche mehr dich umzudrehen. Die Bootskante, die auf der Bogeninnenseite ins Wasser gedrückt wird, gibt dir Führung, ähnlich dem Kiel eines Bootes. Durch optimal dosiertes Kanten erreichst du ein Kräftegleichgewicht und es ist keine weitere Stützwirkung durch das Paddel etc. notwendig. Die Intensität des Kantens wird der Dynamik des Wassers angepasst. Je stärker du dein Boot aufkantest, desto schneller dreht es ein. Somit kannst du durch die Stärke des Kantens auch die Drehung beeinflussen.

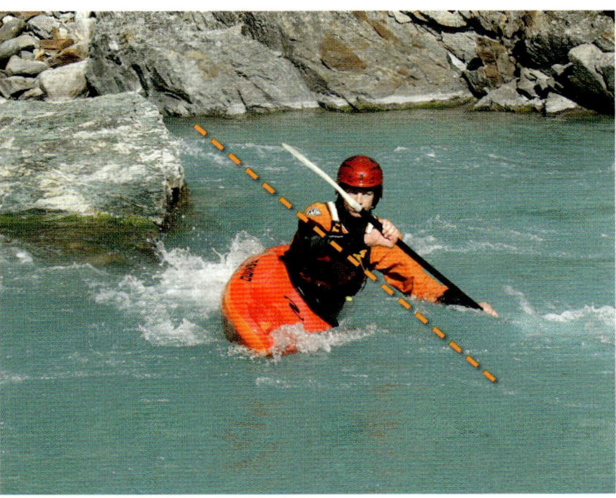

Timing

Jedes einzelne Hauptmerkmal ist ohne eine optimale Abstimmung aufeinander und auf die Gegebenheiten des Kehrwassers nutzlos.
Ein idealtypisches Timing einer Kehrwasseraus- bzw. -einfahrt sieht folgendermaßen aus (siehe Bildreihe S. 64):

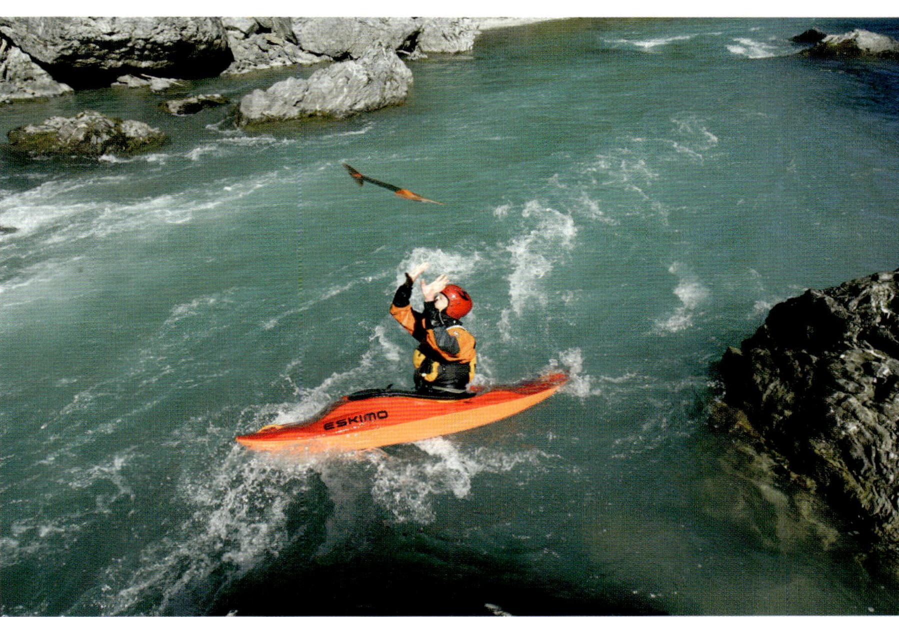

Werden die Hauptmerkmale des Kehrwasserfahrens mit einem optimalen Timing kombiniert, braucht man mit dem Paddel kaum noch nachzuhelfen.

Timing einer Kehrwassereinfahrt und einer Kehrwassausfahrt

1. Nehme Geschwindigkeit auf und peile über die Bootsspitze hinweg den Punkt an, an dem du die Kehrwasserlinie überfahren willst. Bedenke dabei deine seitliche Abdrift durch die Strömung.

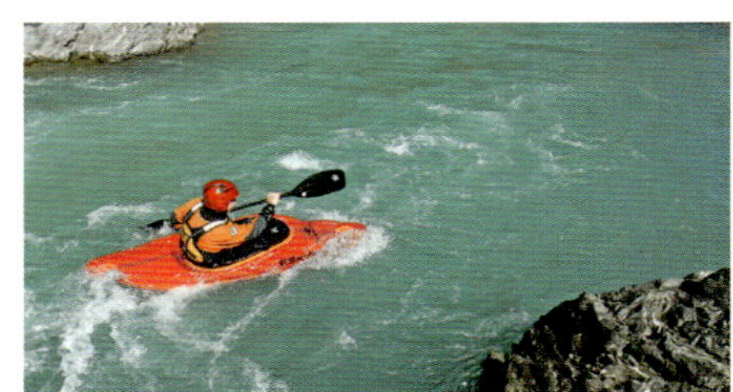

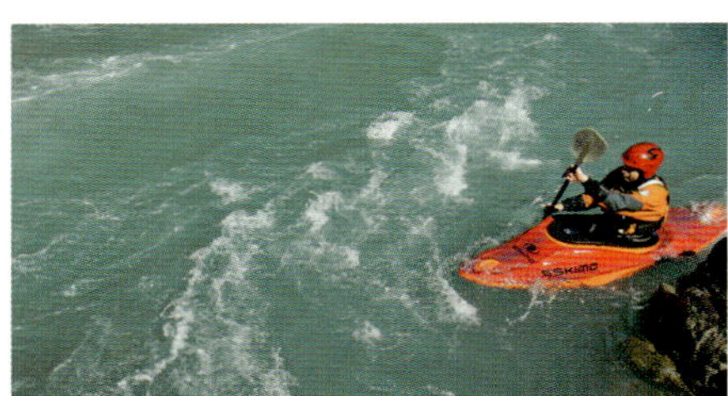

2. Korrigiere ggf. deinen Winkel und deine Geschwindigkeit.

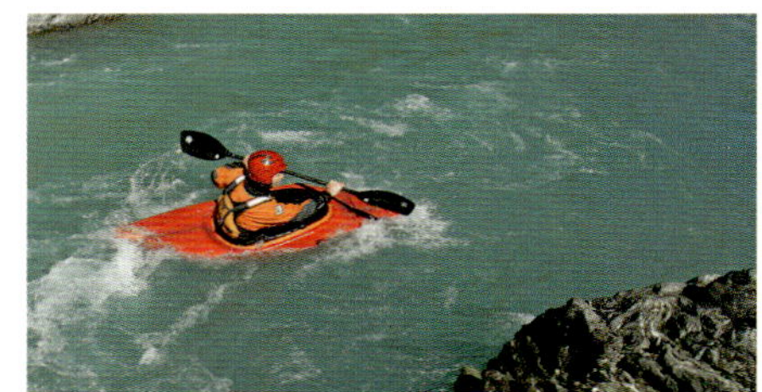

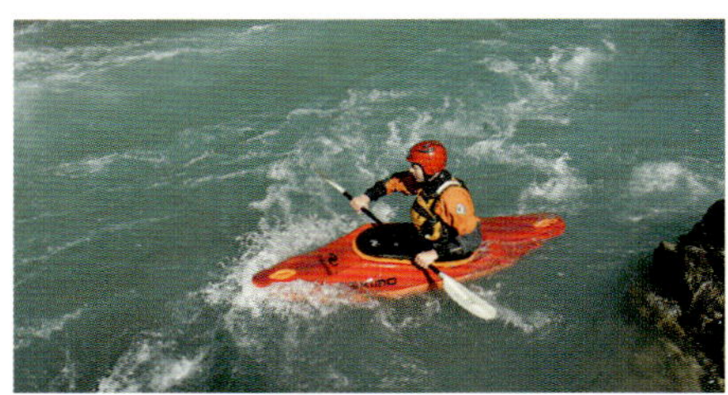

3. Überfahre die Verschneidungszone als wäre sie gar nicht da.

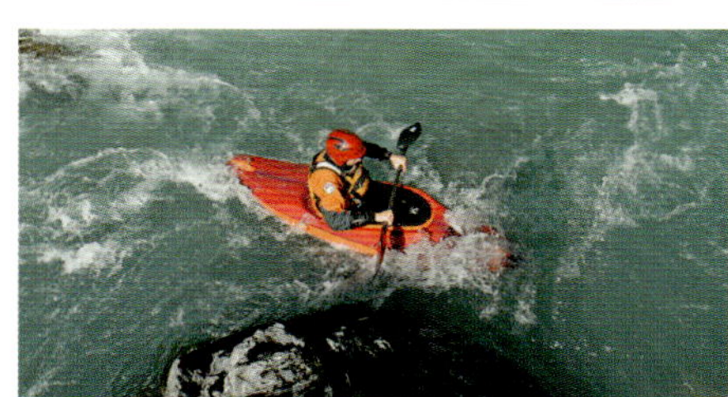

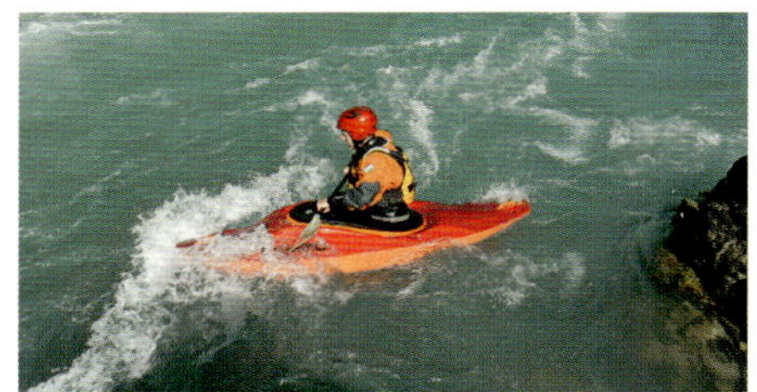

4. Kante dosiert dein Boot auf und mache den letzten Grundschlag auf der Kurveninnenseite.

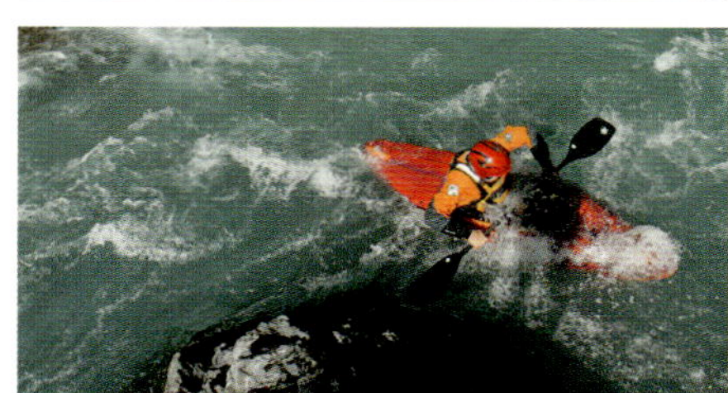

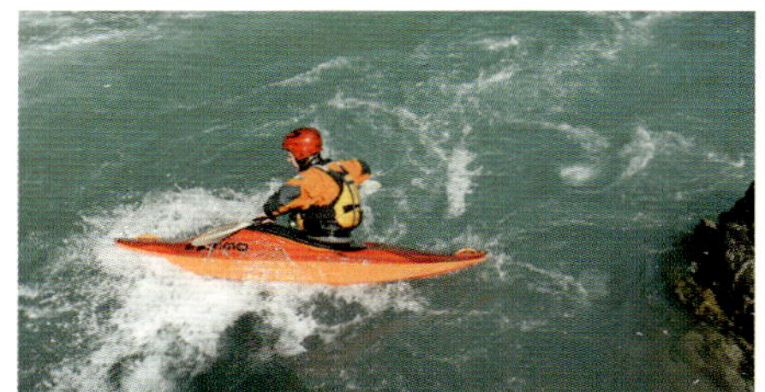

5. Lass dein Boot durch das Wasser drehen und passe das Kanten entsprechend der Dynamik des Kehrwassers, bzw. der Strömung an.

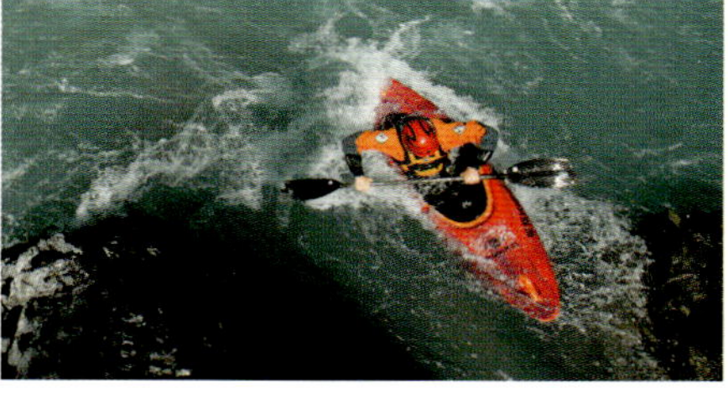

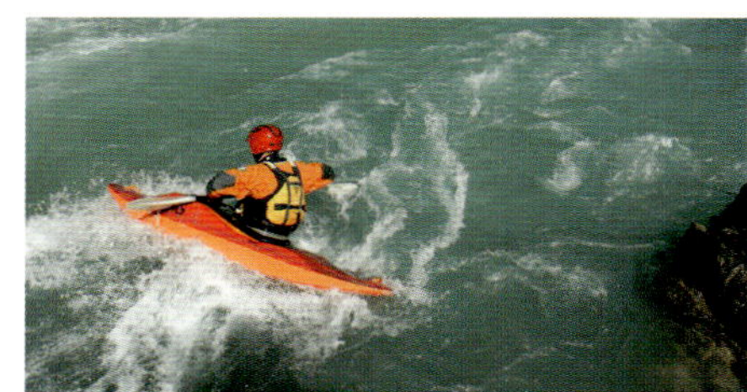

Paddeltechniken zur Unterstützung des Kehrwasserfahrens

Die Paddelstütze, der Bogenschlag und der Ziehschlag sind Techniken die das Kehrwasserfahren in unterschiedlicher Weise unterstützen.

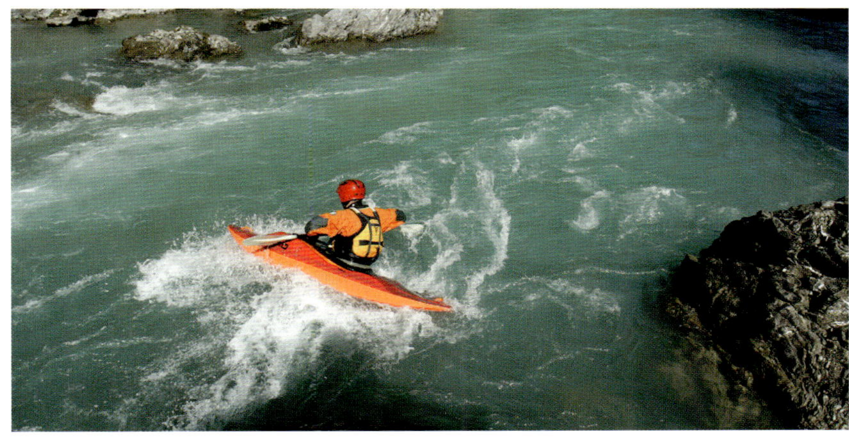

Paddelstütze beim Ausfahren in die Strömung

Die Paddelstütze

Die ausschließliche Stützwirkung dieses Schlages sichert die Kurveninnenlage ab. Sie eignet sich daher als „Einsteigertechnik" und bei besonders turbulenten Kehrwassern.

Der Bogenschlag

Der Bogenschlag wird auf der Kurveninnenseite ausgeführt. Vor allem die zweite Hälfte des Schlags ist wirksam. Er verzögert die Drehung und beschleunigt das Boot. Diese Eigenschaften machen ihn besonders bei großen Kehrwassern und breiten Verschneidungszonen zur idealen Technik.

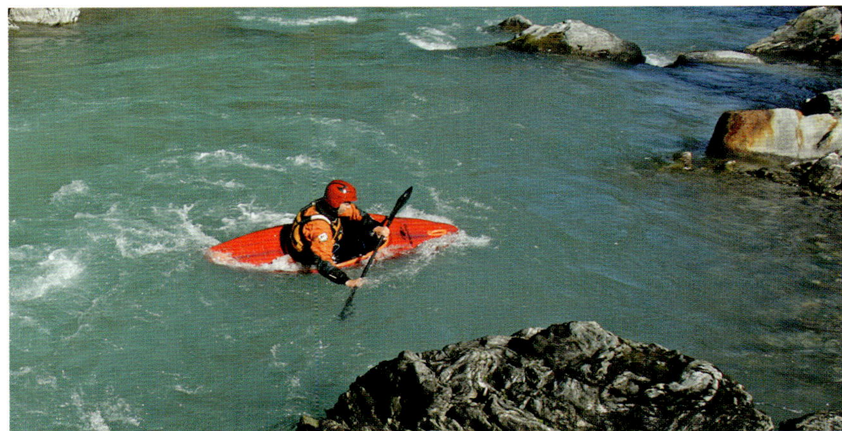

▲ *Bogenschlag ins KW* ▼ *Ziehschlag ins KW*

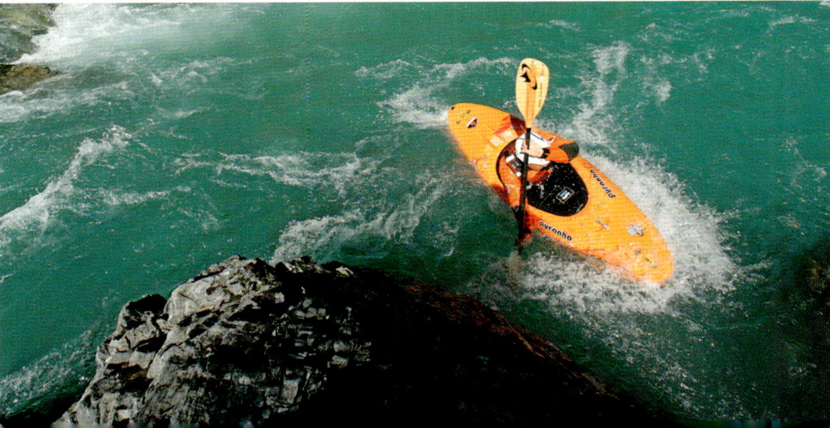

TRAININGSTIPPS

- Alle 3 Technikformen werden erst hinter der Verschneidungszone ausgeführt die du überfährst!

Der Ziehschlag

Der Ziehschlag unterstützt die Drehung des Bootes. Immer da wo ein schnelles Drehen hilfreich ist, wie z.B. bei kleinen Kehrwassern, ist das die Wahl der Technik.

Fehlerbilder beim Kehrwasserfahren

Fehlerbild	Ursache	Korrekturen
Kentern gegen die Strömung, Boot bekommt Oberwasser.	Falsches oder zu weniges Kanten.	Vermeide ein Wackeln in der Hüfte. Kante stärker auf. Kante früher auf. Halte die Kante bis du sicher im Kehrwasser stehst. Schau in die Richtung in die du fahren willst.
Kentern mit der Strömung.	Zu starkes Aufkanten.	Finde die Balance von angemessenem Kanten. Halte Spannung an allen Kontaktpunkten im Boot.
Boot dreht auf der Verschneidungszone strömungsabwärts/ strömungsaufwärts.	Anfahrt im Bogen. Zu wenig Geschwindigkeit. Zu stumpfer /spitzer Anfahrtswinkel.	Suche dir einen Orientierungspunkt am Ufer und fahre geradlinig darauf zu. Schneller anfahren. Den letzten Schlag auf der Bogeninnenseite setzen. Anfahrtswinkel spitzer wählen.

Fehlerbilder beim Kehrwasserfahren mit Paddelstütze

Fehlerbild	Ursache	Korrekturen
Zu starkes und schnelles Eindrehen.	Zu starke Brems- und Drehwirkung der Stütze.	Paddelblatt anschauen und flach übers Wasser gleiten lassen.

Fehlerbilder beim Kehrwasserfahren mit Bogenschlag

Fehlerbild	Ursache	Korrekturen
Boot dreht beim Ausschlingen ins Kehrwasser zurück in die Strömung.	Bogenschlag wird zu schnell ausgeführt.	Lasse erst das Wasser dein Boot drehen und setze dann langsam mit dem Bogenschlag ein.
Boot dreht beim Einschlingen in die Strömung zu schnell flussab.	Bogenschlag ineffektiv.	Beginne mit dem Bogenschlag auf Hüfthöhe. Achte auf deine Blattstellung (senkrecht).

Fehlerbilder beim Kehrwasserfahren mit Ziehschlag

Fehlerbild	Ursache	Korrekturen
„Stolpern“ übers Paddel.	Druck auf der Blattrückseite.	Überstrecke dein Handgelenk stärker und öffne so den Winkel zwischen Paddelblatt und Boot bis es an der Blattkehlung angeströmt wird.
Arm wird vom Boot weggezogen.	Zu hoher Druck auf dem Blatt.	Strecke dein Handgelenk und schließe so den Winkel zwischen Paddelblatt und Boot soweit, bis du den Druck halten kannst. Setze dein Paddel nicht zu weit vorne ein. Achte auf eine steile Schaftführung.
Boot dreht nicht so schnell wie gewünscht.	Kein oder zu wenig Druck auf der Blattinnenseite. Ziehschlag wird zu nah am Körper ausgeführt.	Öffne den Blattwinkel oder/und ziehe aktiv zum Bug. Nimm eine stärkere Oberkörpervorlage ein.

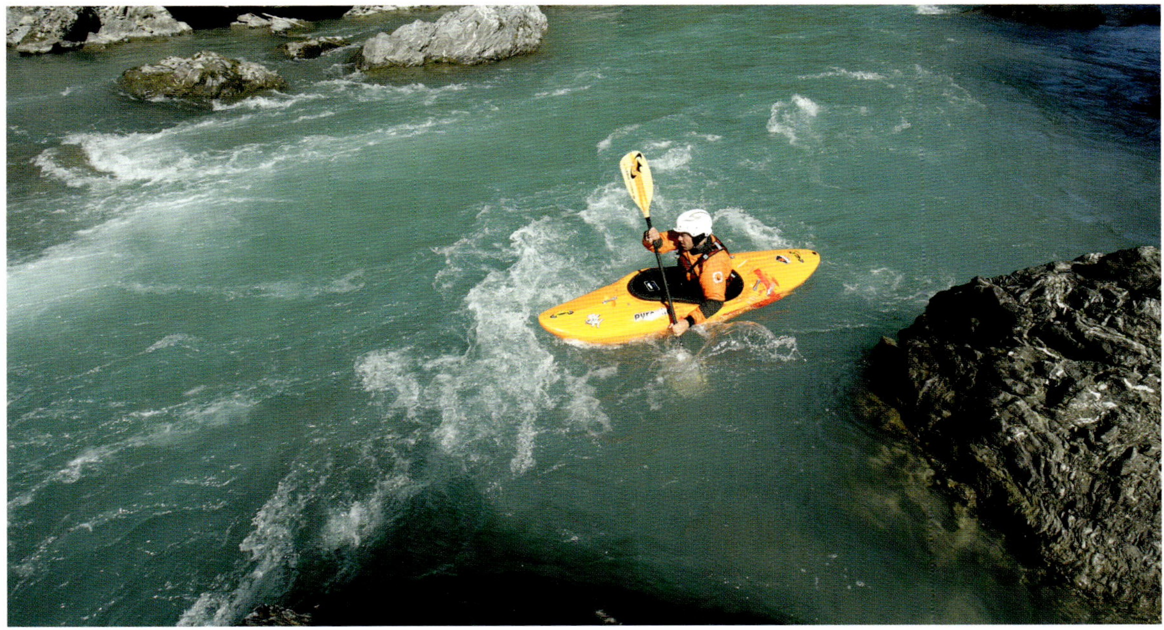

„Richtiges“ Kehrwasserfahren verursacht ein Kribbeln im Bauch wie eine Achterbahnfahrt.

Strömungen queren

Auf jeder Flußbefahrung begegnen dir unzählige Situationen die es notwendig machen Strömungen zu queren. Darüber hinaus macht es Spaß und schult das Bootsgefühl. Die Seilfähre ist die häufigste Variante für eine Querung. Aber auch andere Varianten wie das „Schießen“ oder das Bogenschlagsteuern sind effektive Möglichkeiten. Je nach Größe und Stärke der Strömung und nach deinen Zielen kommen verschiedene Taktiken zum Einsatz.

Die Seilfähre

Die Seilfähre ist der Klassiker unter den Möglichkeiten eine Strömung zu queren. Sie eignet sich vor allem für breite Stromzungen.

Die Technik der Seilfähre

Starte mit der Bootsspitze flussauf. Wähle einen sehr spitzen Winkel gegen die Strömung und fahre mit Grundschlägen los. Der leichte Anstellwinkel des Bootes erzeugt eine seitliche Bewegung. Grundschläge verhindern ein Abtreiben oder verzögern es und können durch Intensität und Frequenz zum Steuern beitragen. Das Einfahren in die Hauptströmung ist der kritische Moment der Seilfähre. Hier ist es besonders wichtig den spitzen Winkel zu halten. Bogenschläge eignen sich besonders gut zur Richtungskorrektur, da sie zusätzlich einen Vorwärtsimpuls haben. Aber auch ein kurzer Steuerschlag kann ein Abdrehen verhindern.

Seilfähre: Der Name ist Programm

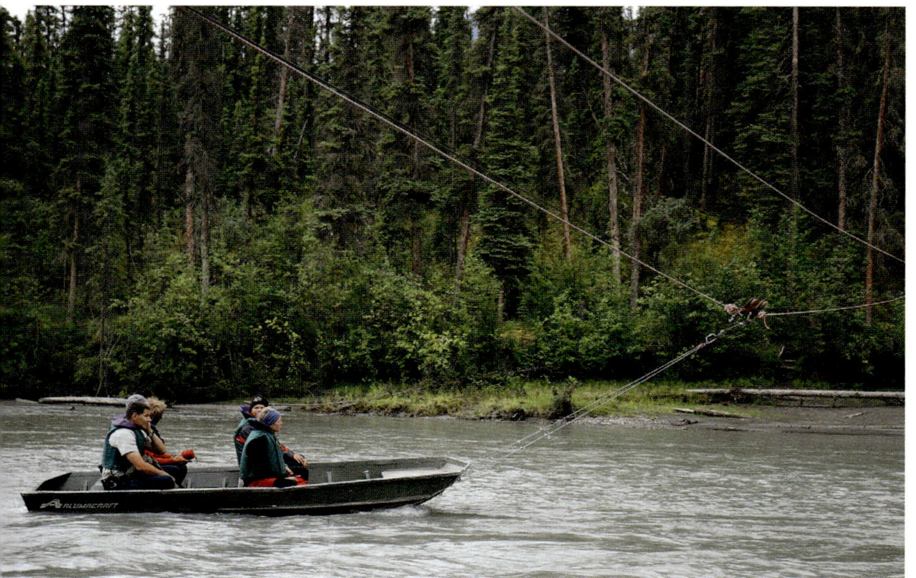

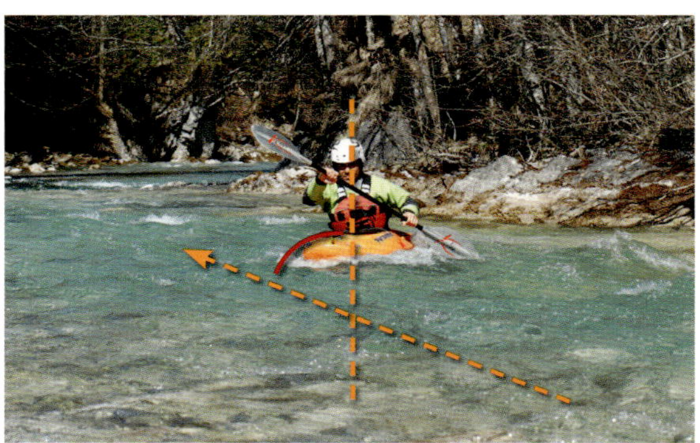

Trainingstipps

- Die Übergänge vom Kehrwasser zur Strömung sollten am Anfang sanft gewählt werden. Du kannst auch direkt vom Ufer aus wegstarten – ganz ohne Kehrwasser.
- Übe die Seilfähre auch rückwärts.

Das „Schießen"

Das so genannte „Schießen" ist das krasse Gegenteil der Seilfähre. Es findet seine Anwendung bei schmalen und schnellen Stromzungen und kommt fast ohne Paddelschlag aus.

Die Technik des „Schießens"

Nimm aus dem Kehrwasser heraus Anlauf und überquere die Verschneidungszone in einem spitzen, aber nicht zu spitzen Winkel. Kante dein Boot leicht flußab und gleite über die Strömung hinweg wie ein Tragflügelboot. Durch Zurückkanten und leichtes Kanten flussauf im gegenüberliegenden Kehrwasser kommt dein Boot wieder zum Stehen. Im Idealfall brauchst du dein Paddel nur zum Beschleunigen. Wenn's gut läuft, macht's richtig Spaß.

Das Bogenschlagsteuern

Das Bogenschlagsteuern ist die gebräuchlichste und effektivste Art Strömungen im Wildwasser zu queren. Sie eignet sich für mittelgroße Distanzen und für alle Strömungsgeschwindigkeiten.

Die Technik des Bogenschlagsteuerns

Nehme im Kehrwasser Geschwindigkeit auf und überquere die Verschneidungszone mit einem etwas spitzeren Winkel wie beim Kehrwasserfahren. In dem Moment wo die Strömung versucht deinen Bug flußab zu drehen, kontrollierst du mit einem Bogenschlag auf der Bogeninnenseite deinen Winkel. Der hohe Druck der nun am Aktionsblatt ansteht, beschleunigt dich gleichzeitig zum gegenüberliegenden Kehrwasser. Durch Variation des Drucks auf dein Paddel kannst du den Winkel zur Hauptströmung verändern. Der Wiedereintritt in das gegenüberliegende Kehrwasser findet in einem etwas stumpferen Winkel statt. Jetzt kantest du dein Boot um und setzt erneut einen Bogenschlag auf der Bogeninnenseite, welcher dich langsam abstoppen lässt.

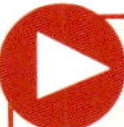

Trainingstipps

Übe zuerst mit dem Bogenschlag in das Kehrwasser ein- und auszufahren.

Der Bogenschlag dosiert die Drehung des Bootes und beschleunigt es.

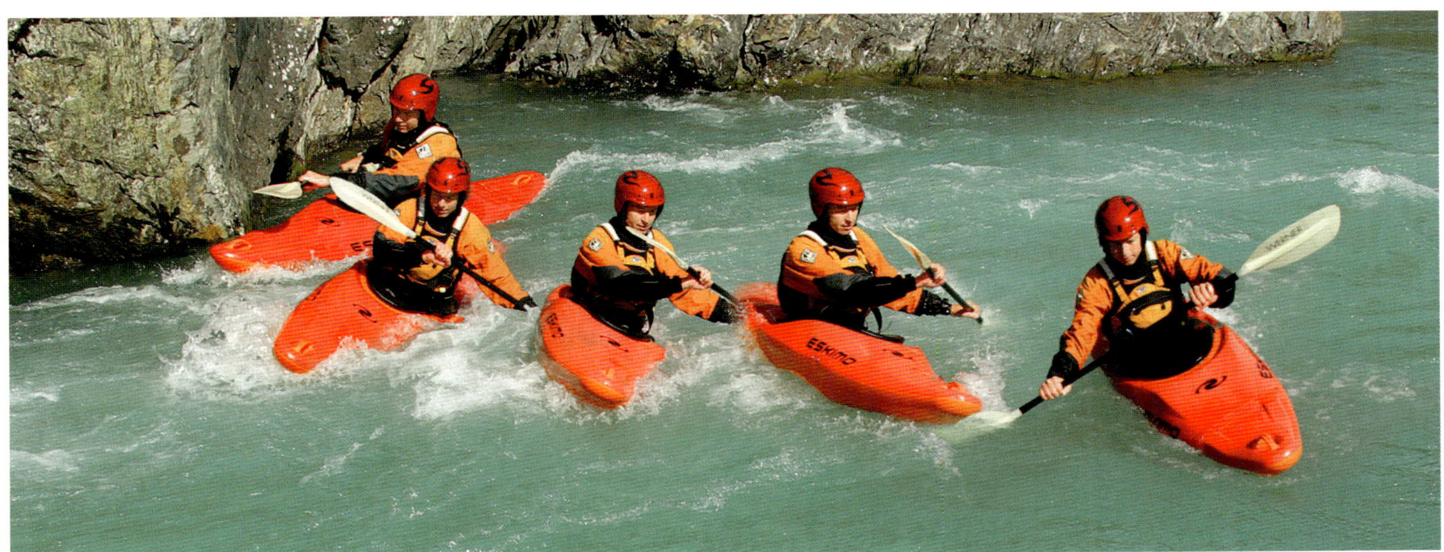

Walzen und Wellen

Walzen und Wellen sind Standardströmungsformen beim Wildwasserfahren und unterscheiden sich kaum voneinander. Eine Walze ist lediglich eine sich überschlagende Welle. Ist der Anteil des rückfließenden Wassers in der Walze sehr hoch, kann es allerdings für einen Bootfahrer unangenehm werden. Aber wenn du ihre Dynamik kennst, kannst du sie für deine Fahrziele nutzen. Erstmal kommt es darauf an, sie richtig zu durchfahren. Der nächste Schritt ist, sie in deine Taktik einzuplanen. Wellen stoppen ab, heben dich an, lassen das Boot leichter oder schwerer drehen. Walzen bremsen ebenfalls die Fahrt ab, können einen Paddler sogar zurücksaugen oder versetzen das Boot seitlich. Die Kombination dieser Dynamik mit einem klaren Plan und den entsprechenden Paddelschlägen bringen dich wie von Zauberhand ans Ziel.

Die Technik

In Wellen und vor allem in Walzen fließt das tiefer liegende Wasser immer schneller ab als das Oberflächenwasser. Aufgrund dieser Tatsache ist ein steiler und tiefer Grundschlag vorwärts immer der effektivste Schlag um Wellen und Walzen zu durchfahren. Der beste Winkel für die Durchfahrt ist 90 Grad zur Welle bzw. Walze. So wird dein Boot nicht seitlich versetzt und das Paddelblatt wird beim Grundschlag optimal angeströmt.

Die Taktik

Vor allem Walzen haben eine bestimmte Dreh- oder Abflussrichtung (gilt in abgeschwächter Form auch für Wellen). Stehen sie schräg zur Hauptströmung, so ist die Richtung der Hauptströmung auch die Abflussrichtung. Durchfährst du eine Walze oder Welle, wird sie dich immer in diese Richtung versetzen. Je nachdem mit welchem Winkel du sie anfährst, versetzt sie dich stärker oder weniger stark. Deine Eigengeschwindigkeit spielt dabei eine Rolle. Bist du schnell, so versetzt sie dich weniger. Mit diesen Parametern kannst du spielen und sie in deine Befahrungslinie einbauen.

Durch das Abbremsen beim Durchfahren von Wellen und Walzen gewinnst du Zeit dich neu zu orientieren, denn es ist nicht Ziel möglichst schnell über den „Berg“ zu kommen, sondern möglichst kontrolliert.

Willst du dein Boot in eine neue Richtung drehen, dann ist der höchste Punkt der Welle oder Walze der Richtige. Hier liegt das Boot mit der geringsten Fläche im Wasser und lässt sich so am leichtesten drehen.

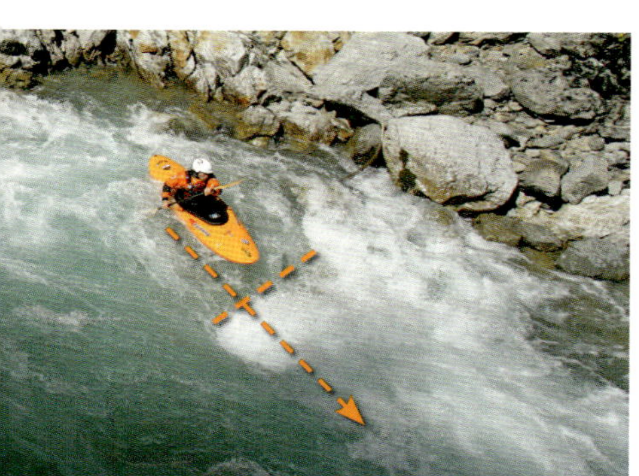

90°: Idealer Anfahrtswinkel

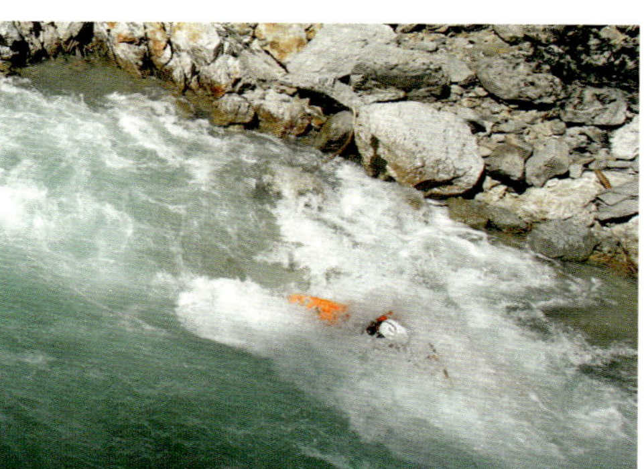

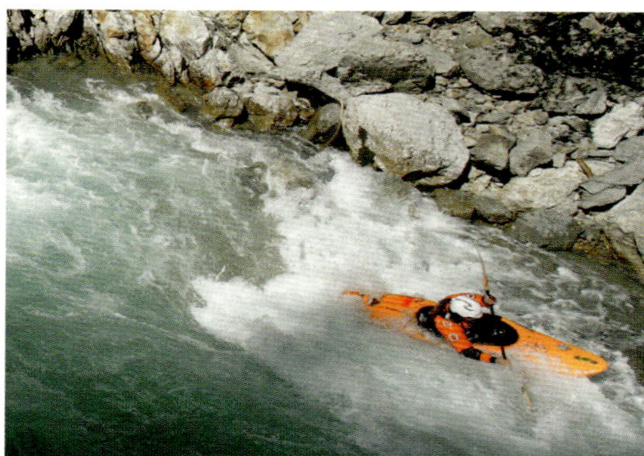

Ein Grundschlag im abfließenden Unterwasser bringt dich sicher durch Walzen und hohe Wellen

Kurven und Prallwände

Wenn Wasser durch eine Kurve fließt hat es immer die Tendenz seine ursprüngliche Fließrichtung beizubehalten. Erst die Uferböschung lenkt es in seine neue Richtung. Je nach Beschaffenheit des Ufers (Fels, Wald, Kies etc.) formt das Wasser dies aus. So entstehen Prallwände auf der Außenseite und Gleithänge auf der Innenseite einer Kurve. In den Außenkurven fließt das Wasser immer schneller als in den Innenkurven und somit gräbt sich der Fluss auch tiefer ein. Es entstehen Unterspülungen oder Prallpolster, steile Uferböschungen oder Strauch- und Baumhindernisse durch das Ausspülen von Ufersubstrat. In den Innenkurven fließt das Wasser langsamer und das Flussbett ist durch abgelagertes Sediment flach. Als Kajakfahrer gilt es nun, eine sichere und gute Linie zwischen diesen beiden Begrenzungen zu finden.

Im Grunde gibt es 3 Varianten die je nach Fahrkönnen und Sicherheitsempfinden möglich sind.

Idealtypische Flusskurve mit Baumhindernis

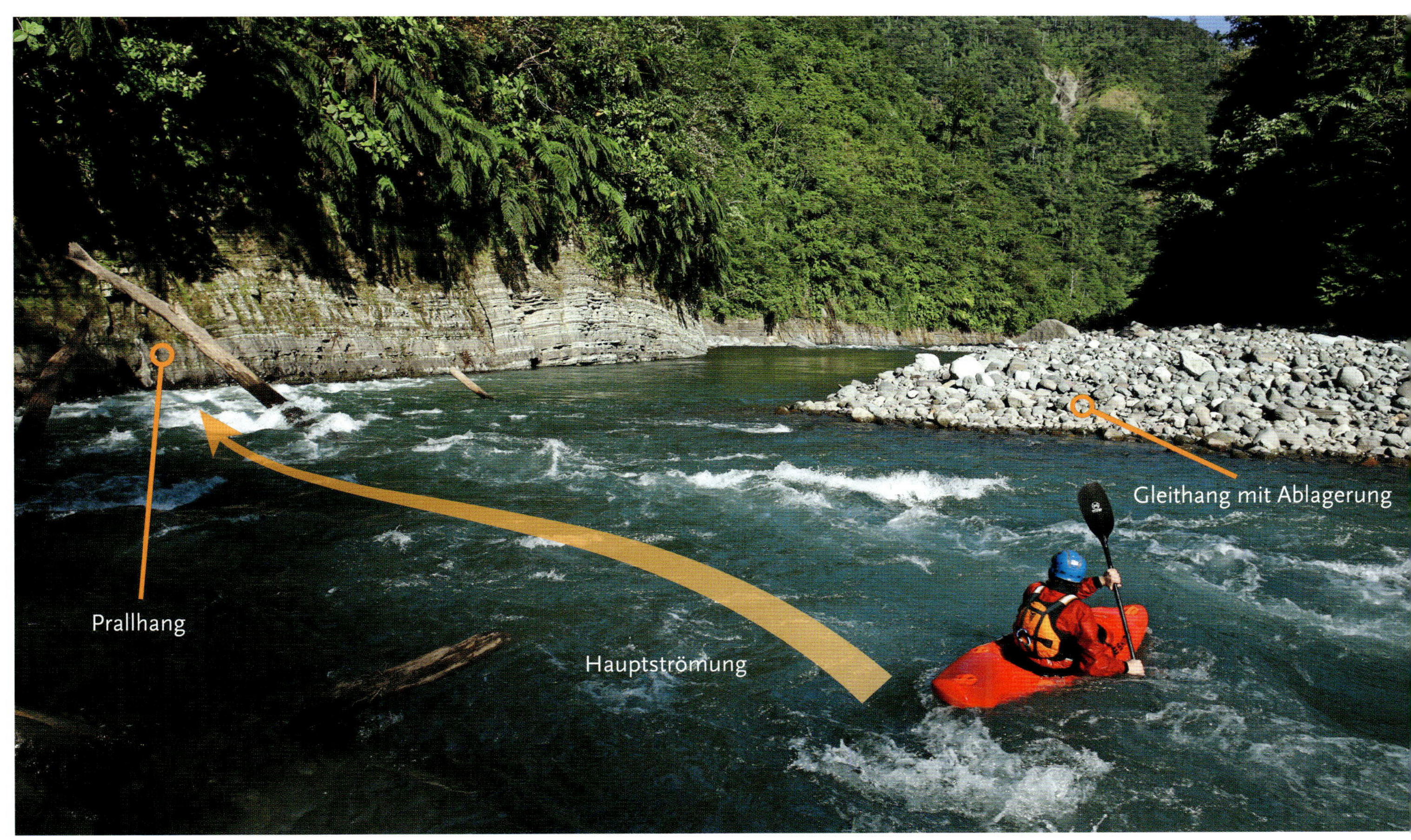

Die Taktik

Variante 1: Die Außenkurve

Variante 1, die Außenkurve: Nur wenn keine Hindernisse oder Unterspülungen vorhanden sind.

Du kannst in der Außenkurve fahren, wenn es keine Unterspülungen oder gefährlich hereinhängendes Baum- oder Wurzelwerk gibt.
Dein Boot zeigt dabei mit der Bootsspitze leicht zur Innenkurve, dein Hintern sitzt auf dem hochpilzenden, von der Prallwand abgelenkten Wasser.
Du bewegst dich parallel zum Ufer.

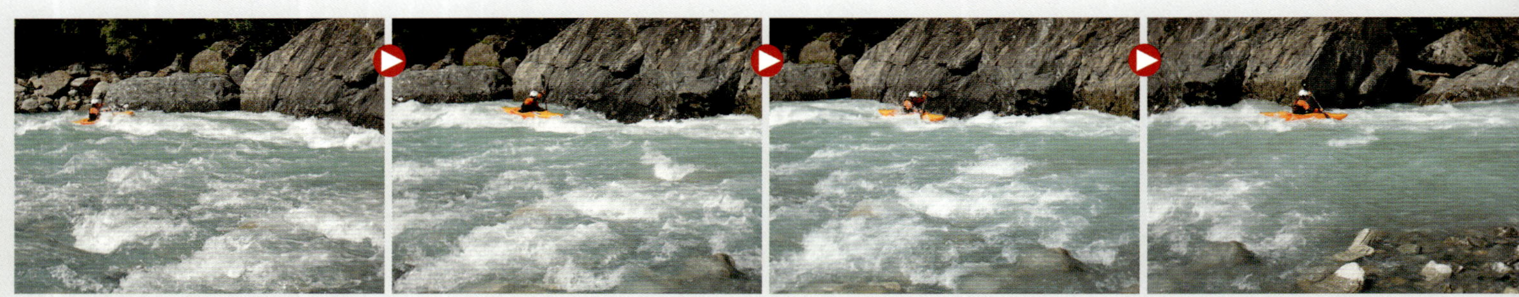

Variante 2: Der Mittelweg

Variante 2, der Mittelweg: Wie er in den meisten Kurven gefahren wird.

Die Anfahrt beginnt oberhalb der Kurve aus der Flussmitte. Die Bootsspitze zeigt deutlich zur Innenkurve und zwar lang vor der Flußbiegung.
Du beschleunigst dein Boot zur Innenkurve hin und schießt genau zwischen dem Wasser der schnell fließenden Außenkurve und dem Wasser der langsam fließenden Innenkurve hindurch.
Entstehen im Auslauf der Kurve Pilze, so überfährst du diese möglichst im 90°-Winkel.
Diese Variante eignet sich für fast alle Kurven, vorausgesetzt, du sitzt sicher im Boot und kannst Winkel und Geschwindigkeit jederzeit kontrollieren.

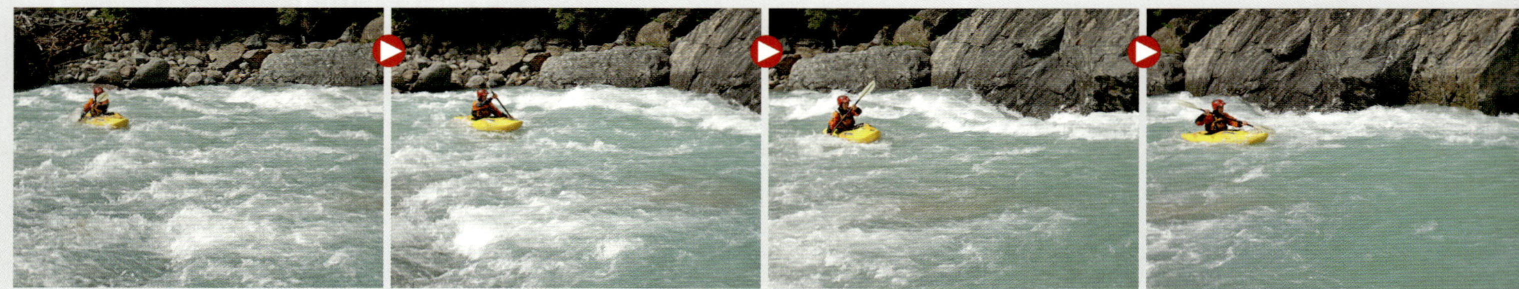

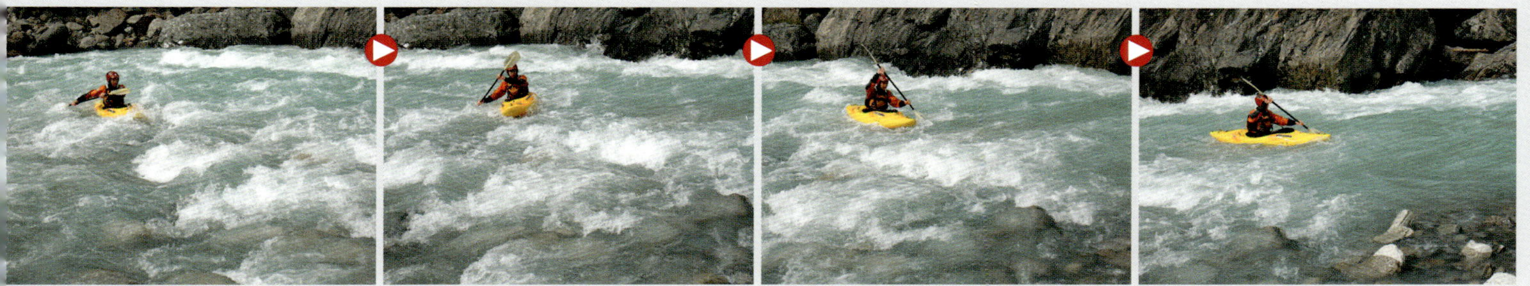

Variante 3: Die Innenkurve

Variante 3: Die Innenkurve

Von der Flussmitte kommend steuerst du schon in der Anfahrt zur Innenseite hin, wobei dein Boot in etwa den Winkel einnimmt, in welchem der Fluss weiter fließt. Mit engagierten Grund- und Bogenschlägen steuerst du dein Boot durch das Wasser der langsamer fließenden Innenkurve.
Die Gefahr besteht, durch die unterschiedlichen Strömungsgeschwindigkeiten gedreht zu werden. Diese Variante ist die Sicherste und für alle gefährlichen Kurven und unsichere Paddler zu empfehlen.

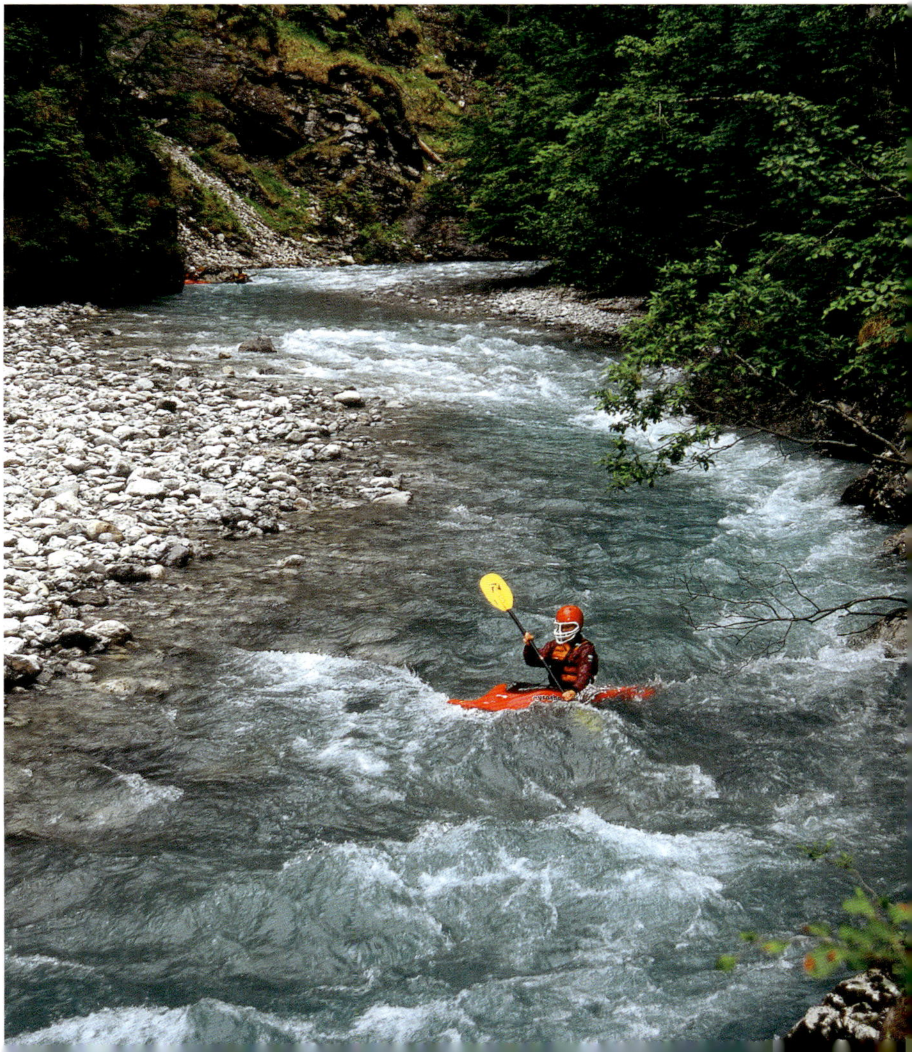

Wenn du dir nicht sicher bist, dann nimm die Innenkurve.

Die Ideallinie im Wildwasser

Die Ideallinie gibt es nicht. Es gibt nur deine Ideallinie! Sie ist immer davon abhängig, welches Ziel du verfolgst. Willst du sicher einen Fluss befahren oder möglichst viele Kehrwässer anfahren, willst du eine bestimmte Welle surfen oder eine Walze umfahren? Der Fluss bietet dir hierzu fast immer verschiedene Linien an. Deine Aufgabe ist es sie zu lesen und mit deinem Können und Wissen in Einklang zu bringen. Die Grundvoraussetzung hierbei ist das Erkennen und Kennen von Strömungen.
Wer nie als Erster in der Gruppe fährt und eigene Entscheidungen trifft, hat es schwer einen Blick fürs Wasser zu entwickeln. Steige auch bei vermeintlich leichten Stellen aus, lege eine Linie fest und versuche sie einzuhalten. Je besser du darin wirst, desto sicherer wirst du auch beim sogenannten „fahren mit dem langen Hals“ (Besichtigung aus dem Kehrwasser ohne auszusteigen).

Je schwerer das Wildwasser, desto kleiner der Spielraum für die Ideallinie.

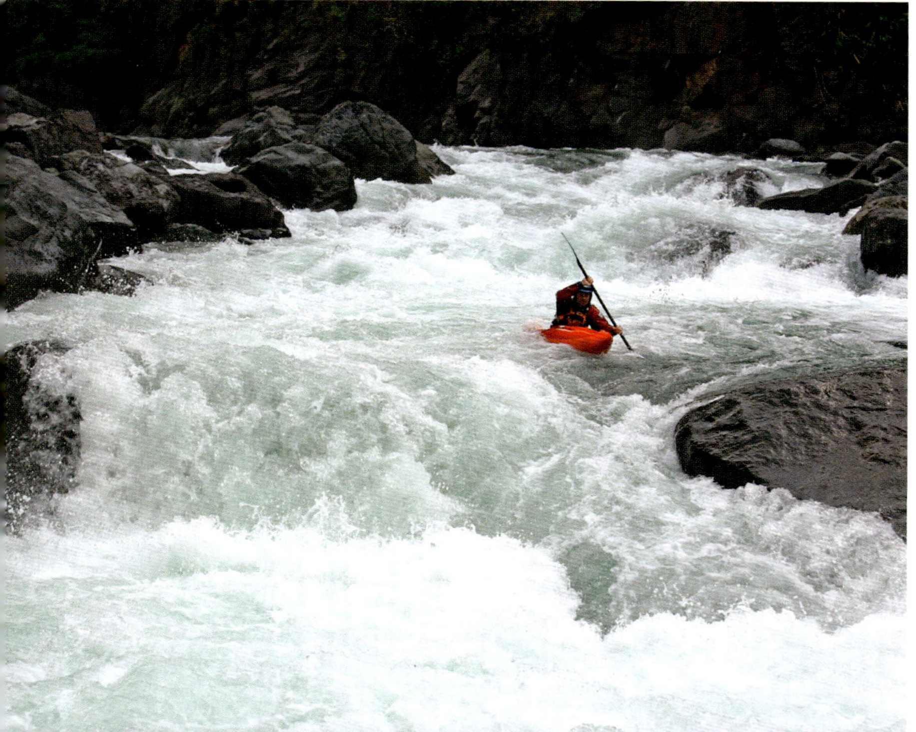

Die Meinung und die Linie deiner Mitpaddler sind dabei hilfreich den eigenen Weg zu hinterfragen und ggf. abzuändern.

Geschwindigkeit

Auf dem Weg durch die Ideallinie ist die relative Geschwindigkeit zum Wasser extrem wichtig.
Wer wie Treibholz paddelt, wird zum Spielball des Elements! Geschwindigkeit in Fließrichtung aufzubauen ist dabei noch einfach. Im Wildwasser ist es jedoch oft notwendig in verschiedenen Winkeln zur Strömung zu beschleunigen. Ähnlich wie beim Kehrwasserfahren kantest du dein Boot dabei leicht von der Strömung weg. Das Kanten erfolgt nur aus der Hüfte. Der Oberkörper bleibt aufrecht und somit aktionsbereit. So bist du stabil auf deiner Linie. Die im Wasser liegende Kante führt dabei das Boot.

„Trocken Paddeln“

Die Idee des „trocken Paddelns“ beschreibt eine Linie im Wildwasser aktiv zu fahren ohne nennenswerte Strömungen aufs Oberschiff zu bekommen. Hierdurch werden ein Abbremsen der Eigengeschwindigkeit und ein unkontrolliertes seitliches Versetzen des Bootes vermieden.
Such dir deshalb beim Erkunden eines Kataraktes immer das „grüne“ Wasser. Die Schulter einer Walze oder Welle bringt dich ganz nach oben. Von dort aus kannst du dann in Ruhe die neue Richtung einstellen.

Besser kann die Ausgangsposition für ein Gelingen nicht sein. ▶

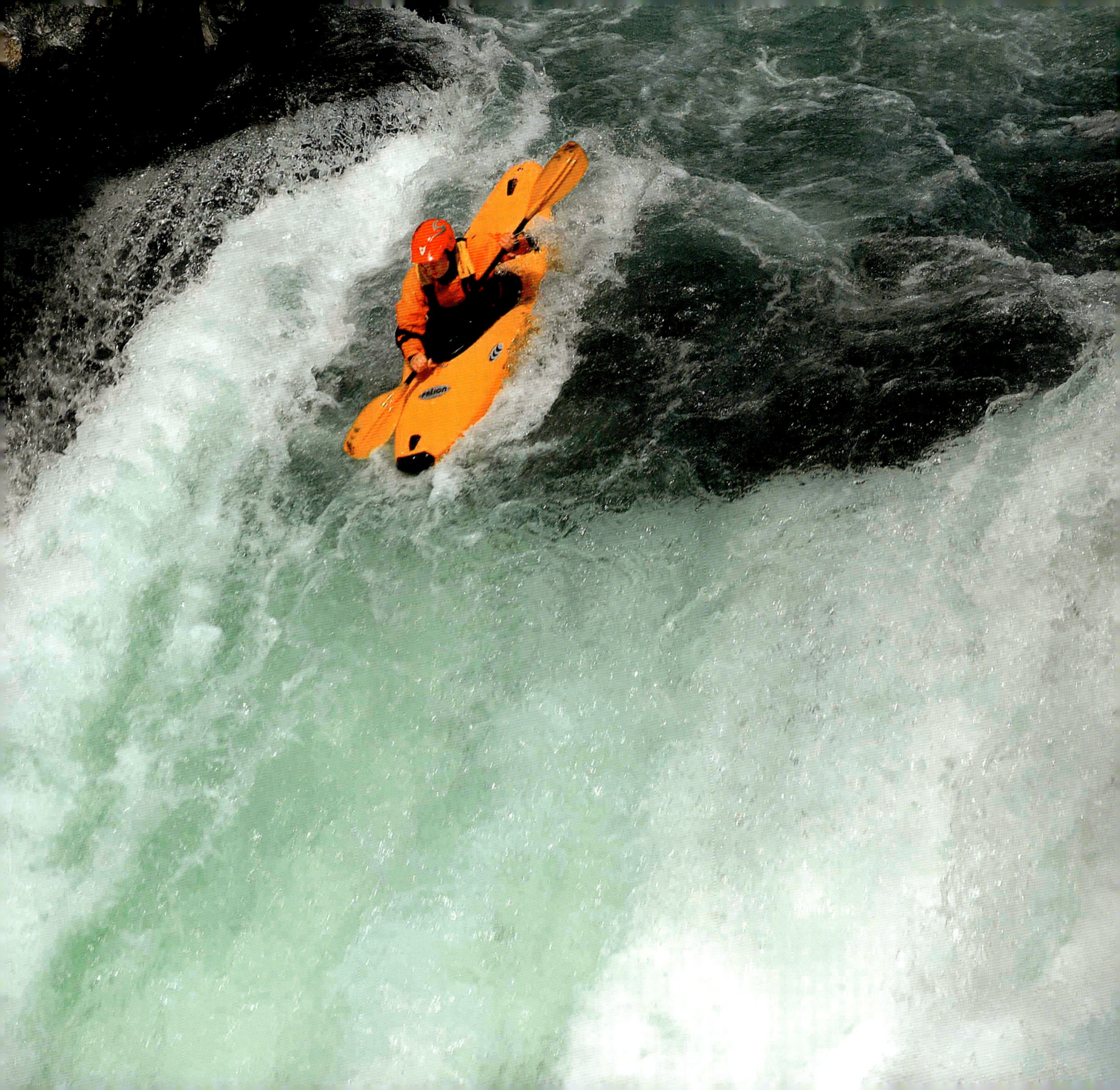

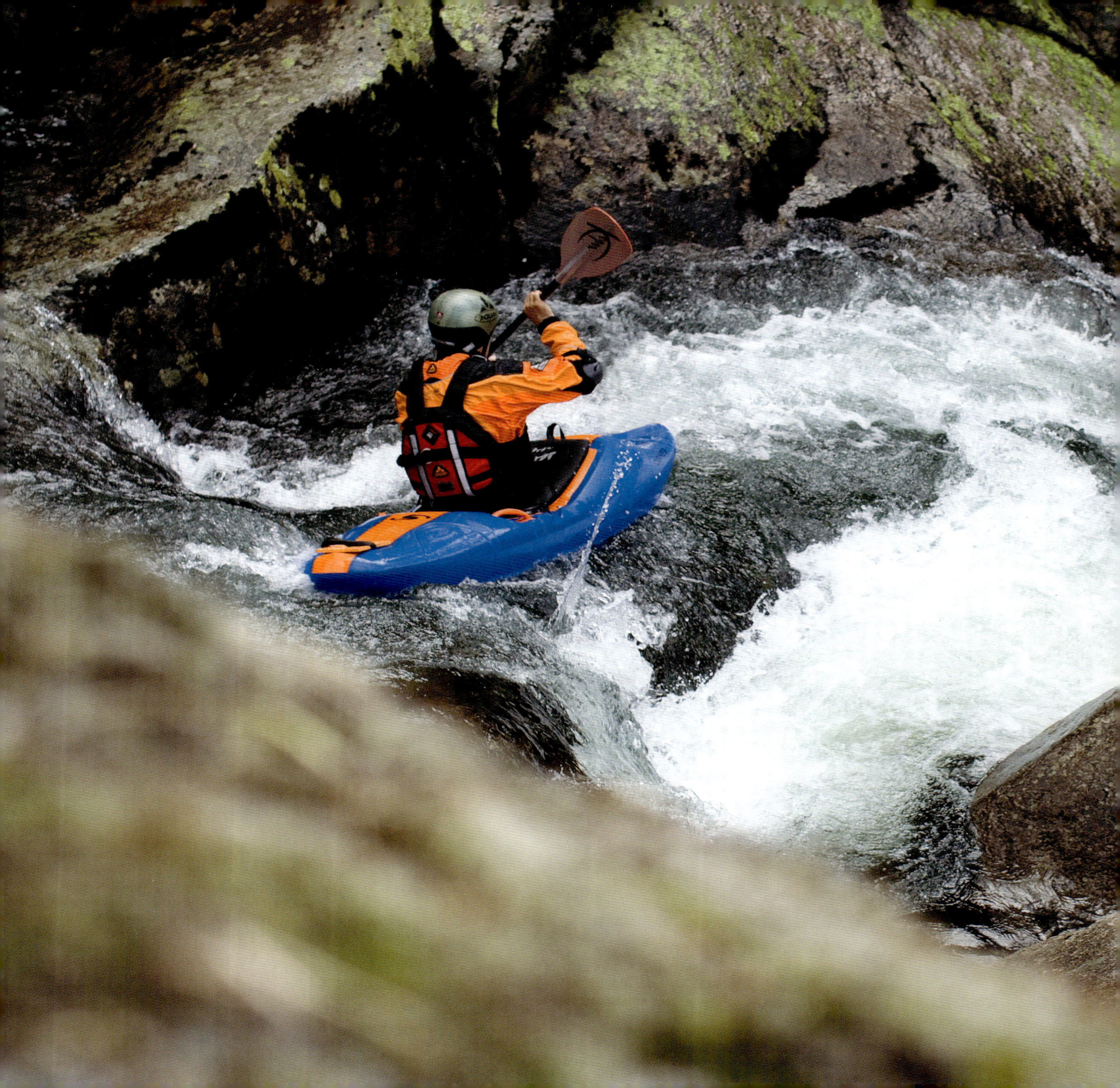

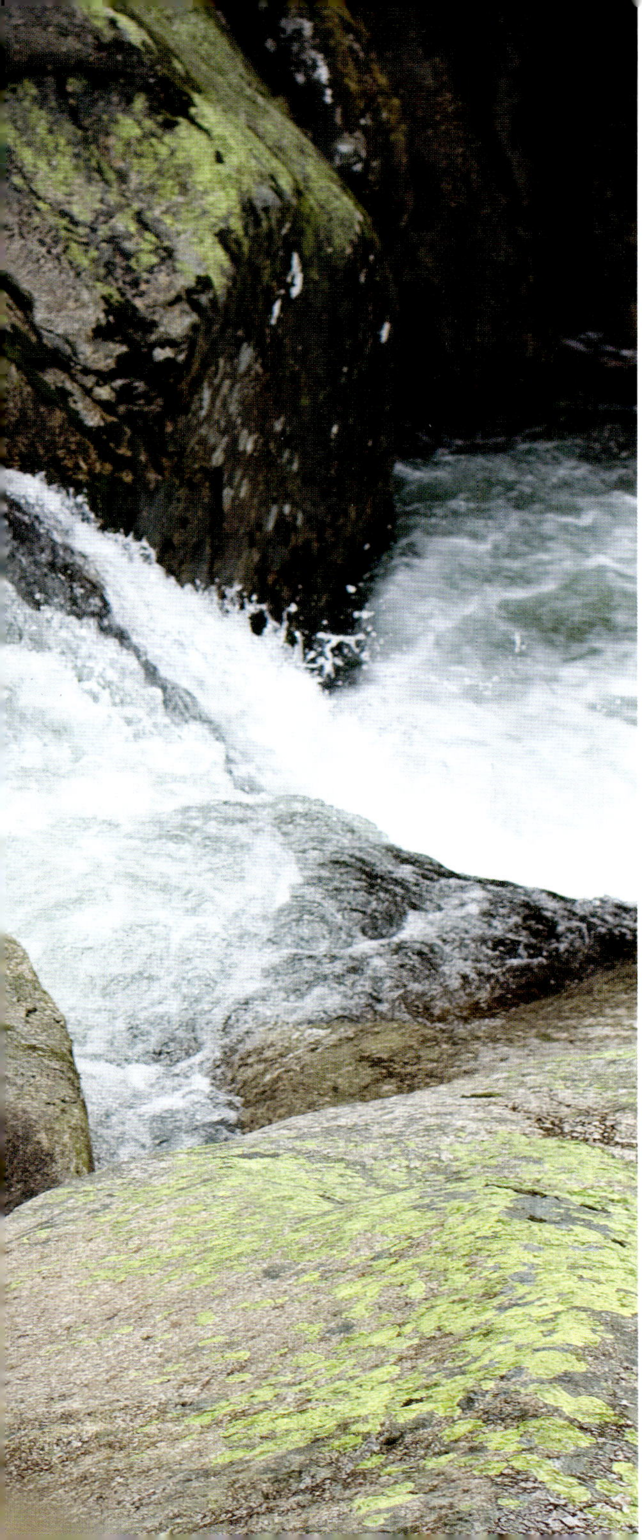

Vom Aufsteiger zum Profi

Wer im oberen Drittel der Schwierigkeitsskala Spaß haben möchte, muss sich mit Themen außerhalb von Technik und Taktik beschäftigen, denn aus diesen Bereichen kommt nur wenig Neues hinzu.
Ein Großteil der Leistung besteht darin, klar im Kopf zu sein. Fehleinschätzungen der eigenen Leistung im Verhältnis zu den Anforderungen haben drastischere Konsequenzen als im WW 3. Hand in Hand mit der Kopfarbeit gehen klassische Themen der Trainingslehre. Leistungen müssen wiederholbar sein, die körperliche Fitness muss stimmen und die Bewegungen müssen automatisiert sein.
Zum Nachdenken ist keine Zeit mehr. Eine Woche Paddelurlaub im Jahr ist da zu wenig. Ein Motto für deine „Profikarriere“ könnte sein: Schweres leicht aussehen lassen.

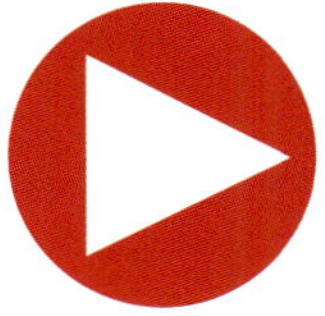

Techniken

Alles was du im Kapitel „Vom Einsteiger zum Aufsteiger“ gelernt hast sollte jetzt so automatisiert sein, dass du situativ reagieren kannst. Zwei Themen die neu hinzukommen sind das sichere und richtige Befahren von Stufen und Abfällen sowie das kontrollierte Befahren von Walzen.

Der Exitschlag

Als Exitschlag wird jene Technik bezeichnet, welche dir den sicheren Weg aus einer Walze zeigt. Die Ausgangslage ist ein Sidesurf (seitliches Stabilisieren in der Walze), bei dem du dich mit Hilfe einer Paddelstütze stabilisierst (siehe Taktik: Stabilisieren in der Walze, siehe Seite 84). Diese Technik ist deshalb so wichtig, weil du so Walzen taktisch für deine Befahrungslinie nutzen kannst.

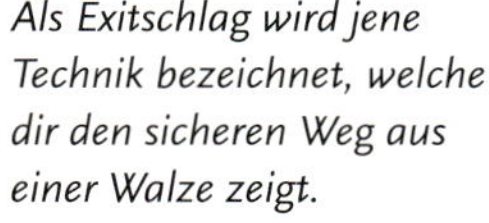

Als Exitschlag wird jene Technik bezeichnet, welche dir den sicheren Weg aus einer Walze zeigt.

Ausführung

Das Paddelblatt wird zwischen Hüfte und Knie nahezu senkrecht ins abfließende Unterwasser gesteckt. Die Stellung des Blattes ist der Stellung beim Grundschlag relativ ähnlich. Das Paddelblatt wird nun über die Drehung des Handgelenkes

Trainingstipps

Das Üben des Exitschlags funktioniert erst dann, wenn du dich im Sidesurf in der Walze stabilisieren kannst. Zum Üben eignen sich kleine Walzen die tief genug sind, sich bei einer Kenterung nicht den Kopf anzuschlagen und gleichzeitig als Schwimmer ungefährlich verlassen werden können. Den richtigen Druckpunkt zu finden ist am Anfang etwas schwierig, aber wer ihn findet, hat ein breites Lachen im Gesicht. Das Beherrschen der Eskimorolle erleichtert die Sache ungemein.

soweit geöffnet, bis das abfließende Wasser an der Blattkehlung Druck aufbaut. Jetzt musst du diesen Druck halten und dein Boot bewegt sich vorwärts. Drehst du das Blatt so, dass der Blattrücken angespült wird, bewegst du dich rückwärts.

Kriterien auf die es ankommt

- Das Paddelblatt muss definitiv im abfließenden Wasser sein. Im Schaumberg der Walze findest du keinen Gegendruck. Beim Ziehen am Schaft, darf dir nicht der Arm aufgehen, sonst steht das Blatt flach im Wasser und der Vortrieb ist dahin.

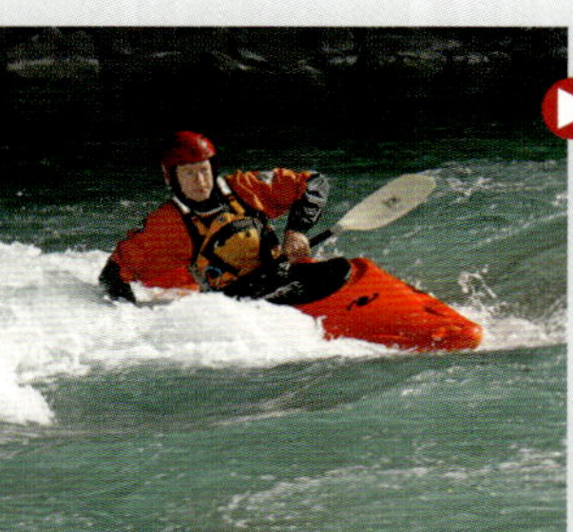

Stabilisieren...

Ausrichten...

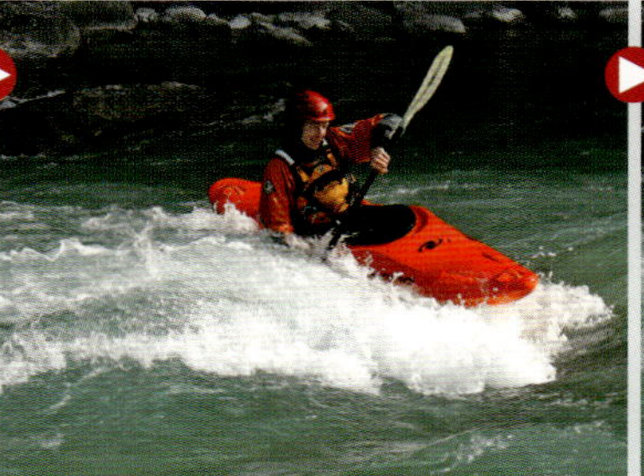

Drücken...

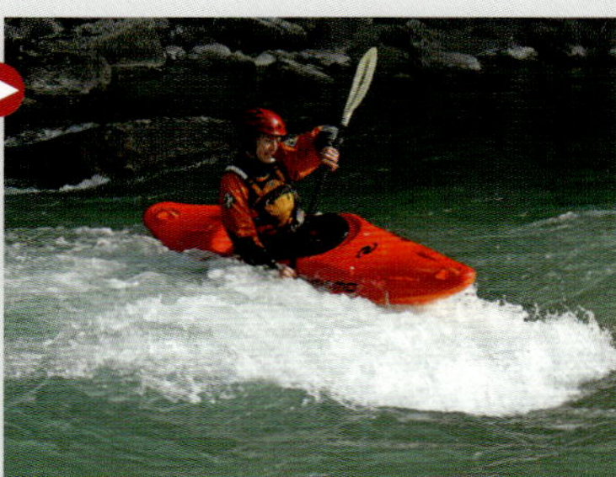

Halten...

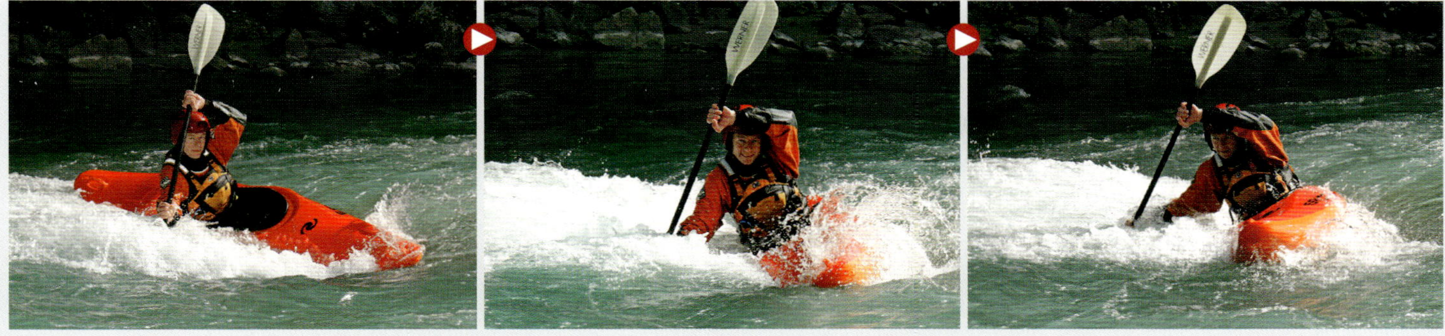

Ein „gehaltener" Grundschlag vorwärts bringt dich zum „Exit" der Walze.

Das Boofen

Boofen ist eine Technik, die im modernen Wildwasserpaddeln nicht mehr wegzudenken ist. Es wird angewendet um das Eintauchen nach einer Stufe oder einem Kehrwasser mit großem Höhenunterschied zu kontrollieren. Ein sauberer Boof besteht aus einer guten Anfahrt, einem kräftigen Vorwärtsschlag, dem Vorschieben der Hüfte und ggf. einem leichten Aufkanten des Bootes. Das ganze natürlich in der richtigen zeitlichen Abfolge.
Der große Unterschied zum klassischen Fahren mit viel Schwung besteht in der Hüftarbeit.

Ausführung

Fahre mit mittlerer Geschwindigkeit an. Wenige Zentimeter vor dem Abkippen des Bootes, aber noch im grünen Wasser, wird ein impulsiver Vorwärtsschlag gesetzt. Hierbei schaut die Bootsspitze leicht zur Aktionsseite um einer Drehung entgegenzuwirken. Gleichzeitig wird die Hüfte und somit das Boot nach vorne geschoben, ähnlich dem Überfahren der Ziellinie im Kanurennsport (nicht verwechseln mit Oberkörperrücklage). Das Vorschieben der Hüfte wird abrupt gestoppt und die Oberschenkel übertragen diesen Impuls über die Schenkelstützen auf das Boot. Dies verhindert ein zu schnelles Abkippen der Spitze. Auf diese Weise kannst du den Eintauchwinkel kontrollieren. Da du beim Boofen die Spitze des Bootes anhebst, drückt das Heck automatisch nach unten. Dies wird durch ein leichtes Aufkanten zur Aktionsseite hin erleichtert, da somit eine kleinere Auflagefläche ins Wasser drückt. Je flacher das Hinterschiff des Bootes ist, desto leichter kannst du diesen Effekt ausnutzen. Während der Flugphase ist der Oberkörper in Neutrallage und aktionsbereit für die Landung.

Boofen über eine Felskante

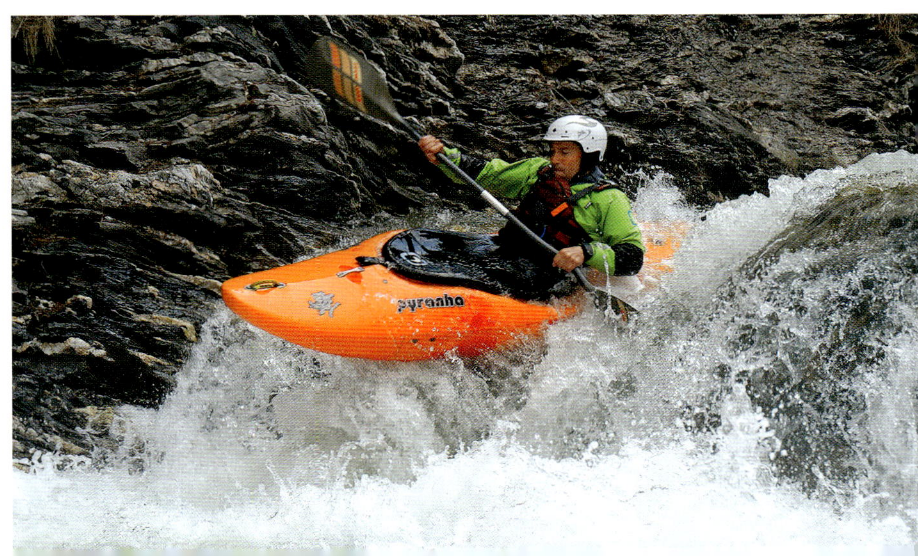

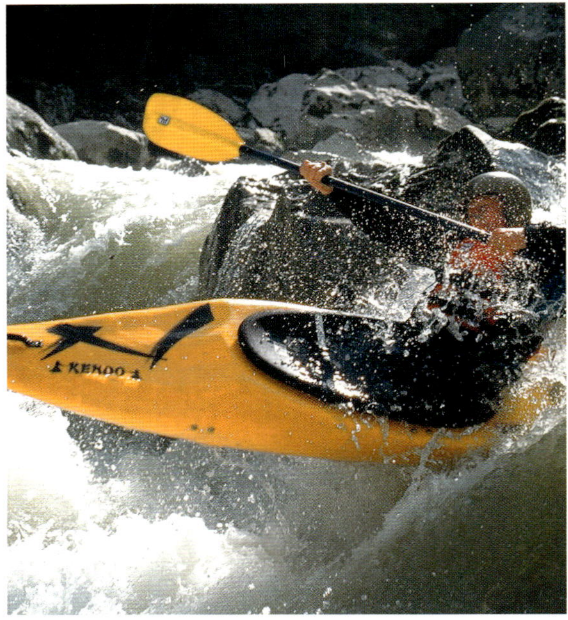

Führung über Kante

Exaktes und kontrolliertes Paddeln findet stark über einen bewussten Einsatz der Bootskante statt. Diese gibt dem Boot Führung und hält es auf Kurs. Im schweren Wildwasser ist das die Grundvoraussetzung deine Linie zu treffen. Fehler werden direkt mit Geschwindigkeitsverlust, seitlichem Versatz des Bootes und unbeabsichtigter Richtungsänderung bestraft. Zwar ist dies in jeder Schwierigkeitsstufe der Fall, aber im schweren Wildwasser können diese Fehler sehr fatal sein.

Eine Generalanweisung wie die Kante einzusetzen ist gibt es nicht. Du kannst nur über einen spielerischen Zugang im leichten Wildwasser erspüren wie sich unterschiedliches Kanten auf deine Fahrt auswirkt. Sei neugierig und befahre alle erdenklichen Strömungsformen mit unterschiedlichem Einsatz der Kante und beobachte was passiert. Diese Erfahrungen kannst du dann in deinen Paddelstil einbauen.

Kriterien auf die es ankommt

- Die Anfahrt erfolgt zügig, aber nicht hektisch. Der Vorwärtsschlag sowie das Abstoppen der Hüfte erfolgen impulsiv.
- Das richtige Timing und das richtige Maß sind ausschlaggebend.
- Der Oberkörper geht nicht in Rücklage.

Trainingstipps

Suche dir kleine Stufen wo Fehler keine Auswirkungen haben. Ein Erfolgskriterium ist, wenn das Unterschiff auf das Unterwasser „platscht“ und nicht im gleichen Winkel wie das abfallende Wasser eintaucht. Kehrwässer, mit einem Höhenunterschied zwischen Haupt- und Kehrwasser, eignen sich ebenfalls zum Üben.

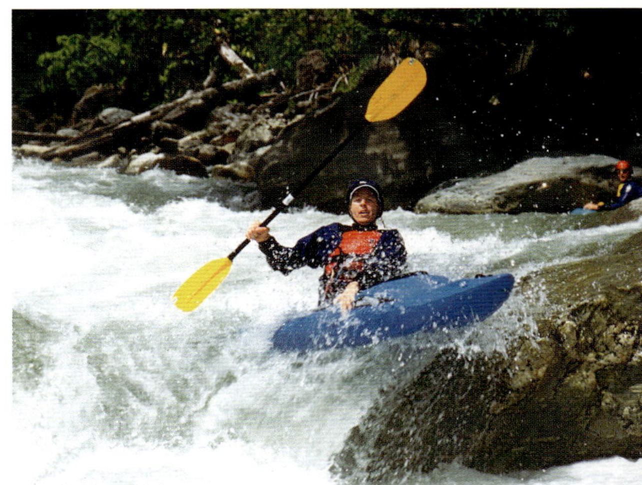

Exaktes und kontrolliertes Paddeln findet stark über einen bewussten Einsatz der Bootskante statt.

Kanten über Körperauslage

Das Kanten des Bootes kann durch Hüftknick oder Körperauslage stattfinden. Ein Großteil des Kanteneinsatzes wird über den Hüftknick eingeleitet. Nimmt die Strömungsgeschwindigkeit zu und somit auch die auftretenden Kräfte, so ist ein ökonomischeres Kanten über Körperauslage sinnvoll. Die Fliehkräfte können so besser auf das Boot übertragen werden.
Anwenden kannst du diese Technik bei wuchtigen und schnellen Kehrwässern sowie bei schnellen Richtungsänderungen der Fließrichtung z.B. an Prallpolster welche die Strömungsrichtung stark umlenken.

Ausführung

- Du bildest mit dem Boot eine stabile Einheit und bleibst in der Hüfte starr. Ein Kanten findet durch Gewichtsverlagerung zur Seite statt.

Trainingstipps

Suche dir eine geeignete Übungsstelle und fahre diese mehrmals, sowohl mit Körperauslage wie auch mit Hüftknick an und spüre den Unterschied.

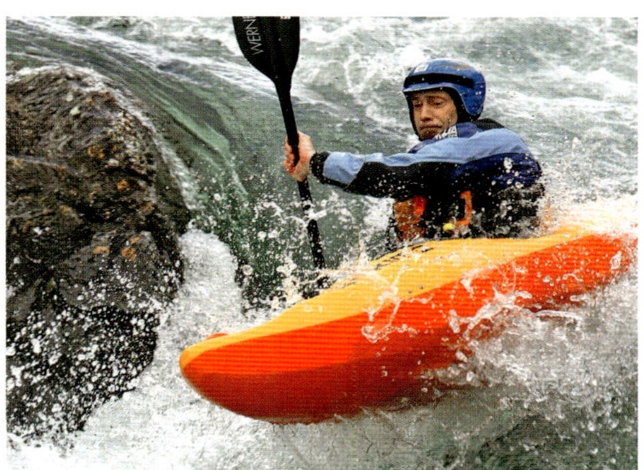

Kanten über Körperauslage bringt dich bei hohen Strömungsdynamiken in eine aktionsfähige Position.

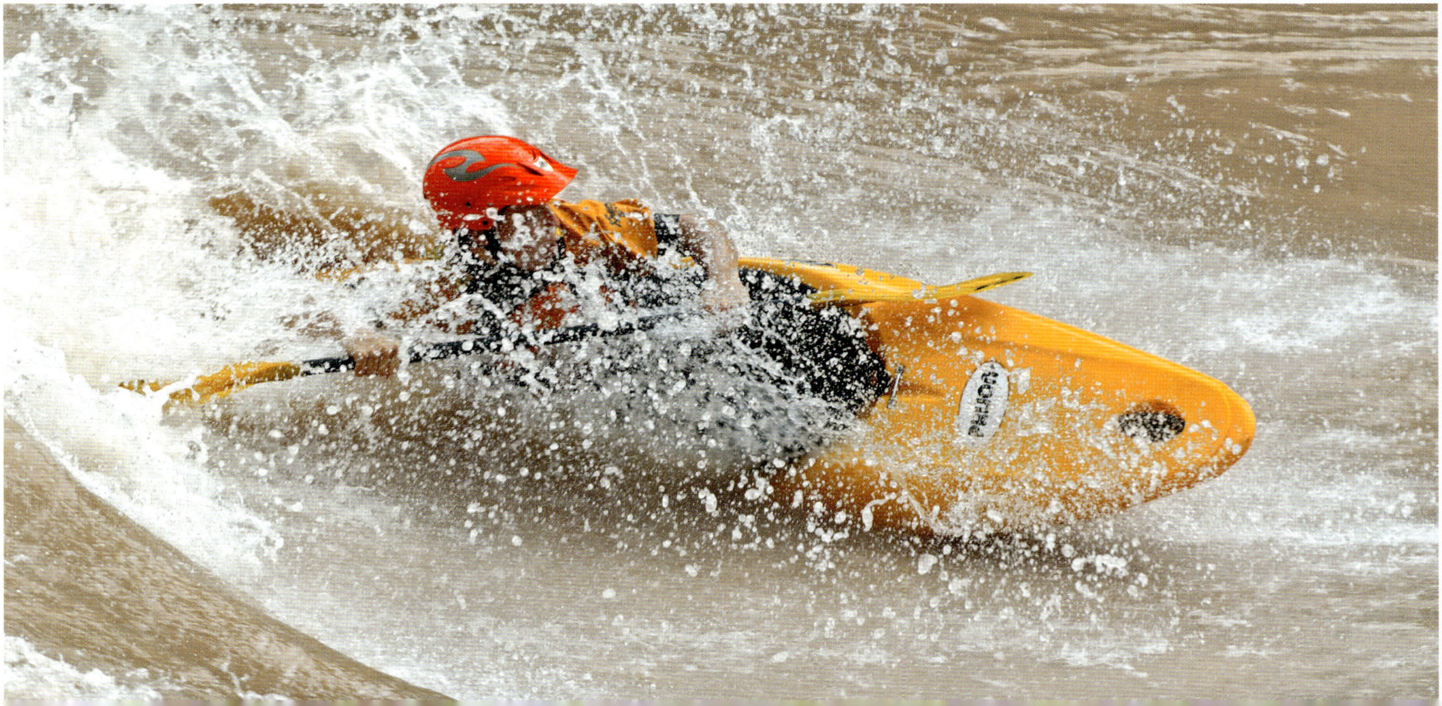

Taktik

Wellen und Walzen

Im Kapitel „vom Einsteiger zum Aufsteiger“ hast du gelernt wie Wellen und Walzen in der Abfahrt genutzt und befahren werden. Jetzt ist es an der Zeit sie zu surfen, mit ihnen zu spielen und sie in komplexeren Situationen zu nutzen.

Wellen

Wellen im Wildwasser sind immer stehende Wellen. D.h. sie bleiben an einer Stelle, während das Wasser weiterfließt. Als Kajakfahrer nutzt du dies in zweifacher Hinsicht:

1. zum Surfen um Spaß zu haben.
2. zum seitlichen Versetzen ohne Höhe zu verlieren.

Beides erfordert die gleiche Herangehensweise. Zum Einfahren in eine Welle stehen dir zwei Möglichkeiten zur Verfügung. Entweder du startest seitlich aus dem Kehrwasser oder von oben aus der Hauptströmung.

Anfahrt aus dem Kehrwasser:
Du startest aus dem Kehrwasser wie zu einer Seilfähre und zielst dabei mit der Spitze in das Wellental. Beim Einfahren über die Wellenschulter wird dein Hinterschiff durch den Wellenberg angehoben und du gleitest bergab. Die Schwierigkeit besteht darin den spitzen Winkel in dem Moment zu halten, in dem dein Boot von der Hauptströmung erfasst wird.

Wellen im Wildwasser sind immer stehende Wellen. D.h. sie bleiben an einer Stelle, während das Wasser weiterfließt.

Trainingstipps

Viele Paddler fahren mit zu hoher Geschwindigkeit an. Lass dir Zeit und konzentriere dich auf den Winkel und die richtige Stelle an der du einfährst.

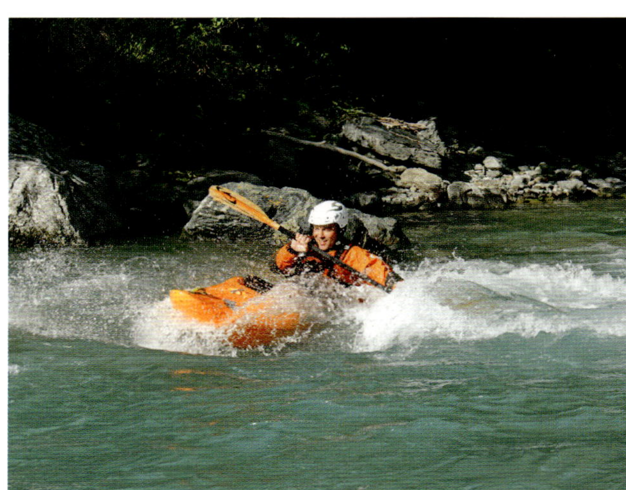

Anfahren aus dem Kehrwasser mit spitzem Winkel am richtigen Punkt.

Anfahrt aus der Hauptströmung:
Hast du erstmal die Welle erkannt in die du einfahren willst, so drehe dein Boot flussaufwärts. Suche die stärker ausgeprägte Schulter oder den steilen Bereich der Welle. Bringe dich mittels Seilfähre in Position. Die Spitze sollte dabei leicht in Richtung Wellenmitte zeigen. Fange kurz oberhalb der Welle an langsam gegen die Strömung zu paddeln. Je weiter du in Richtung Wellental kommst, desto intensiver wird dein Vorwärtsschlag. Hebt die Welle dein Heck an, setzt du einen oder zwei impulsive Schläge. Dies sollte reichen um loszusurfen.

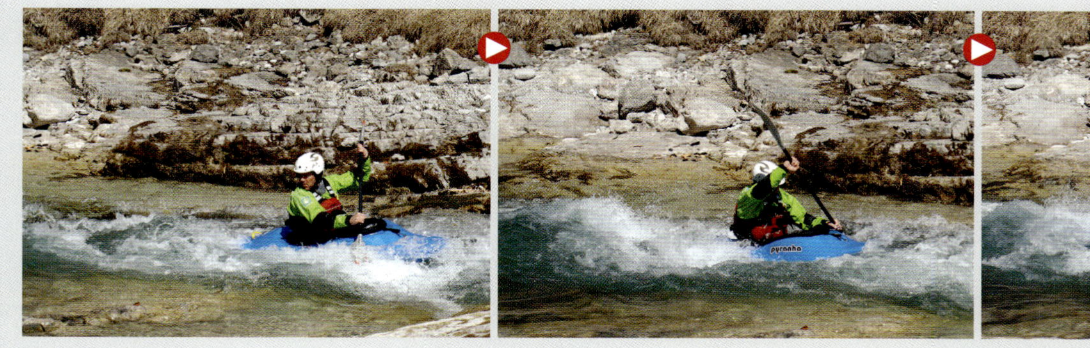

Blick über die Schulter... *beschleunigen...* *Impulsschlag mit anschließendem Surf.*

Das Surfen:
Fängt dein Boot an zu gleiten (surfen), spürst du das deutlich. Mit einem Steuerschlag auf der flußaufwärtigen Seite kannst du gleich nach dem Einfahren die Richtung kontrollieren.
Die eleganteste Art eine Welle abzureiten ist das Carven. Hierbei fährst du auf der Kante von einer Wellenschulter zur anderen, wechselst dort durch einen intensiven Steuerschlag und Umkanten die Richtung.

Willst du die Welle frontal surfen (Meilen surfen) musst du deine Position kontrollieren.
Eine Sekunde unkonzentriert und du gleitest zu weit ins Wellental. Wasser fließt über deinen Bug und schiebt dich nach hinten raus. Bist du zu langsam, so schiebt dich die Welle über den Wellenkamm ins Off. Ausgleichen kannst du dies durch Oberkörperarbeit. Eine Gewichtsverlagerung nach hinten verlangsamt das Boot, eine Oberkörpervorlage beschleunigt es. Zusätzlich kannst du die Geschwindigkeit über schnelle Vorwärtsschläge und kurze, wechselseitige Rückwärtsschläge kontrollieren.

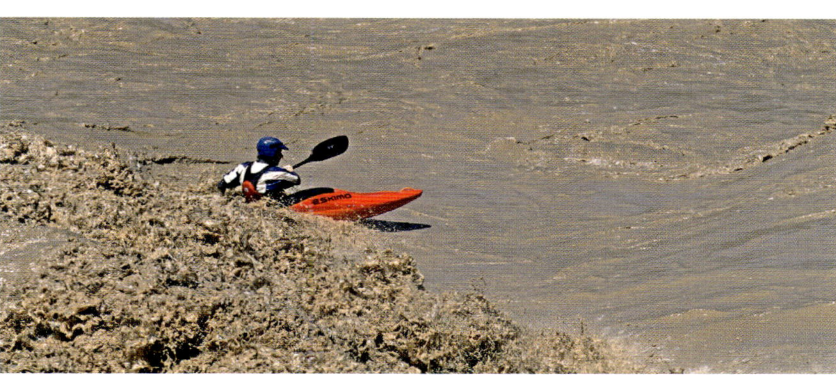

Surfen mit Steuerschlag im „Big Water“ Grand Canyon.

Trainingstipps

- Wird der Steuerschlag nicht sauber ausgeführt, nimmt er dir Geschwindigkeit und du wirst über den Wellenberg nach hinten abgetrieben.
- Die Bootskanten werden beim Carven zur Führung aktiv eingesetzt, ähnlich dem Kanten beim Skifahren.
- Suche dir eine Übungswelle mit ausgeprägtem Kehrwasser an der Seite. Nach einem Fehlversuch kannst du über dieses wieder hochpaddeln und neu ansetzen.

Walzen

Walzen sind strömungsdynamisch Wellen sehr ähnlich. Dies ist der Grund, warum das Einfahren in die Walze genauso funktioniert wie das Einfahren in Wellen. Der Unterschied zur Welle besteht darin, dass durch das oberflächlich zurückfließende weiße Wasser das Boot abgebremst oder quer zur Strömungsrichtung gehalten wird. Mit Hüftknick, Paddelstütze und Exitschlag bist du gut gerüstet Walzen für deinen Zweck zu nutzen.

Stabilisieren in der Walze:

Nach dem Einfahren in die Walze wird dein Boot automatisch quer zur Strömungsrichtung gedreht und gehalten. Du befindest dich in einer seitlichen Surfposition (Sidesurf). Um nicht flussauf zu kentern, kantest du dein Boot in Richtung Weißwasser auf. Somit kann das abfallende Wasser unter dem Boot durchfließen. Gleichzeitig stabilisierst du dich mittels Paddelstütze oder Paddelhang auf der flußabwärtigen Seite. Das aufpilzende weiße Wasser bietet dir permanenten Auftrieb am Blatt. Bist du in der Hüfte optimal ausbalanciert, so ist die Stütze nur zur „Hintersicherung" notwendig und wird ohne Druck gehalten.

Stabilisieren in der Walze mit Paddelstütze.

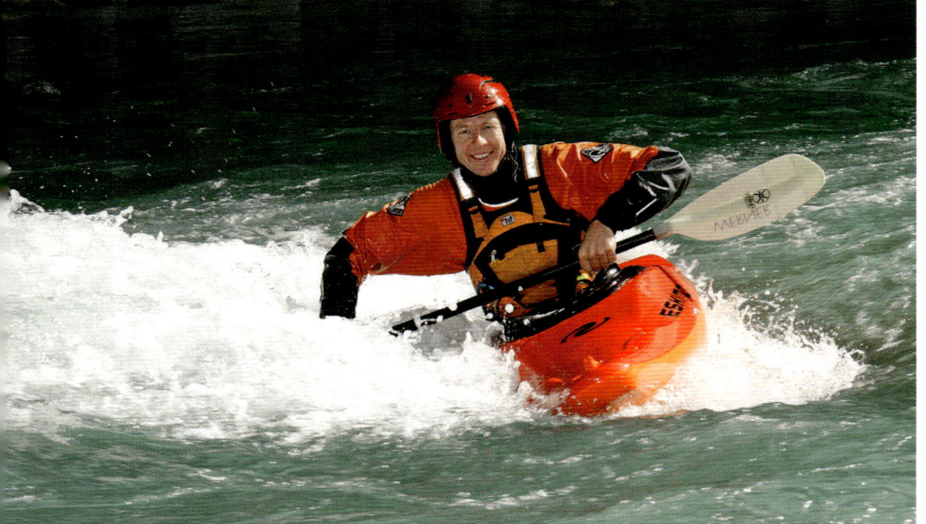

Zum Verlassen der Walze solltest du dir schon vor der Einfahrt Gedanken machen.

Ausfahrt aus der Walze:

jede Walze hat eine „bessere Seite" um sie zu verlassen. Du erkennst sie daran, dass....

- die Walze leicht schräg steht und/oder in eine Richtung schiebt.
- der Höhenunterschied zwischen Walze und Hauptströmung nicht zu groß ist.
- die Walze seitlich nicht durch Steine oder andere Hindernisse begrenzt ist.

Ist die Seite der Ausfahrt klar, dann setzt du den Exitschlag vorwärts oder rückwärts an. Erreichst du die Schulter der Walze, so wird deine Bootsspitze oder dein Heck durch die Hauptströmung langsam flußab gedrückt. Gibst du den Exitschlag zu früh auf, so surfst du über die Schulter wieder zurück in die Walze. Halte ihn so lange, bist du tatsächlich aus der Walze draußen bist! Je weiter dich die Hauptströmung flussab dreht, desto weniger musst du kanten.

Manchmal reicht der Schwung oder die Kraft nicht aus, die Walze im ersten Anlauf zu verlassen. Lass dich dann wieder zurückfallen und nimm den Schwung für einen neuen Anlauf mit, ähnlich dem Freifahren eines Autos im Schnee.

Notprogramm Walze:

Gerätst du unfreiwillig in eine Walze oder hilft oben beschriebene Technik nicht, so steht dir folgendes Notprogramm zur Verfügung:

- Lass dich kentern und halte das Paddel mit gestreckten Armen in das ablaufende Unterwasser.
- Öffne die Spritzdecke. Ein vollgelaufenes Boot wird eher vom Unterwasser oder von seitlichen Strömungen mitgenommen.

- Kombiniere beide beschriebenen Möglichkeiten.
- Fahre halb aus der Walze aus, drehe die Spitze oder das Heck in Fließrichtung und fahre bewusst in das abfallende Wasser. Evtl. drückt dich dieses mit einer „Kerze“ raus.
- Verlasse das Boot und lass dich vom Wasser nach unten in die ablaufende Strömung ziehen. Ein Schwimmer wird leicht von ablaufenden Strömungen erfasst und mitgenommen. Tue dies solange du noch Luft hast!

Trainingstipps

Die ideale Übungswalze ist:

- tief genug um Verletzungen und Paddelbrüche bei einer Kenterung zu vermeiden.
- groß genug dich zu stabilisieren (in kleinen Walzen ist es oft schwieriger sich zu stabilisieren).
- seitlich nicht begrenzt und hat einen deutlichen Ausgang.
- für Schwimmer ungefährlich.

Paddeln gegen den Strom

Paddeln gegen den Strom

Es gibt beim Wildwasserfahren viele Gründe und Situationen warum es notwendig sein kann sich gegen den Strom flussauf zu arbeiten. Auch ohne bestimmten Grund macht es Spaß und ist die beste Übung sein eigenes Können im Verhältnis zur Strömung auszuprobieren und zu verbessern. Jeder noch so kleine Fehler wird direkt rückgemeldet.

Kehrwasserspringen

Katarakte werden u.a. durch unterschiedlich angeordnete Hindernisse gebildet. Du kannst bei geschickter Verbindung der hierdurch entstandenen

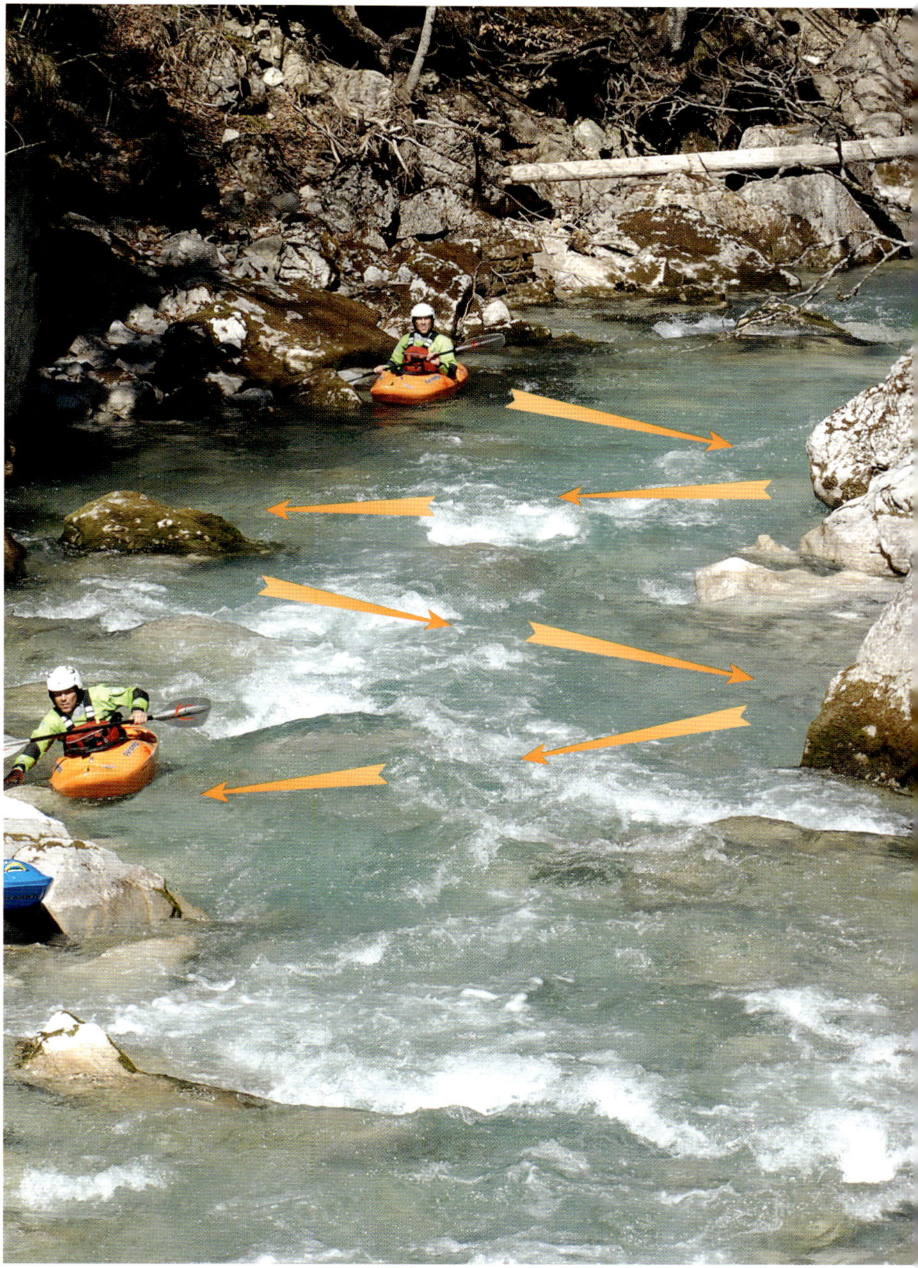

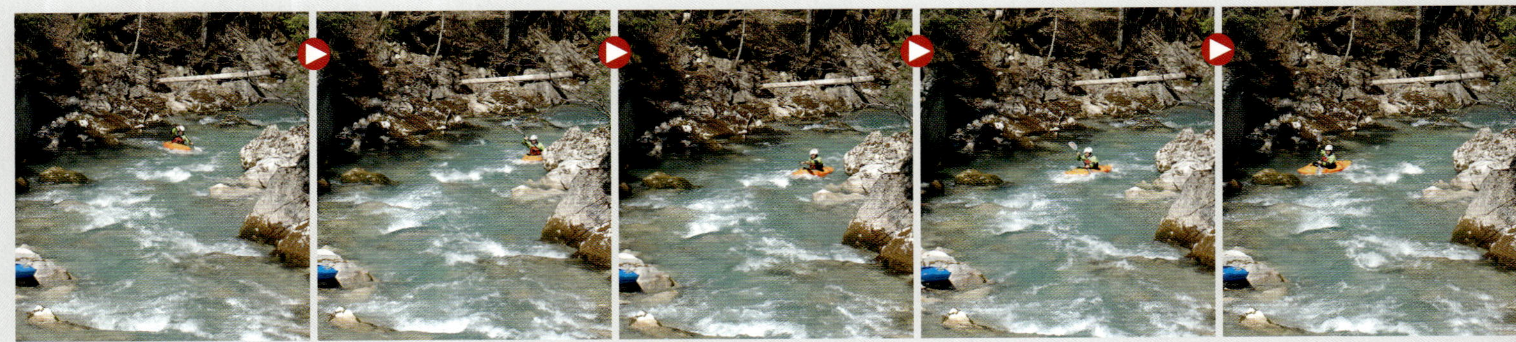

Es ist erstaunlich, wie unter Ausnutzung verschiedener Strömungsformen...

Kehrwässer relativ große Höhenunterschiede überwinden. Starte aus einem Kehrwasser so tief wie möglich und nimm den Schwung mit nach oben. Kurz vor dem Stein der dieses bildet, scherst du mit spitzem Winkel aus und steuerst möglichst nur mit Vorwärtsschlägen das nächstgelegene Kehrwasser an. Durch kurzzeitiges Vorschieben der Hüfte beim Einfahren in die Hauptströmung vermeidest du ein schnelles Abstoppen, während dir ein kräftiger Bogenschlag auf der strömungszugewandten Seite hilft, die Drehung deines Bootes zu verhindern. Beobachte die Kehrwässer die du auswählst für einige Sekunden. Manche von ihnen „pumpen". Das bedeutet, dass sich der Wasserspiegel hebt und senkt. Sollte dies der Fall sein, so versuche dein Timing so abzustimmen, dass du dann in die Hauptströmung einfährst, wenn der Höhenunterschied am geringsten ist.
Eine weitere Variante des Kehrwasserspringens ist, den Stein der das Kehrwasser bildet als Aufstiegshilfe zu benutzen. Dieser bildet an der angeströmten Seite einen Rückstau, ein Prallpolster. Nach dem Ausscheren in die Hauptströmung gewinnst du durch schnelle, kräftige Vorwärtsschläge an Höhe und steuerst auf das Prallpolster zurück. Solange die Strömung nicht zu stark ist, lassen sich so erstaunliche Höhenunterschiede überwinden.

Es gibt beim Wildwasserfahren viele Gründe und Situationen warum es notwendig sein kann, sich gegen den Strom flussauf zu arbeiten.

Unterströmungen und Walzen

Dicht unter der Wasseroberfläche liegende Steine bremsen die Hauptströmung ab und bilden Zonen in denen das Wasser langsamer fließt. Du erkennst sie an einer gekräuselten Wasseroberfläche und der geringeren Fließgeschwindigkeit. An dieser Stelle ist es möglich gegen die Strömung zu paddeln. Ein ähnliches Phänomen entsteht auch hinter Walzen. Das Wasser hinter der Walze nimmt erst nach einigen Metern wieder die Geschwindigkeit der Hauptströmung an. Wenn du diesen langsamer fließenden Teil mit deinem Boot erreichst, kannst du ihn als Aufstiegshilfe nutzen. In manchen Walzen ist es sogar möglich durch sie hindurch und über die Walzenschulter hinaus mit Schwung in einen ruhigeren Bereich zu schießen. Aber Vorsicht, ein kleiner Fehler und du hängst quer.

Uferbereiche

Ganz am Ufer, wo das Wasser sich zwischen Felsbrocken hindurchzwängt, gibt es die Möglichkeit mit Schwung gegen diese Stromzungen anzufahren. Im letzten Moment, wenn Paddeln nicht mehr hilft, hältst du dein Paddel in einer Hand

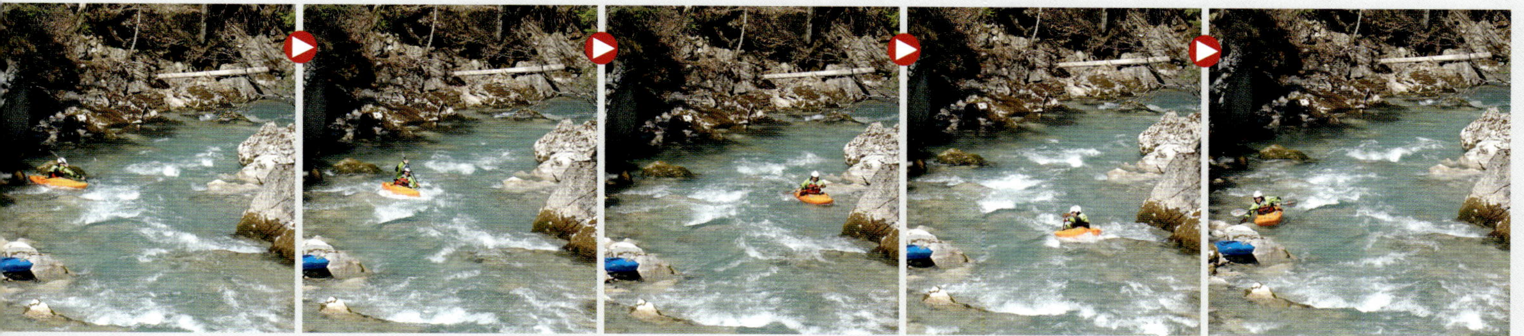

...auch stärkere Katarakte gegen den Strom befahren werden können.

und verwendest es als Stock. Die freie Hand greift gleichzeitig einen Fels oder Ast und unterstützt den Aufstieg. Setze dein Paddel dabei vorsichtig ein.

Ein verklemmtes Blatt bricht schnell – egal welcher Marke und Qualität!

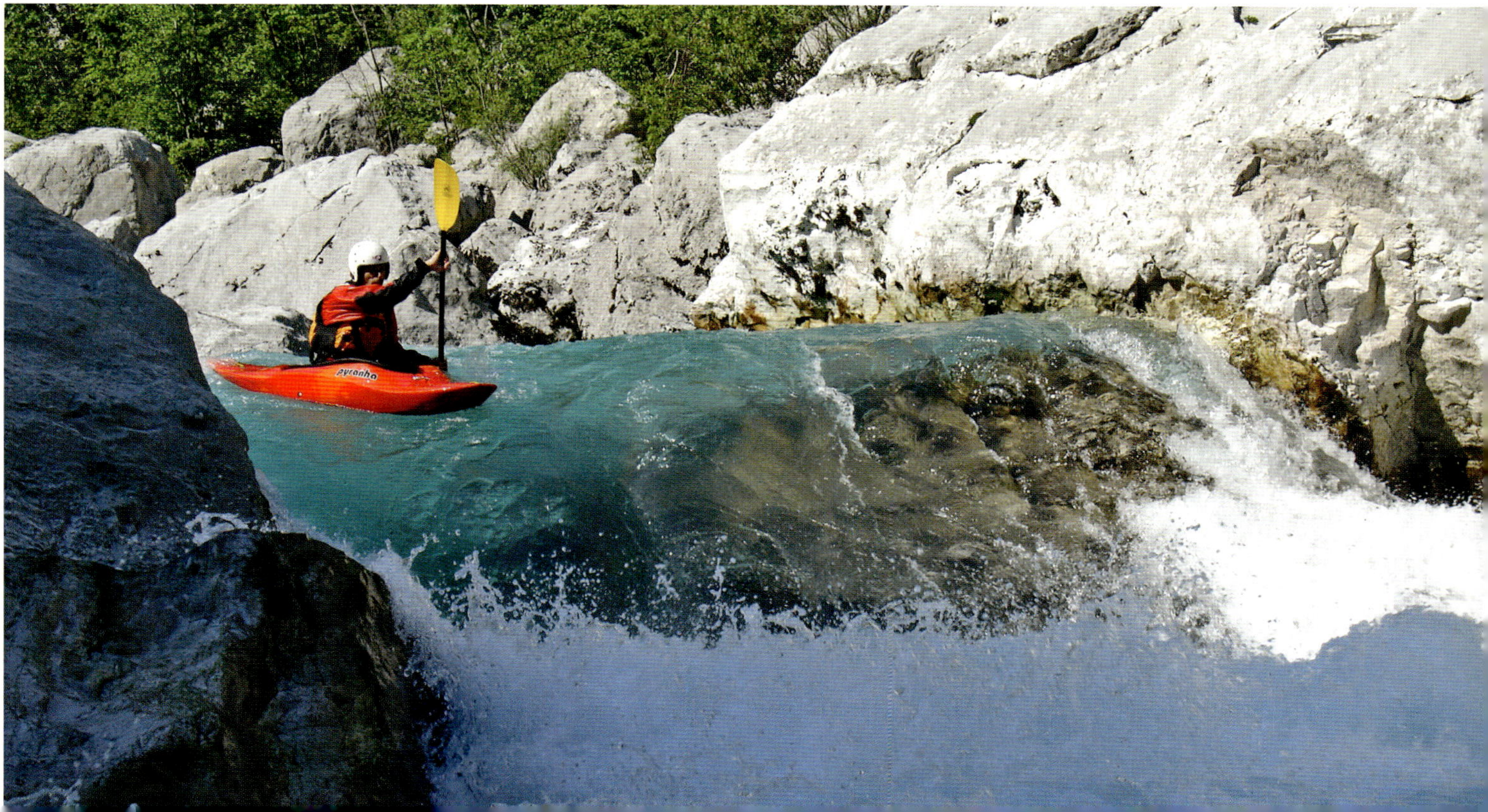

Hier geht's nur bergab, Traum-Wildwasser an der Soca.

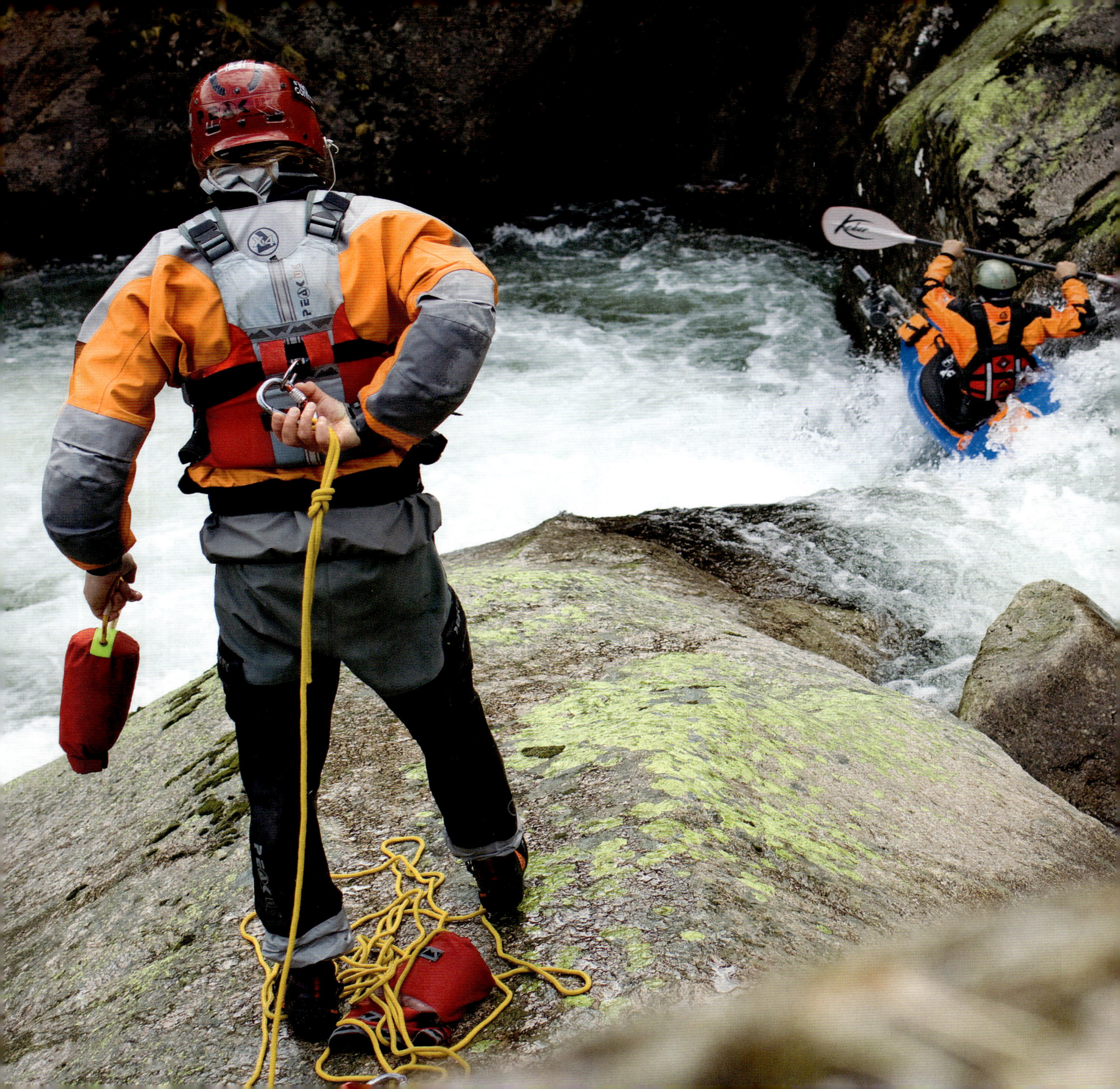

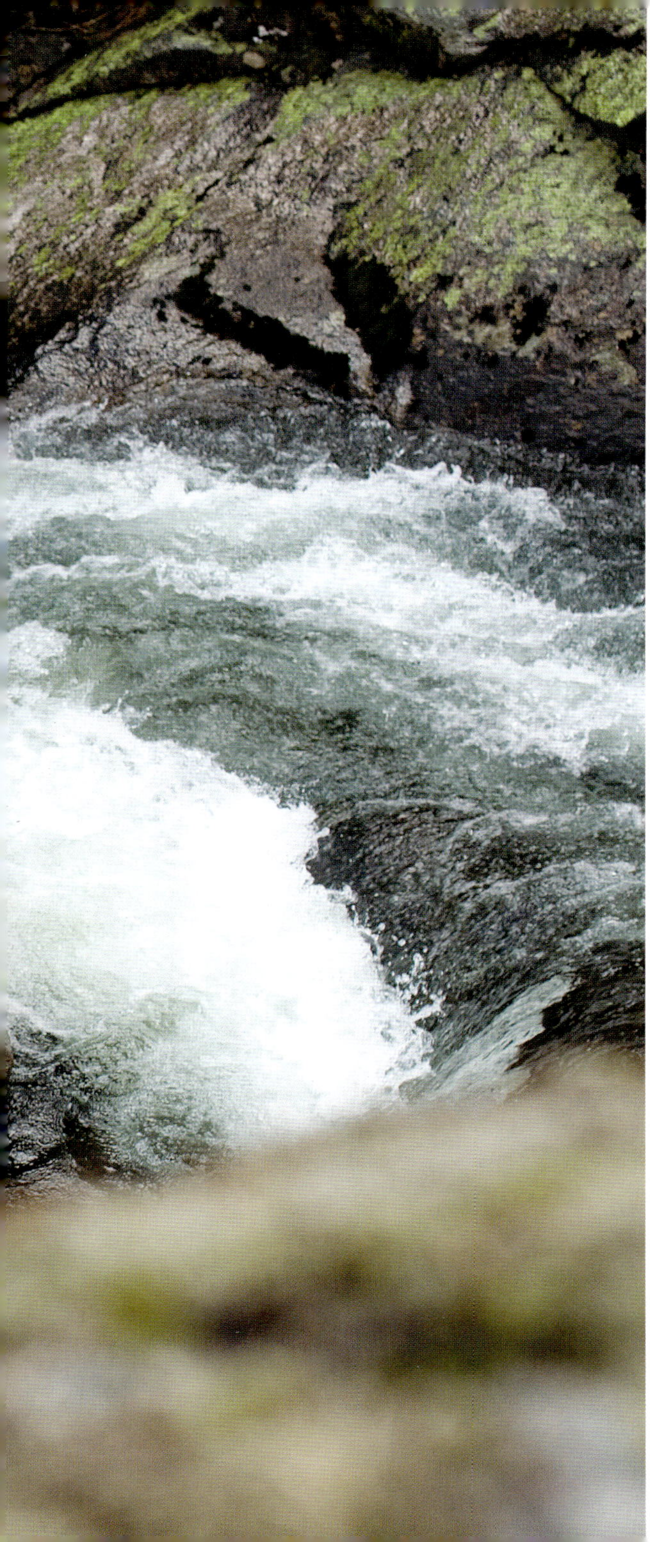

Sicherheit im Wildwasser

Als Wildwasserfahrer suchen wir den Spaß und die Herausforderung beim Paddeln.
Das Thema Sicherheit scheint dabei nicht so zwingend notwendig wie vielleicht die Paddelstütze oder die Eskimorolle. Erst wenn wir ein Bewusstsein über Gefahren entwickeln oder selbst von einem Unfall betroffen sind, halten wir inne und fangen an nachzudenken.

Stellenwert von Sicherheit

Sicherheit ist mehr als das reine Einstudieren von Rettungsmethoden und das Kaufen von Ausrüstung. Obwohl uns Sicherheit im Allgemeinen sehr viel bedeutet, sind wir doch relativ träge uns damit auseinanderzusetzen. Dies kann folgende Ursachen haben.

1. Gefahren und Risiken werden oft erst dann wahrgenommen und diskutiert, wenn wir von einem Unfall betroffen sind.

2. Die Vermeidungsstrategie „mich trifft es ja sowieso nicht, weil ich besser, vorsichtiger, schlauer,…………bin als die Anderen/der Fluss" ist sehr verbreitet (ein Großteil der deutschen Autofahrer halten sich für überdurchschnittlich gut).

3. Sicherheit wird meist nicht als der spaßige Teil der Sportart wahrgenommen. Vielmehr wird eine Auseinandersetzung als lästig und unangenehm empfunden.

4. Wasser verzeiht viele Fehler und fatale Konsequenzen sind scheinbar zufällig.

Solange wir uns auf dieser „gedanklichen Verdrängungsebene" befinden, werden wir immer mit einem höheren Risikofaktor paddeln als die Sportart es bedingt (Restrisiko). Um diese Tatsache gedanklich zurechtzurücken, müssen wir unsere Risikobewertung „umschreiben".
Dies könnte folgendermaßen aussehen:

- Ein Unfall ist Bestandteil meiner Sportart wie ein Kehrwasser oder das Lagerfeuer nach dem Paddeln.
- Auch wenn ich ein sicherer und verantwortungsvoller Paddler bin, kann mich ein Unfall treffen.
- Sicherheit üben und darüber reden macht Spaß.
- Fehler machen gehört zum Lernprozess, aber die Konsequenzen daraus sind nicht zufällig verteilt, sondern ich entscheide mich bewusst für diese.

Mit dieser neuen Einstellung betrifft dich Sicherheit direkt und geradlinig. Du wirst verantwortlich für dein Handeln. Jetzt kannst du den nächsten Schritt gehen und dir überlegen was du dazu brauchst gesund einzusteigen und heil anzukommen.

Sicherheitsstrategie

Solange du paddelst wirst du dich mit dem Thema Sicherheit auseinandersetzen müssen. Dir stehen zwei Strategien zur Verfügung: entweder du versuchst Unfälle zu vermeiden oder du behebst die daraus entstehenden Situationen. Letztendlich sollten beide Strategien in deinem persönlichen Handlungsrepertoir einen Stellenwert haben und entsprechendes Know-how vorhanden sein.

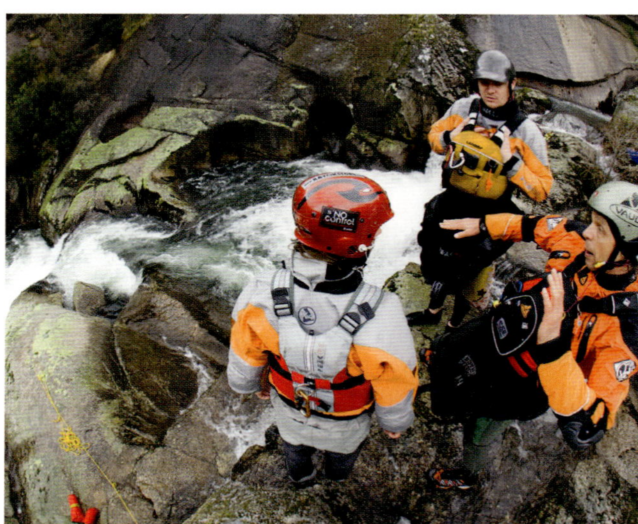

Lagebesprechung: Die 3 Paddler besichtigen die Kernstellen und besprechen die ideale Befahrungslinie.

Sicherheit - unabhängig vom Schwierigkeitsgrad

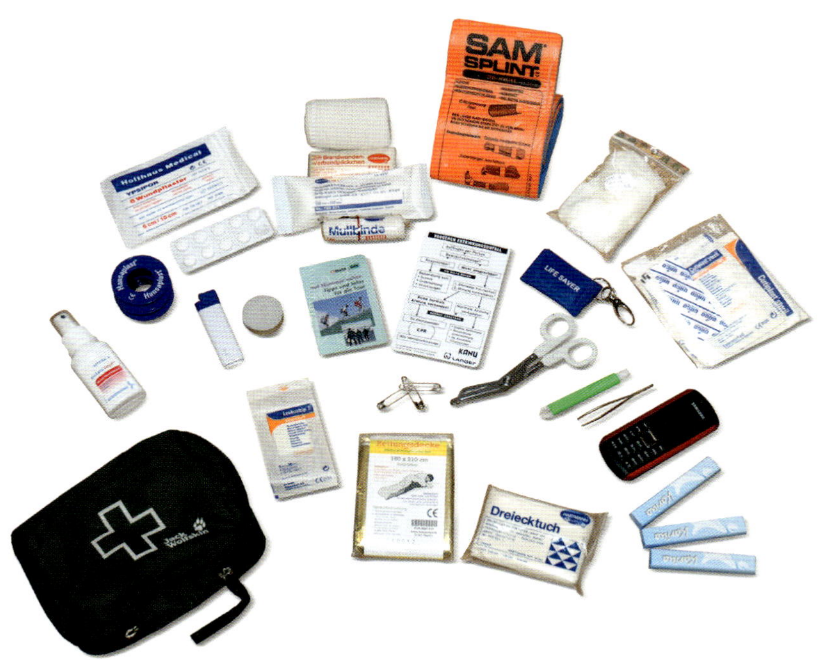

Erste Hilfe

Gute Kenntnisse in Erster Hilfe sind bei Outdoorsportarten obligatorisch. Für Wassersport sind die Themen Herz-Lungen-Wiederbelebung und Unterkühlung am wichtigsten. Es gibt gesonderte Kurse hierzu!
Schulterluxationen, Zerrungen und Platzwunden sind die häufigsten Verletzungen beim Paddeln in allen Schwierigkeitsstufen! Wer seinen Erste-Hilfe-Kurs auffrischt, sollte bei diesen Themen besonders nachhaken.
Beim Paddeln muss ein Erste-Hilfe-Set vorhanden sein! Wasserdichte Packsäcke, Tonnen oder Boxen erleichtern den Transport im Boot und halten die Sachen trocken. Entsprechend den Verletzungsmustern, der Gruppengröße und der Art der Tour, sollte der Inhalt angepasst sein.

Folgende Aufstellung gibt einen Überblick über eine sinnvolle Grundausstattung:

Standard

Dreiecktuch, Beatmungsmaske, Schere/Messer, Feuerzeug, 2 Rettungsfolien, Pflaster, Schutzhandschuhe, Elastische Binde, Verbandspäckchen, Wundnahtstreifen, sterile Wundauflagen, eine Rolle Leukotape o.ä., Sicherheitsnadeln, Schokolade/Traubenzucker, Handy mit lokaler Notrufnummer in Europa überall 112 und wichtigen Kontakttelefonnummern, Kurzanleitung zum Umgang mit verunfallten Personen (Notfallkarte).

Empfohlene Ergänzung

Sam-Splint (Schiene zum Stabilisieren von Gelenken und Brüchen), windgeschützte Kerze (Grableuchte), Taschenlampe, Pinzette, Desinfektionsmittel, Schmerzmittel, ein Wärmepad/Taschenwärmer.

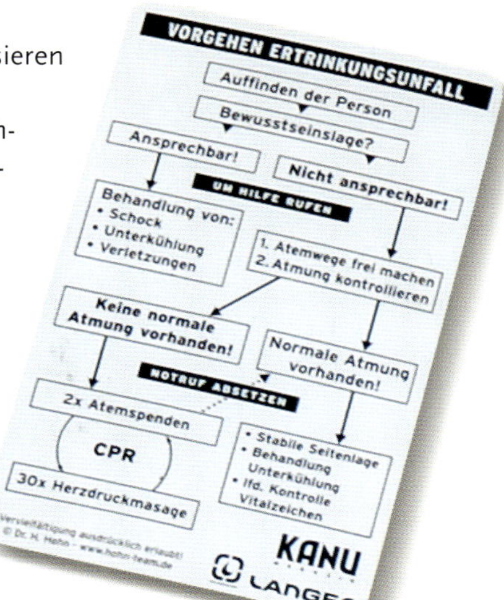

Erste-Hilfe-Karte von Jürgen Hohn

Persönliche Fitness

Egal ob WW 1 oder 6 – das persönliche Fahrkönnen, die Fitness, und die mentale Verfassung ist für die Sicherheit ausschlaggebend. Nur wer hier über eine realistische Selbsteinschätzung verfügt kann mit gutem Gewissen lospaddeln. Eine gesunde Kultur der gegenseitigen Rückmeldung untereinander verbessert die Selbsteinschätzung.

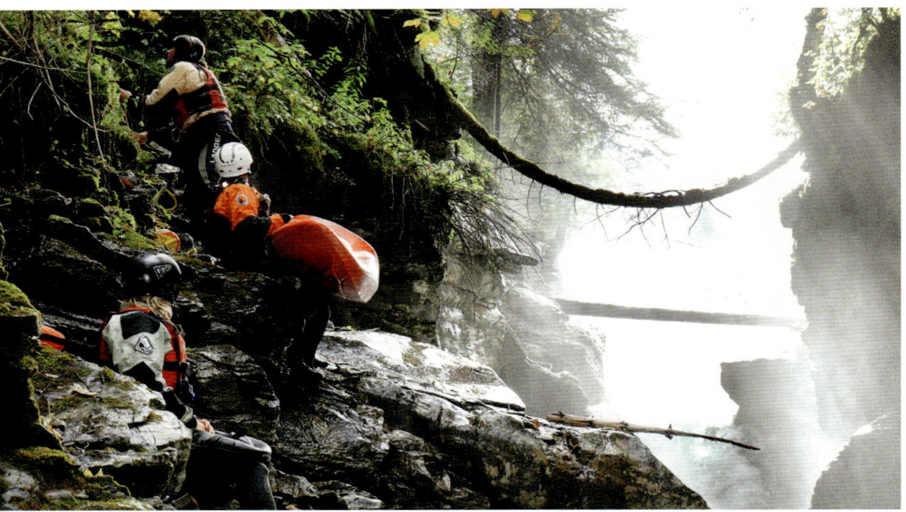

Bei schwierigen Umtragepassagen ist körperliche Fitness eine wichtige Voraussetzung für die eigene Sicherheit und die der Gruppe.

Unterkühlung

Als Paddler ist man extremen Bedingungen ausgesetzt. Wasser entzieht dem Körper Wärme und der Wind kühlt ihn zusätzlich aus. Auch bei gutem Wetter und guter Kleidung besteht immer die Gefahr der Unterkühlung. Dieser Zustand stellt für sich eine Gefahr dar, ist aber auch ein Unfallauslöser und eine Begleiterscheinung von Wildwasserunfällen. Wenn eine Person lang geschwommen ist, verklemmt war oder der Retter sich lange in kaltem Wasser aufhalten musste, besteht die Gefahr der Unterkühlung. Die wichtigste Maßnahme diesem Zustand entgegenzuwirken ist, angemessene Kleidung zu tragen (siehe Material-Know-how). Zu warm gibt es fast nicht, denn das Wasser ist nah und ein kühles Bad hat noch niemandem geschadet. Unterkühlungen werden in drei Grade eingeteilt, die sehr unterschiedliche Behandlungsmaßnahmen erfordern. Grundsätzlich gilt bei allen Graden: Wenn es möglich ist, wird die Weiterfahrt am Fluss abgebrochen!

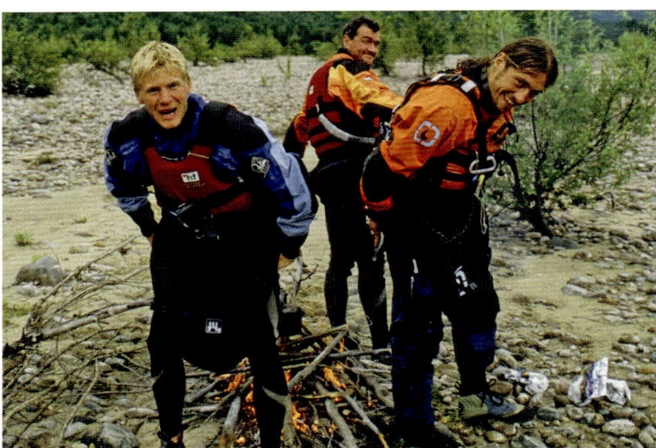

Manchmal hilft nur noch ein Lagerfeuer und warmer Tee.

1. Grad (Erregungsstadium)

Die Körperkerntemperatur sinkt auf 35°C. Frieren und Muskelzittern sind äußere Kennzeichen. Kräfteschwund, Verwirrtheit und Desorientierung sind Unfallauslöser für Folgeunfälle.

Maßnahmen

- Person aus dem Wind bringen bzw. schützen, nasse Kleidung ausziehen und mit warmen neuen Kleidern einkleiden (nur wenn die Fahrt abgebrochen werden kann).
- Den Unterkühlten in einen Schlafsack oder eine Rettungsdecke hüllen.
- Warme und gezuckerte Getränke (kein Alkohol, dieser erweitert die Gefäße und führt zu einer weiteren Auskühlung) zuführen.

- Die Person durch ein Lagerfeuer, eine andere Person oder sonstige Wärmequelle aufwärmen.
- Person beobachten.
- Wenn eine Fahrt weitergeführt werden muss, so sollte die Person nicht eigenverantwortlich handeln.
- Aktives Aufwärmen durch Bewegung ist auch sinnvoll und sollte parallel zu den anderen Maßnahmen durchgeführt werden.

2. Grad (Erschöpfungsstadium)

Die Körperkerntemperatur sinkt auf 34-30°C. Müdigkeit tritt ein. Krämpfe, Muskelstarre und Gefühllosigkeit sind weitere Kennzeichen.

Maßnahmen

- Person nur noch liegend transportieren.
- Unnötige Bewegungen wie z.B. beim Ausziehen der Kleider (alternativ: aufschneiden) müssen vermieden werden.
- Person warm und winddicht einpacken, warme Getränke nur bei vollem Bewusstsein geben.
- Das Einatmen warmer Luft und chemische Wärmepackungen die auf den Rumpf gelegt werden, helfen.
- Möglichst schnell ärztliche Hilfe holen.

3. Grad (Lähmungsstadium)

Die Körperkerntemperatur sinkt auf unter 30°C. Verlust des Bewusstseins. Puls und Atmung kaum feststellbar. Maßnahmen wie bei 2. Grad.

Maßnahmen

- Reanimation einleiten, wenn notwendig.
- Nur ärztliche Hilfe kann ein Überleben sichern.

Der Körper reagiert bei Unterkühlung mit der Zentralisierung des Blutkreislaufs auf den Körperstamm. Werden bei einer Unterkühlung des 2. und 3. Grades Arme und Beine bewegt, kann es zu einem sogenannten Afterdrop kommen. Hierbei fließt kaltes Blut aus der Peripherie in den Körperstamm und setzt somit die Kerntemperatur nochmals herab. Dies kann die Situation drastisch verschlechtern, zu einem Zusammenbruch des Kreislaufs und zum Tod führen.

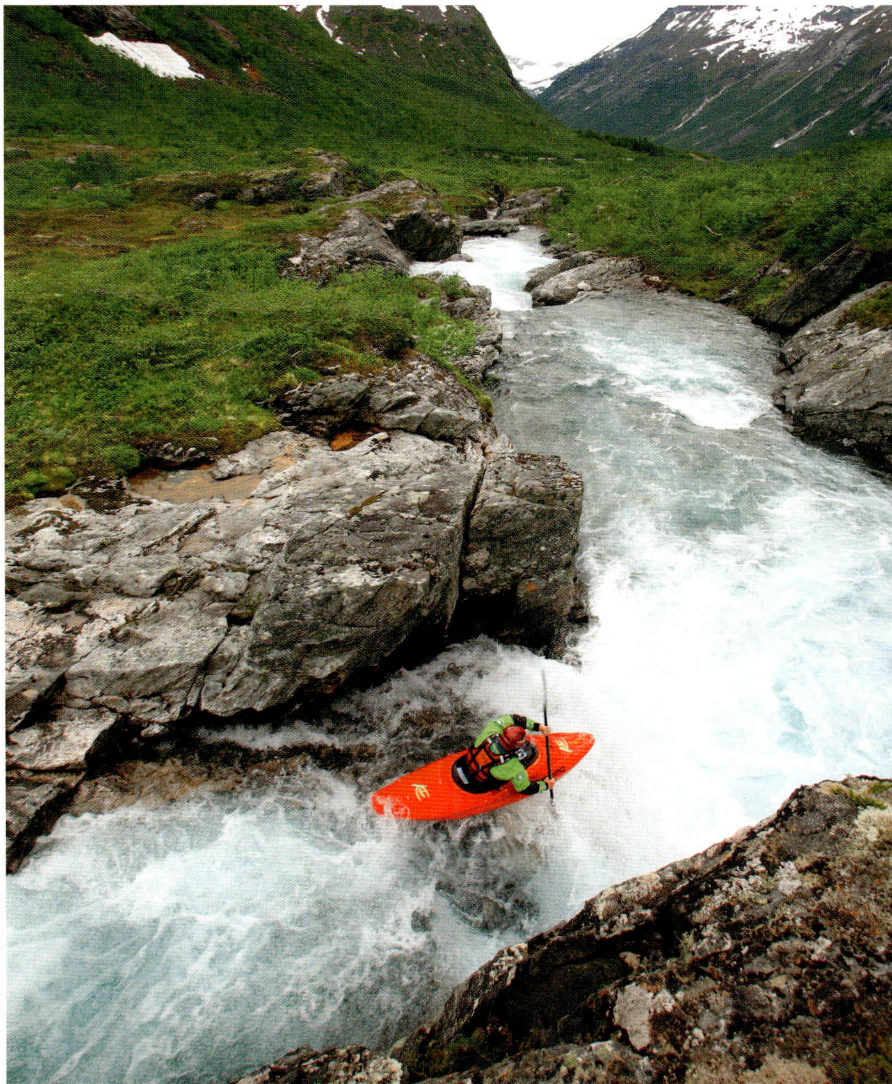

Wildwasser bedeutet meist kaltes Wasser.

Schulterluxation

Eine ausgekugelte Schulter verursacht höllische Schmerzen im Akutstadium und ist langwierig in der Heilung. Diese häufig auftretende Verletzung beim Wildwasserfahren lässt sich durch einige No-Go's der Paddeltechnik vermeiden. Die Schulter ist ein rein muskulär gehaltenes Kugelgelenk mit einem hohen Bewegungsumfang. Aus diesem Grund ist sie sehr anfällig für Luxationen (die Gelenkkugel rutscht seitlich über die Gelenkpfanne hinaus).
In Gelenkendstellungen wie z.B. bei falsch ausgeführtem Paddelhang ist die Schulter besonders gefährdet. Schwache Schultermuskeln und/oder Ermüdungszustände sowie harte und unvorbereitete Schläge auf das Paddelblatt sind weitere Auslöser für Schulterverletzungen.

Eine ausgekugelte Schulter beim Wildwasserfahren lässt sich durch einige No-Go's der Paddeltechnik vermeiden.

Notfallmaßnahmen

Mache nichts gegen den Willen des Verletzten!
Der Arm wird in der Position fixiert in der sie dem Paddler am wenigsten Schmerzen verursacht. Dies muss nicht in der typischen Schonhaltung vor dem Körper sein. Alarmiere einen Rettungsdienst. Je kürzer die Zeitspanne zwischen Aus- und Einkugeln ist, desto besser ist es für den Heilungsprozess.
Ist schnelle fachliche Hilfe nicht möglich, so gibt es eine spezielle Technik die Schulter zu reluxieren. Dies sollte nur von Personen durchgeführt werden, die sich speziell mit dieser Thematik auseinandergesetzt haben. Ansonsten sind die Folgeschäden größer als der Nutzen.

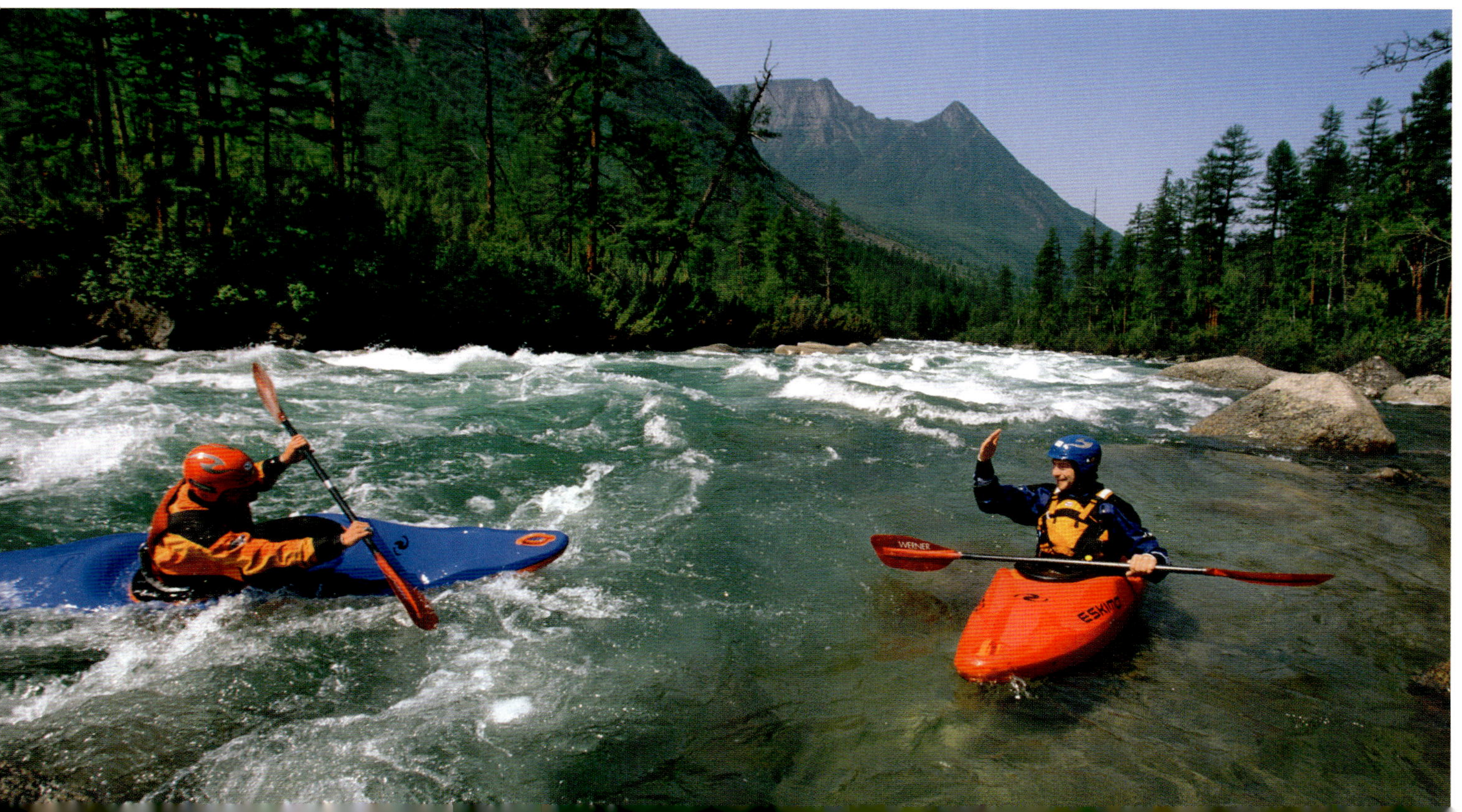

Gefahren im Wildwasser

Eine gängige Unterscheidung ist die Einteilung in objektive und subjektive Gefahren.
Ein Wehr, unsauberes Unterwasser oder starker Niederschlag in einer Klamm sind objektive Gefahren, die sich aus dem Umfeld und der Dynamik des Paddelns ergeben. Erkennst du diese Gefahren, so kannst du sie vermeiden oder möglichen Unfällen, die daraus resultieren, mit entsprechendem Können und Material begegnen. Subjektive Gefahren entstehen aus den Menschen heraus, welche diese Sportart betreiben. Eine persönliche Fehleinschätzung des eigenen Könnens, unterschiedliche Motive der Gruppe oder unausgesprochene Erwartungen können zu Unfällen führen.

Umgang mit Gefahren

Ähnlich dem Lernen der Paddeltechnik ist es sinnvoll sein Sicherheits-Know-how vom Einfachen zum Komplexen aufzubauen. Jedes Weiterkommen im Wildwasser wird dich auch mit neuen Fragen der Sicherheit konfrontieren. Ignoriere sie nicht, sondern sehe sie als Bestandteil deiner Paddelkariere.

Die richtige Ausrüstung

Boote

Moderne Wildwasserboote haben in der Regel einen hohen Sicherheitsstandard. Trotzdem lohnt es sich auf folgende Punkte besonders zu achten:

Die **Sitzluke** muss so groß sein, dass ein beidbeiniges Anziehen der Knie im gefitteten Zustand des Bootes und mit vollständiger Wildwasserausrüstung möglich ist. Zu kleine Luken erschweren das Aussteigen in Stresssituationen oder lassen es gar unmöglich werden.

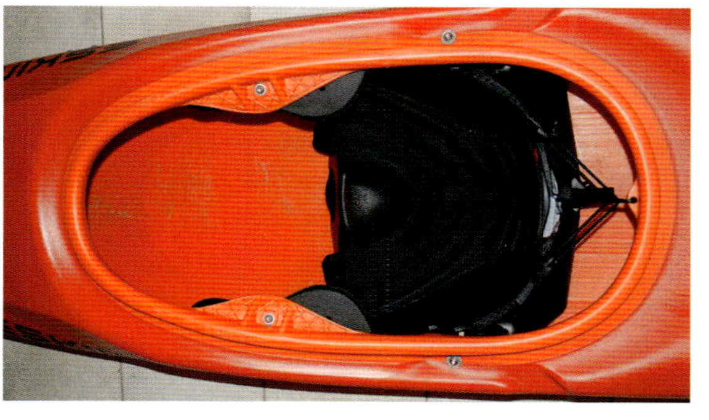

Große Sitzluken erleichtern das Aussteigen, ca. 90 x 50 cm

Eine stabile **Prallplatte** dämpft einen Aufprall und verhindert, dass die Füße an der Prallplatte vorbeirutschen und sich dahinter verklemmen. Prüfe beide Funktionen mit deiner individuellen Längeneinstellung.

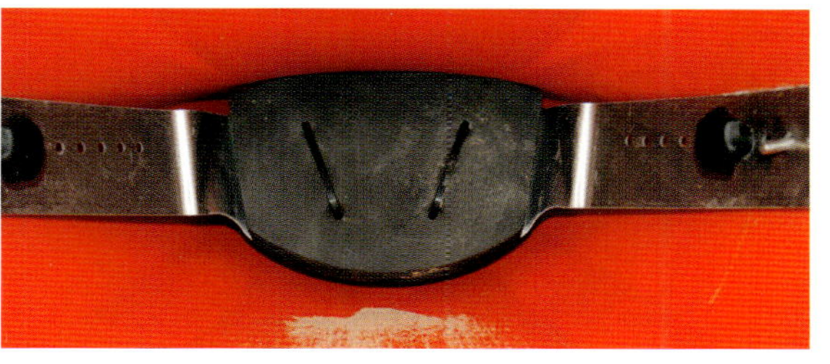

Eine stabile und gepolsterte Prallplatte dämpft einen Aufprall.

Der **Mittelkeil**, wie er von manchen Bootsherstellern verwendet wird, gibt dem Bootsrumpf Stabilität in Verklemmsituationen. Wenn er jedoch ein schnelles Verlassen des Bootes verhindert, ist er kontraproduktiv. Bei Schaumkeilen kannst du getrost mit dem Messer störende Teile wegschneiden. Mittlerweile gibt es gute Kompromisslösungen.

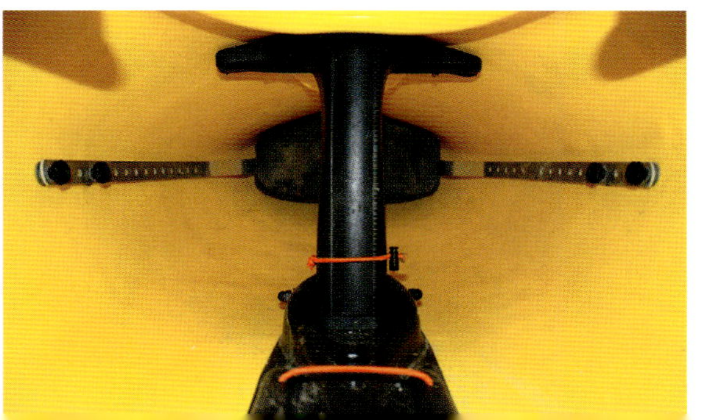

Der Mittelkeil gibt dem Bootsrumpf Stabilität in Verklemmsituationen.

Bug- und Heckschlaufen sind gleichzeitig Fixpunkte zum Einklinken von Karabinern und Haltepunkte für Schwimmer. Leider gibt es hierfür keine verbindlichen Festigkeitswerte. Für die Festigkeit ist nicht so sehr das sichtbare Material ausschlaggebend, sondern vielmehr die Befestigung im Boot. Ein Karabiner soll sich problemlos einklinken lassen, auch wenn die Schlaufe unter Wasser liegt. Haltemöglichkeiten, welche die Hand abklemmen oder schlecht erreichbar sind, erschweren eine Schwimmerrettung. Einige Boote haben weitere Fixpunkte, die bei Rettungsaktionen sehr hilfreich sein können.

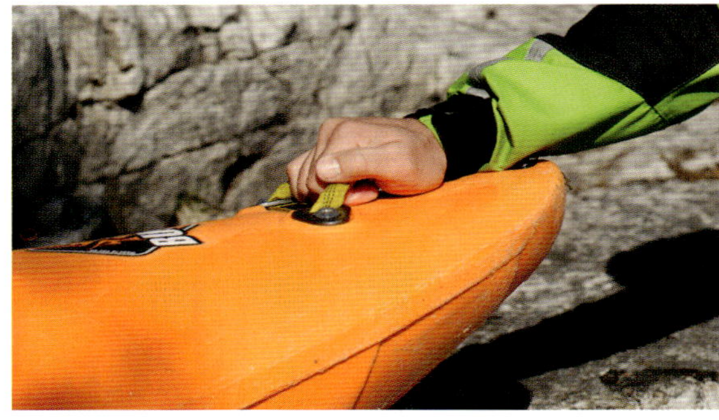

Bug- und Heckschlaufen sind gleichzeitig Fixpunkte zum Einklinken von Karabinern und Haltepunkte für Schwimmer.

Auftriebskörper dienen dazu, das Volllaufen eines gekenterten Bootes zu minimieren und so dessen Bergung zu erleichtern. Sie sollten hinten und vorne im Boot platziert sein und vor jeder Fahrt überprüft werden. Es gibt für jede Bootsform passende Auftriebskörper.

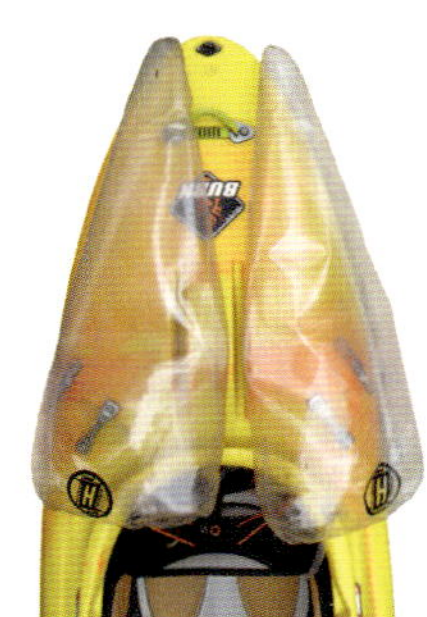

Auftriebskörper dienen dazu, das Volllaufen eines gekenterten Bootes zu minimieren und so dessen Bergung zu erleichtern.

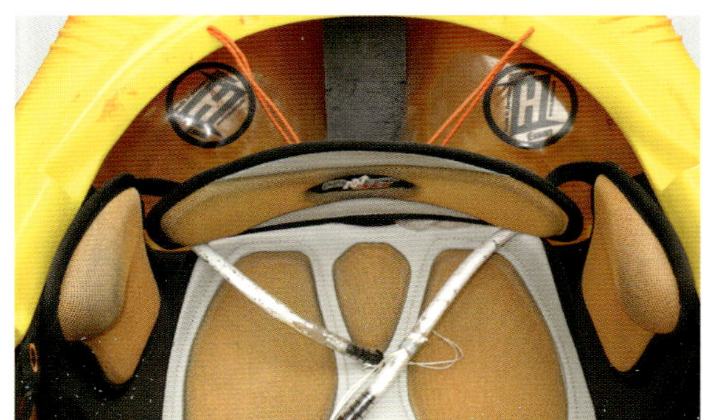

Die **Bootsform** ist für die Fahreigenschaften eines Bootes zuständig und wirkt sich direkt auf die Sicherheit aus. Ausgeprägte Kanten, wie bei Spielbooten, neigen im verblockten Wildwasser dazu sich zu verhaken. Kleinvolumige und kurze Boote sind anfälliger für Strömungen und verzeihen weniger Fehler. Großvolumige Boote eignen sich für wuchtiges Wasser und enge Bäche. Kompromissboote nennen sich Cruiser.

Persönliche Sicherheitsausrüstung

Neben der Standardausrüstung wie sie im Kapitel „Aller Anfang ist leicht“ beschrieben ist, sollte jeder Paddler folgende Sicherheitsausrüstung mit sich führen. Ist jedes Teammitglied so ausgerüstet, lassen sich 95% aller Unfallsituationen lösen.

Wurfsack

Der Wurfsack ist das Rettungsgerät Nr. 1 im Wildwassersport. Primär dient er der Sicherheit deiner Kameraden und ist deshalb obligatorisch. Das darin befindliche Seil sollte mindestens 18 m lang, signalfarben und schwimmfähig sein. Der Sack sollte sich leicht befüllen lassen und beim Wurf das Seil reibungsarm freigeben.
Wird ein Wurfsack zum Auf- und Abseilen von Material und Personen verwendet, empfiehlt es sich, ein sogenanntes Kernmantelseil zu verwenden. Die Festigkeit dieser Seilart liegt um ein Vielfaches höher als bei gängigen, weich geflochtenen Wurfsackseilen.

Der Wurfsack ist das wichtigste Rettungsgerät im Wildwassersport.

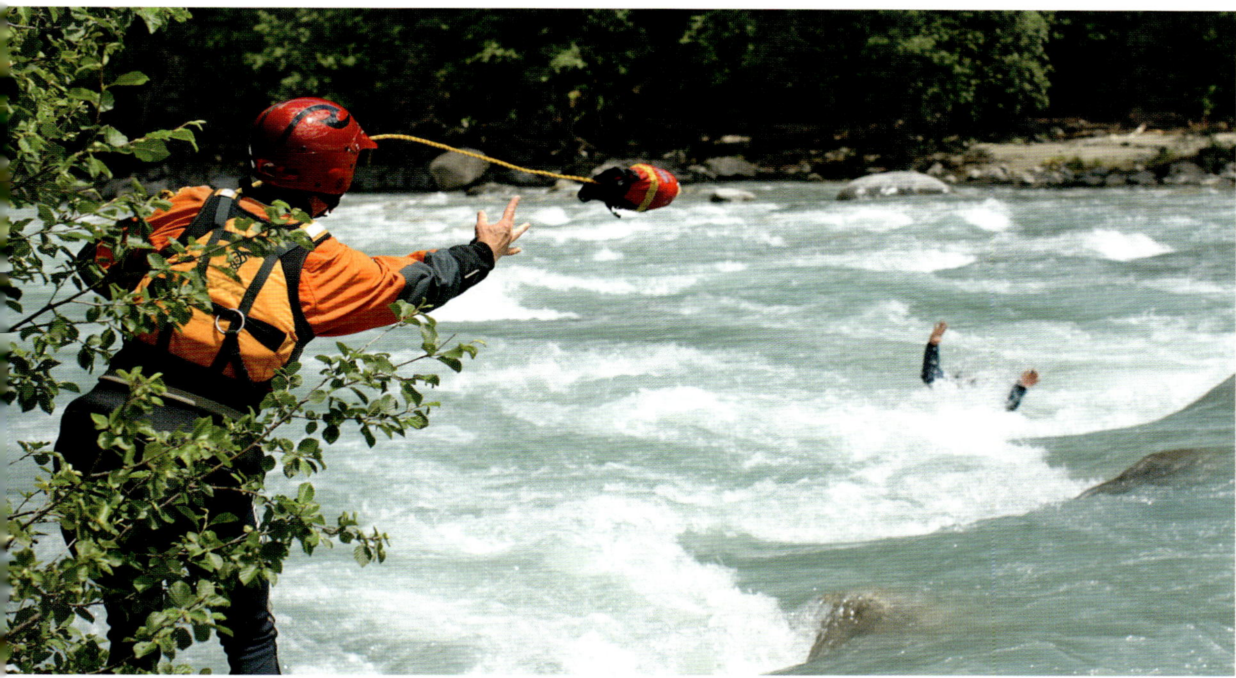

Wurfsack im praktischen Einsatz. In einer derartigen Situation heisst es schnell zu reagieren, deshalb sollte dieser Ablauf regelmäßig trainiert werden.

*Bilder unten:
Cowtail im Einsatz beim Boot abschleppen, Springersicherung, Fixpunkt und Haltegriff.*

Bergeleine

Die Bergeleine wird auch als Cowtail bezeichnet und es gibt sie als Bungee- oder Wickelversion. Dieses universelle Gerät wird in Verbindung mit der Rettungsweste verwendet und dient unterschiedlichen Zwecken. Am häufigsten wird es zum Abschleppen von gekenterten Booten verwendet. Mit keiner anderen Methode lässt sich ein in der Strömung treibendes Boot so schnell ans Ufer bringen. Aber Vorsicht, diese Art der Bootsbergung braucht Erfahrung und Übung.
Sie dient auch der Selbstsicherung bei einer Springersicherung oder als verlängerter Haltegriff für Rettungsaktionen an exponierten Stellen.
Von der Rettungsweste getrennt, kann sie als Fixpunkt an Bäumen oder Felsen angebracht werden. Wer schwerer als WW 2 paddelt, kommt an diesem Gerät nicht vorbei.

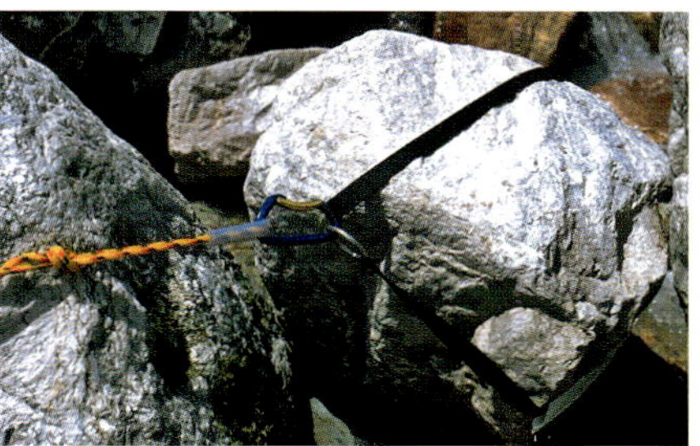

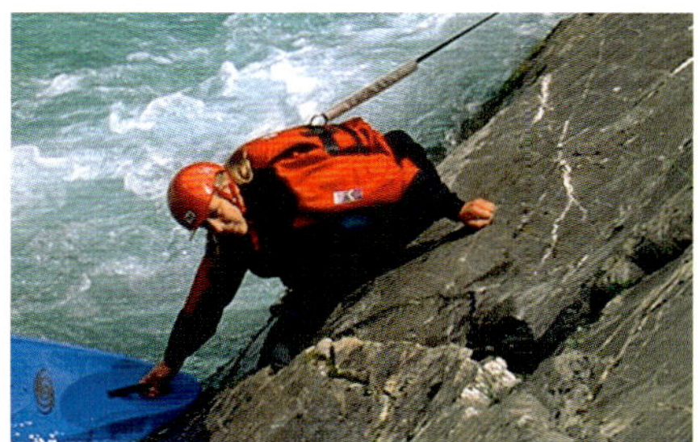

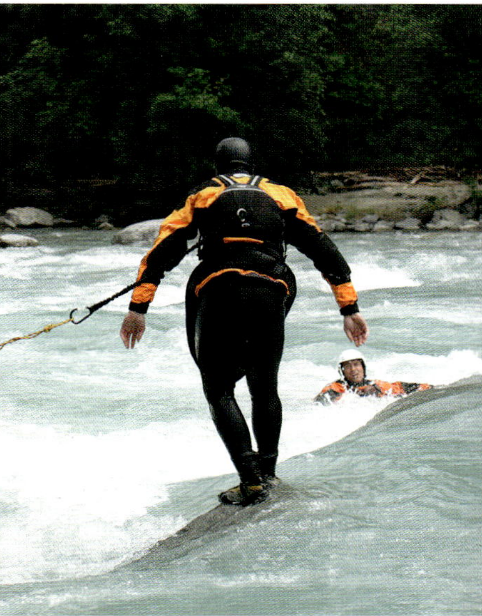

Messer

Wo Seile im Spiel sind, darf ein Messer nicht fehlen. Ein verheddertes Seil oder ein unter Spannung stehender Knoten lassen sich im Notfall nicht lösen. Eine verhakte Schwimmweste oder ein Ast der einen Schwimmer in der Strömung hält, können zur tödlichen Falle werden. Wenn Zeit im Verzug ist, hilft nur der Befreiungsschnitt mit einem scharfen Messer.
Ein so genanntes Einhandmesser lässt sich leicht mit einer Hand öffnen und arretieren.

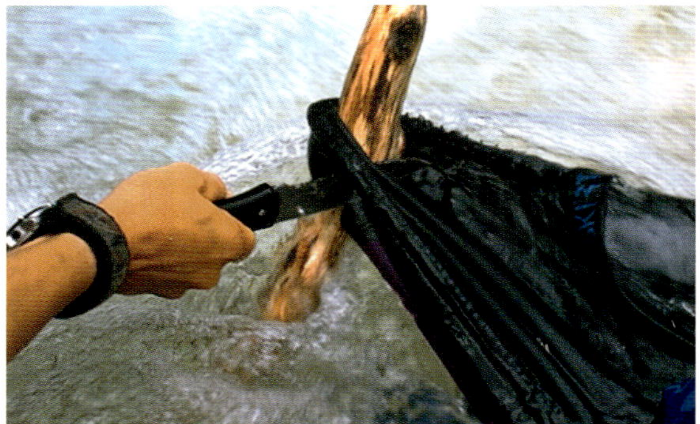

Vielfältige Einsatzmöglichkeiten: Messer beim Durchschneiden einer verhakten Spritzdecke.

Rolle

Eine Seilrolle dient dem reibungsarmen Umlenken eines Seils. Sie ist beim Bau eines Flaschenzugs hilfreich.

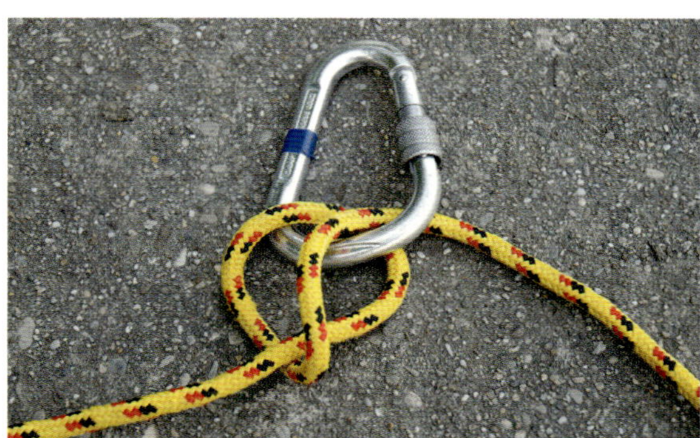

Halbmastwurfkarabiner (HMS) mit HMS-Knoten. Der Karabiner hat eine Birnenform und einen Schraubverschluss.

HMS Karabiner

Ein Halbmastwurfkarabiner (HMS) hat eine Birnenform und einen Schraubverschluss. Er kann, in Kombination mit dem Halbmastwurfknoten, zum Ablassen von Material oder Personen sowie zum Abseilen verwendet werden. Der Schraubverschluss verhindert ein ungewolltes Öffnen des Karabiners. Pro Person sollte einer vorhanden sein.

Paddelkarabiner

Paddelkarabiner zeichnen sich durch eine besonders große Schnapperöffnung und durch ihre ausgeprägte Birnenform aus. Selbst Paddel und sperrige Bootsschlaufen lassen sich problemlos einklinken. Durch ihre große Form lassen sie sich auch mit klammen Händen gut bedienen. Hiervon sollten zwei pro Paddler mitgeführt werden.

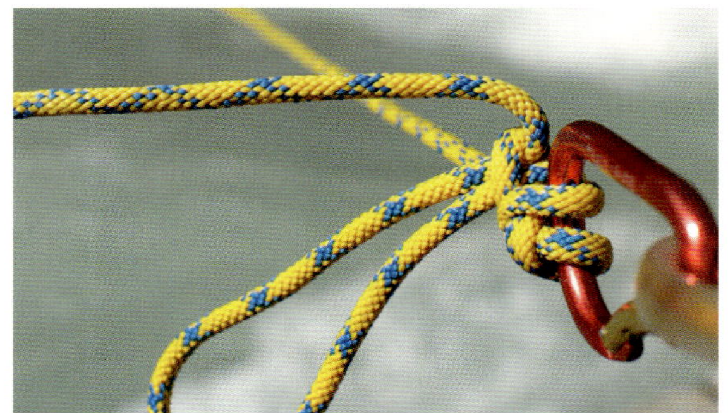

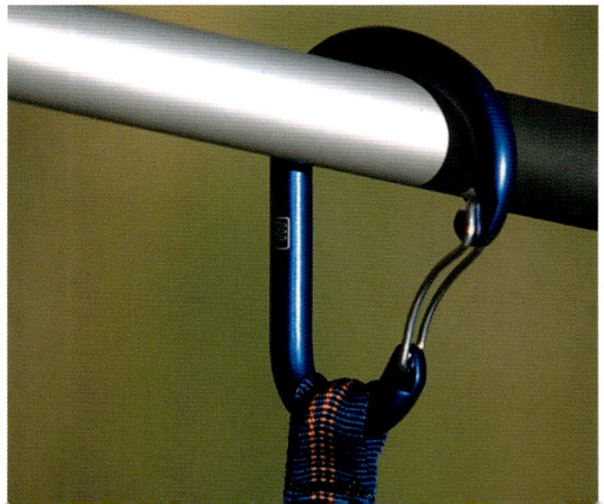

Bandschlinge

Mit einer ca. 1,6 m langen Bandschlinge lassen sich Fixpunkte an Bäumen oder Felsen schaffen, ein Abseilgurt bauen oder Zugpunkte an Booten - mit ausgerissenen Haltepunkten - anbringen. Es sollten nur vernähte Schlingen verwendet werden, da geknotete nasse Schlingen eine deutlich reduzierte Haltekraft haben.

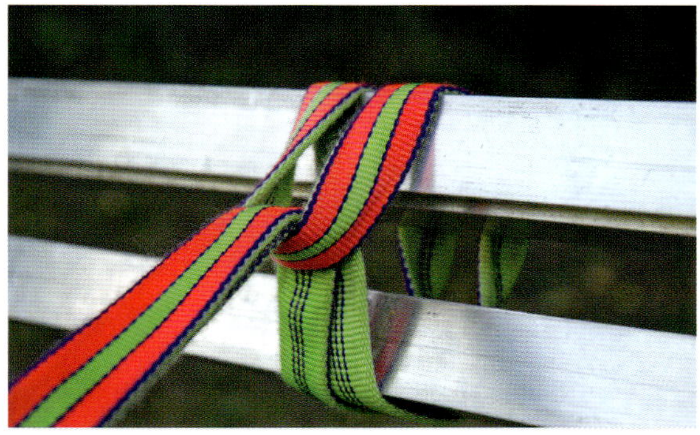

Signalpfeife

Der Geräuschpegel am Fluss ist häufig so hoch, dass eine Verständigung schon über wenige Meter schwierig ist. Die Signalpfeife dient dazu, auf sich oder eine Situation aufmerksam zu machen. Die weitere Kommunikation findet dann über Handzeichen statt.

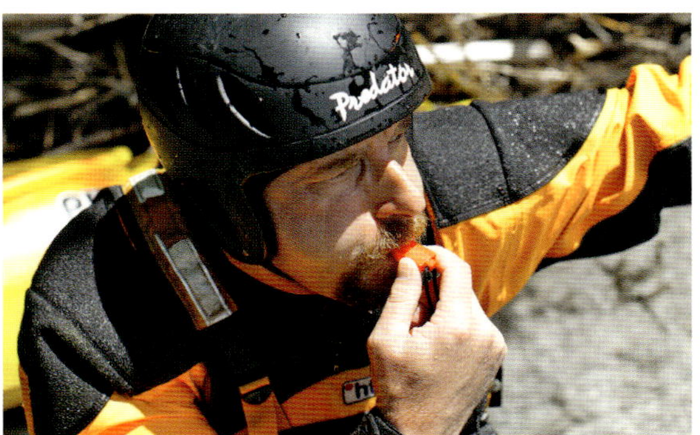

Gruppenausrüstung

In der Regel bist du mit 2-3 anderen Paddlern unterwegs. Mindestens einer sollte ein Erste-Hilfe-Set sowie ein funktionierendes Handy dabeihaben. Bei ausgesetzten Touren empfiehlt sich ein teilbares Ersatzpaddel das sich leicht im Boot verstauen lässt.

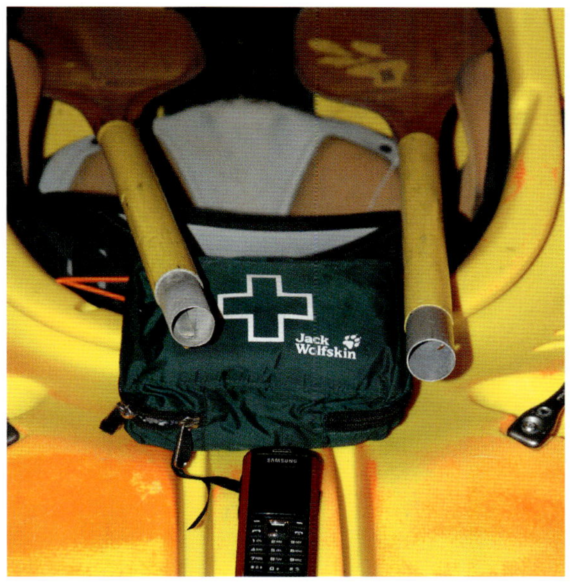

Gruppenausrüstung: Erste-Hilfe-Set, Handy, Ersatzpaddel.

Ergänzende Ausrüstung

Für Touren in unzugänglichen Schluchten ist es ratsam einige Klemmkeile mitzuführen. Mit ihnen können Fixpunkte im Fels geschaffen werden. Ein zusätzliches langes Seil ist hilfreich beim Auf- und Abseilen.

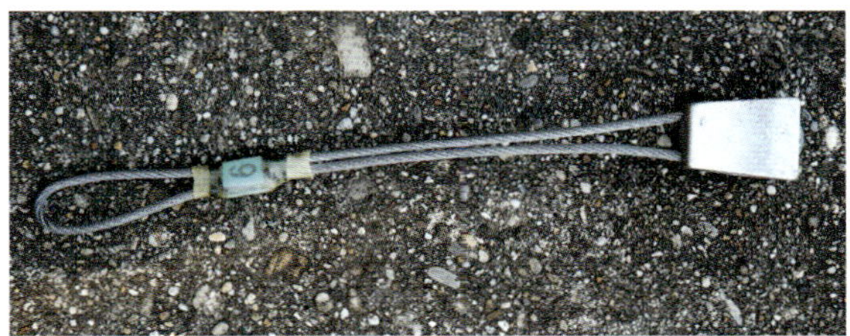

Unfälle und Rettungsmöglichkeiten im Wildwasser

Solange wir paddeln wird es Unfälle geben – egal wie umsichtig oder vorsichtig wir sind.
Wenn man Wildwasserunfälle genauer betrachtet, so stellt man fest, dass es sich in der Regel um zwei Unfallarten handelt. Entweder ein Mensch und/oder Material schwimmt oder ein Mensch und/oder Material wird in der Strömung festgehalten. Die Rahmenbedingungen unter denen dies stattfindet, können sehr unterschiedlich sein. Damit du als Retter auf diese unterschiedlichen Bedingungen und Unfallarten reagieren kannst, ist es sinnvoll sich mit den entsprechenden Rettungstechniken vertraut zu machen. Sie dienen auch der Selbstrettung wie z.B. das richtige Schwimmen im Wildwasser. Zu den grundlegenden Rettungstechniken gehören: der richtige Umgang mit dem Wurfsack, das Schwimmen im Wildwasser und der Einsatz der Bergeweste.

Bevor du deine Bergeleine einsetzt, solltest du die Notauslösung deines Bergegurtes testen.

Die Bergeweste

Der größte Unterschied zur Schwimmweste stellt der lösbare Bergegurt dar. Dieser Gurt ermöglicht es sich selbst zu sichern, gerettet zu werden und mit Hilfe des Cowtails Boote und bewusstlose Schwimmer zu retten. Im Falle einer Eigengefährdung durch den Einsatz des Bergegurts kann dieser gelöst werden. Um diese Funktion im Notfall einsetzen zu können muss du sie üben. Lies hierzu die Gebrauchsanleitung deiner Weste und übe folgende Situationen:

- Lösen des Bergegurts an Land unter Zug.
- Lösen des Bergegurts im Wasser unter Zug (Achtung, das Seil an dem du dich in die Strömung hängst muss jederzeit lösbar sein, falls die Notauslösung versagt).
- Lösen des Bergegurts beim Abschleppen eines vollgelaufenen Bootes.

Nach einem erfolgreichen Test der Notauslösung kannst du deine Bergeweste guten Gewissens für alle anderen Einsatzbereiche nutzen.

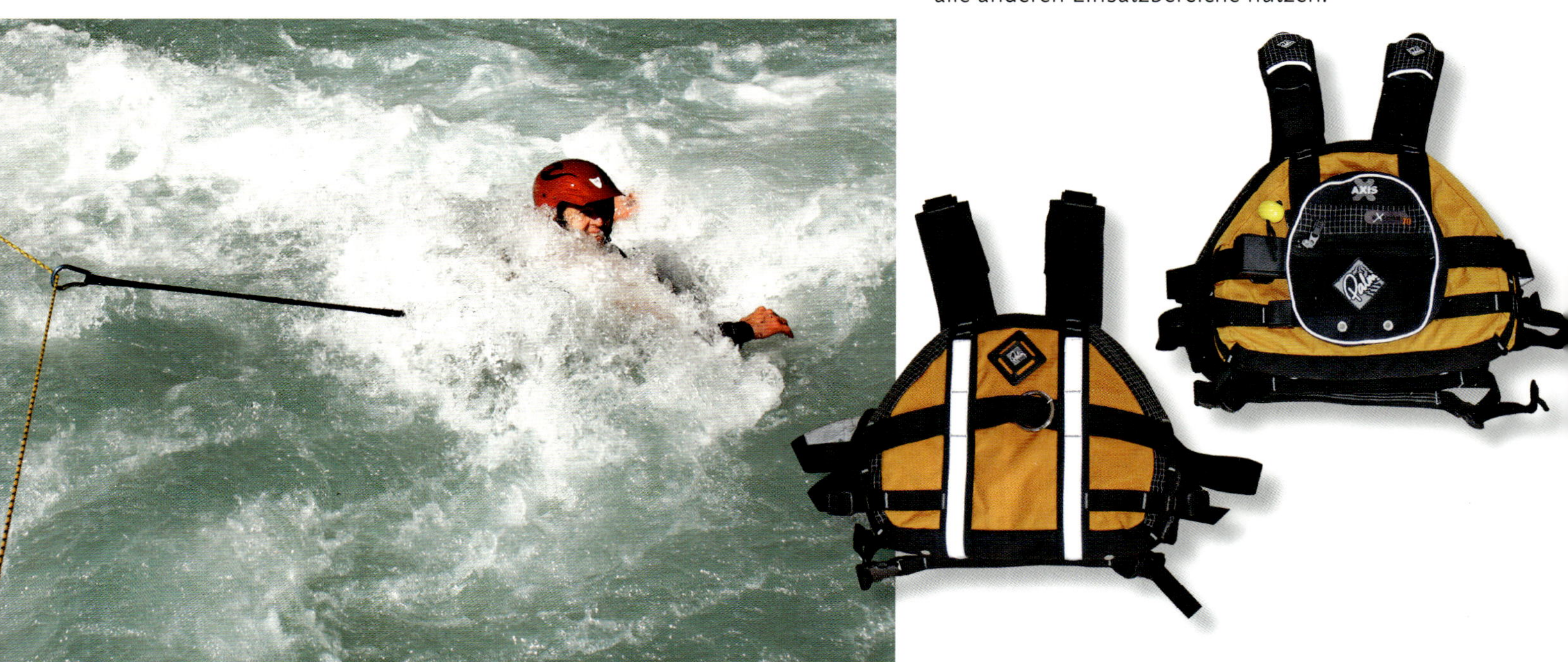

Wurfsack und Seil-Know-how

Der Wurfsack ist das wichtigste Rettungsgerät im Wildwassersport und sollte deshalb in jedem Boot vorhanden sein.

Er hat folgende Einsatzbereiche:

1. Rettung eines Schwimmers
   a) aus der Strömung,
   b) aus einem Rücklauf
2. Anseilen eines Retters zur Absicherung einer gefährlichen Stelle
3. Hilfe beim Überqueren von Strömungen
4. Ablassen von Material
5. Abseilen oder Ablassen von Personen, wenn ein Kernmantelseil (Festigkeit größer als 1500 kN) verwendet wird.

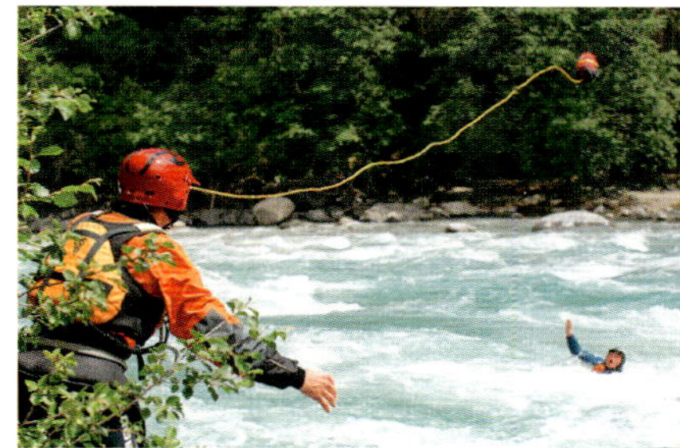

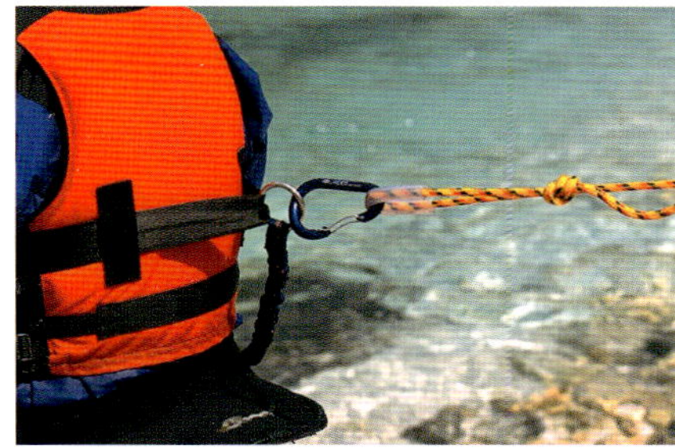

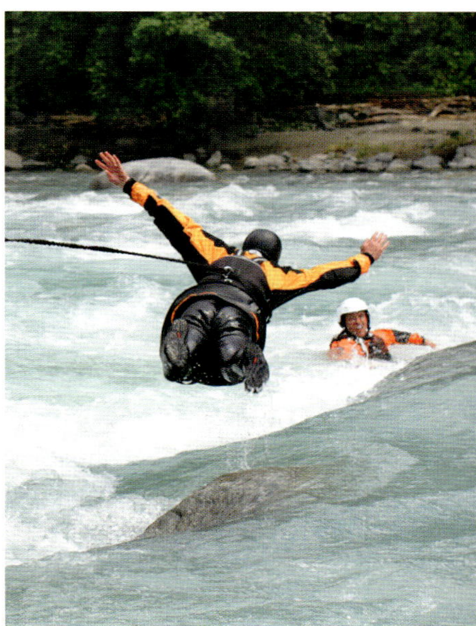

Einsatzbereiche von Wurfsack und Cowtail.

Schwimmerrettung mit dem Wurfsack

Vor dem Werfen des Wurfsacks werden ca. 2-3 m Seil entnommen. Der Sack liegt in der Wurfhand, das Seilende wird mit der Gegenhand festgehalten. Auf lange Distanzen bist du mit dem sogenannten Schockwurf erfolgreich, mit dem Schlagwurf kannst du auf kurze Distanzen schnell reagieren. Suche dir einen sicheren Standort möglichst nah an der Stelle wo du den Schwimmer erwartest. Im Pendelbereich des Schwimmers dürfen keine Gefahren wie ein Siphon oder Bäume sein. Idealerweise befindet sich dort ein Kehrwasser.

Vor dem Wurf wird der Schwimmer laut angerufen. Erst wenn Kontakt besteht wird geworfen. Der Wurf erfolgt über den Schwimmer hinweg, so dass er das Seil zu greifen bekommt. Bedenke hierbei, dass sich der Schwimmer solange der Wurfsack fliegt, mit der Strömung bewegt. Ein Vorhaltewinkel ist deshalb für ein treffgenaues Werfen nötig.

Der Schwimmer greift das Seil mit beiden Händen, legt es vor die Brust und begibt sich in Rückenlage. So kann er atmen und widerstandsarm zur Seite pendeln.

Sobald sich Zug am Seil aufbaut, gibst du als Retter leicht Seil nach um es dem Schwimmer nicht aus der Hand zu reißen. Ist starker Zug am Seil zu erwarten, weil die Strömung schnell oder die Person besonders schwer ist, so empfiehlt es sich das Seil hinter dem Rücken laufen zu lassen oder es mit zwei Personen zu halten.

Weder der Schwimmer noch der Retter dürfen sich das Seil um die Hand oder den Körper wickeln. Im Notfall müssen es beide lösen können. Dies bedeutet auch, dass es nicht am Ufer fixiert werden darf. Wird ein Schwimmer aus der Strömung gerettet, so pendelt er automatisch zur Seite. Aus einem Rücklauf muss er aktiv herausgezogen werden.

Kleine Seilkunde – Knoten

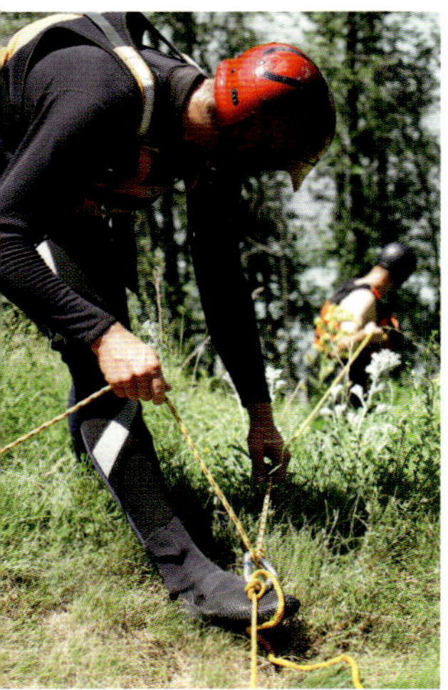

Halbmastwurfkarabiner (HMS) im praktischen Einsatz

Bild unten: der Sackstich

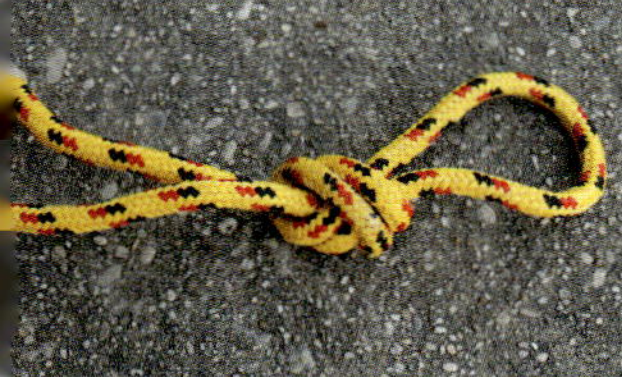

Wer den Wurfsack flexibel einsetzen möchte, muss einige Knoten beherrschen. Diese sollten blind, einarmig und mit klammen Händen geknotet werden können. Die hier vorgestellten Knoten sind ausreichend um auf fast alle Unfallsituationen reagieren zu können. Du solltest lieber wenige Knoten auch unter Stress wirklich beherrschen, als im Notfall durch zehn weitere verwirrt zu werden.

Der Sackstich:

Er ist der einfachste aller Knoten. Mit ihm lassen sich Seilschlaufen ins Seil knüpfen. Sie können als Fixpunkt für Karabiner beim Flaschenzugbau oder als Halteschlaufen beim Auf- und Absteigen in schwierigem Gelände verwendet werden.

Nachteil: nach Belastung ist er schwer zu öffnen.
Vorteil: jeder kann ihn.

Der Mastwurf:

Er dient zum Fixieren von Seilen an Karabinern oder zum Einbinden von Karabinern in ein Seil. Dies ist z.B. beim Flaschenzugbau, an Fixpunkten für eine Seilüberspannung und beim fixieren von Personen oder Material an absturzgefährdeten Stellen hilfreich.

Nachteile: keine
Vorteile: lässt sich auch nach Belastung relativ leicht wieder lösen.

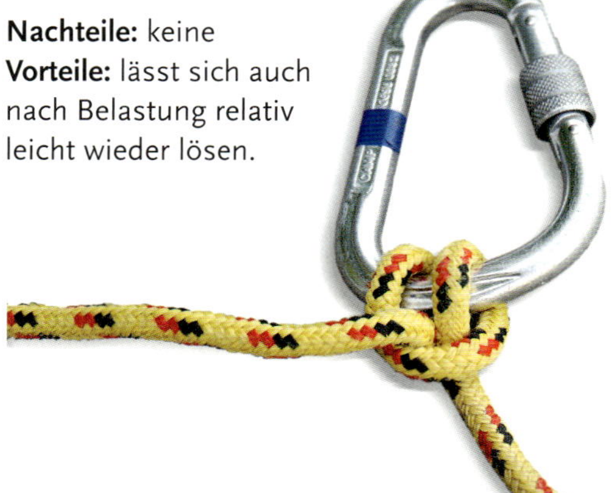

Der Halbmastwurf (HMS)

Er dient zum Ablassen von Material oder Personen (hier nur in Verbindung mit einem HMS Karabiner und einem Kernmantelseil), oder zum Nachsichern eines Flaschenzugs.

Nachteil: hohe Seilbeanspruchung vor allem für weich geflochtene Wurfsackseile
Vorteil: immense Haltekraftreduktion.

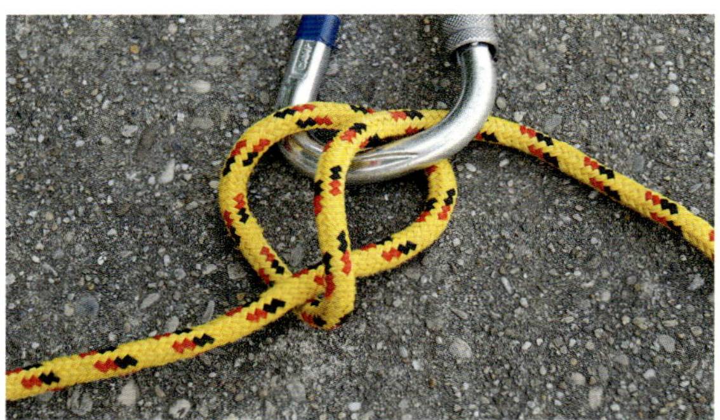

Ankerstich

In Verbindung mit einer Bandschlinge lassen sich schnell Fixpunkte an Bäumen, Felsen oder Brückengeländern schaffen.
Nachteil: wird nur 1 Strang belastet, kann es zum Durchrutschen kommen
Vorteil: schnell einsetzbar und spart Wurfsackseil für den weiteren Gebrauch.

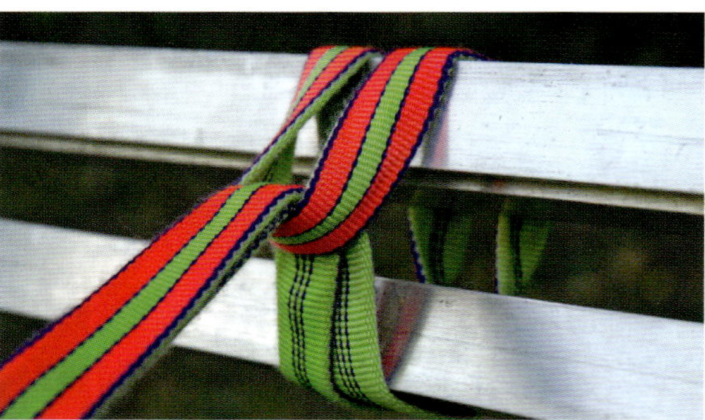

Flaschenzug und Co

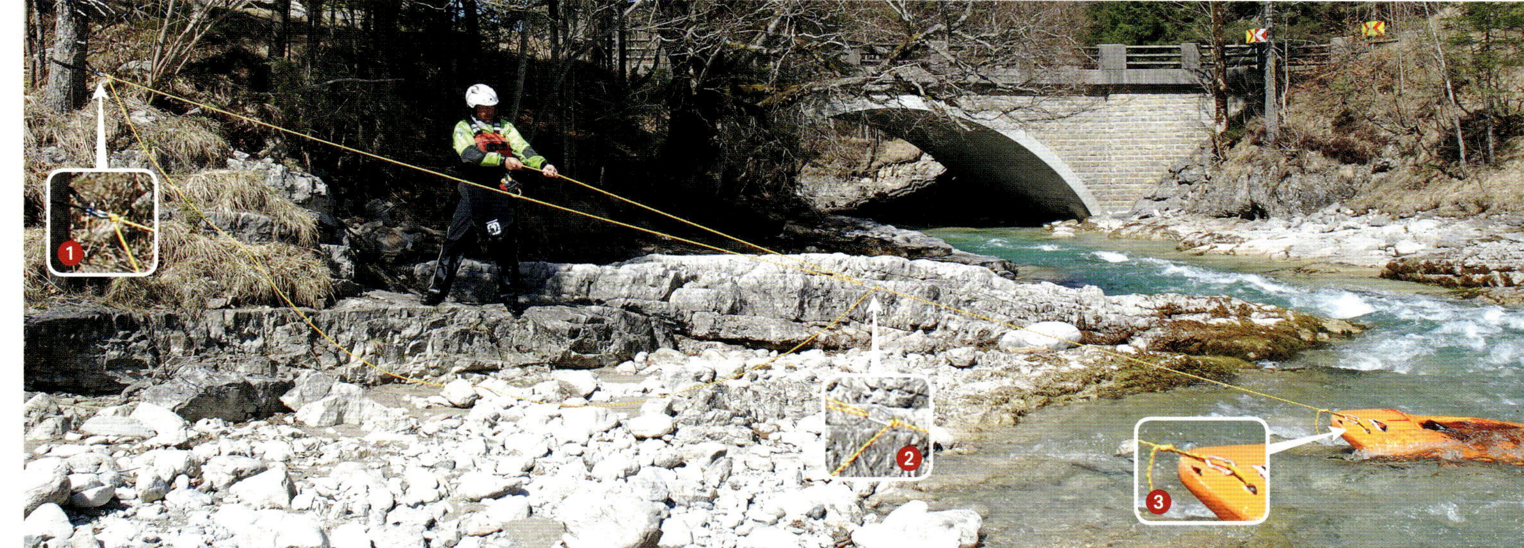

Bei Steck- und Klemmunfällen entsteht ein hoher Wasserdruck auf Boot und Mensch. In ungünstigen Situationen reicht der einfache Zug am Seil nicht aus, die Situation zu bereinigen. Eine höhere Zugkraft erreicht man durch den sogenannten Mannschaftszug (mehrere Personen ziehen gleichzeitig am Seil) oder durch einen Flaschenzug. Will man ein Boot oder einen Menschen aus einer Steck- oder Klemmsituation befreien, ist die Zugrichtung entscheidender als die Kraft mit der gezogen wird. Trotzdem sollte jeder in der Lage sein, einen einfachen Flaschenzug aufzubauen. Voraussetzung für den Flaschenzugbau ist, dass ein Seil bereits am verunfallten Boot oder Mensch fixiert ist (dies ist häufig die größte Schwierigkeit).

Weitere Formen des Flaschenzugs sind zwar möglich, aber es ist besser eine Variante unter Stress blind zu beherrschen, als viele mit erheblichem Zeitverlust.

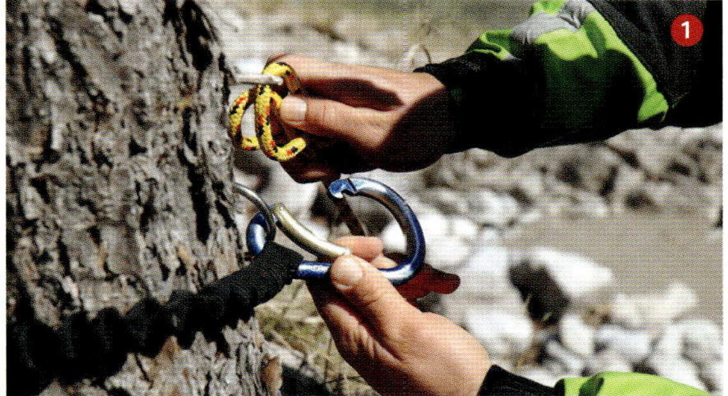

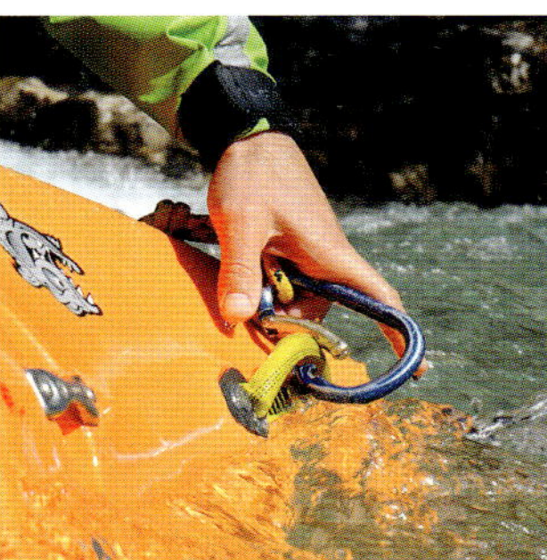

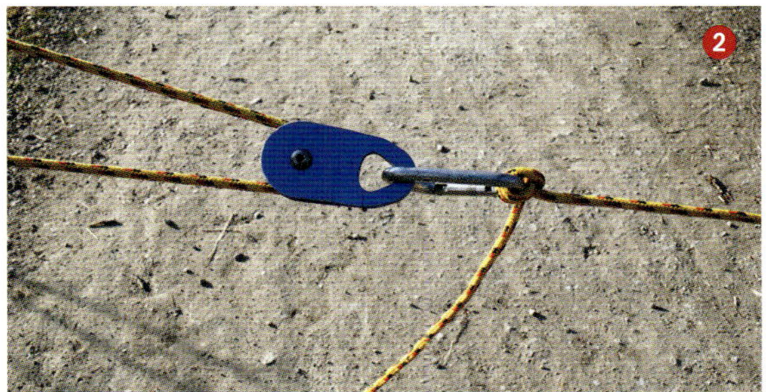

❶ Fixpunkt schaffen.

❷ Karabiner mit Seilrolle mittels Mastwurf einbinden.

❸ Mit gleichem oder weiterem Seil Zug aufbauen.

Resultat: Halbierung des Weges, Verdoppelung der Kraft.

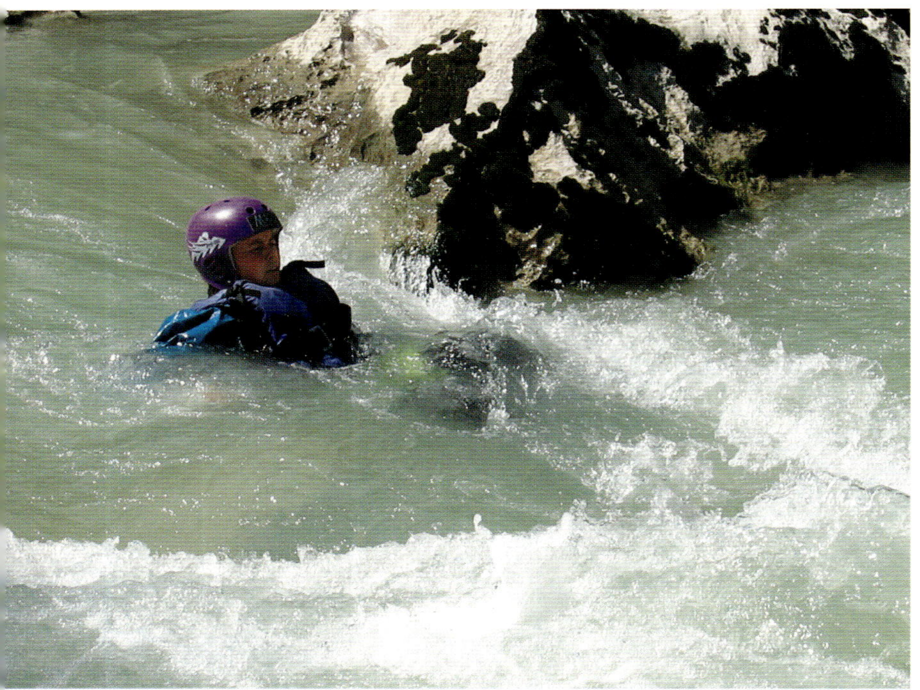

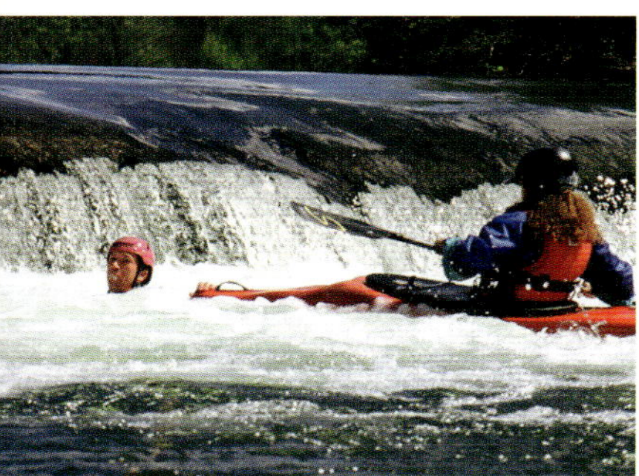

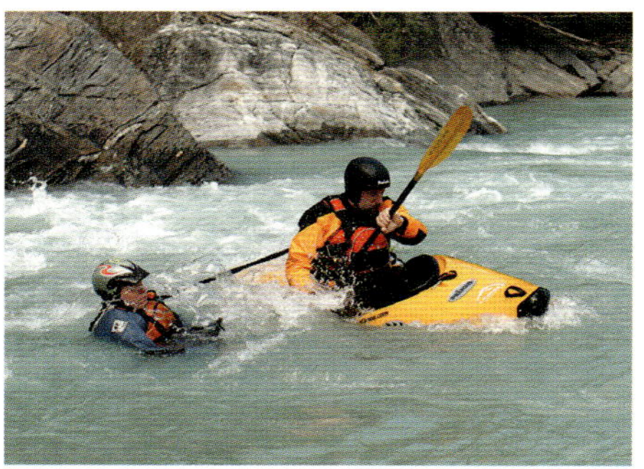

Bild oben:
Um dein Gesicht und deine Brust vor harten Zusammenstößen mit Felsen zu schützen, wird im Wildwasser in Rückenlage mit den Füßen flussab geschwommen.

Bild links:
Rettung vom Boot aus. Der Schwimmer hält sich an der Heck- oder Bugschlaufe fest.

Bild rechts:
Schwimmerrettung mit eingeklinktem Cowtail an der Weste.

Schwimmen im Wildwasser

Der Fluss beschleunigt dich immer auf seine Fließgeschwindigkeit. Um dein Gesicht und deine Brust vor harten Zusammenstößen mit Felsen zu schützen, wird im Wildwasser in Rückenlage mit den Füßen flussab geschwommen. So können Hindernisse mit den Beinen abgefedert werden. Mit Unterstützung der Arme kannst du in dieser Position auch eine Seilfähre rückwärts schwimmen. Diese Art zu schwimmen ist sicher und spart Kraft – führt aber nicht immer zum Ziel. Bei Verschneidungszonen, Pilzen, wuchtigen Stellen oder luftdurchsetztem Wasser ist es wichtig, einen meist kurzen Abschnitt schnell zu überwinden. Hierzu drehst du dich in Brustlage und kraulst zielgerichtet über die „Problemzone" hinweg. Um in steilen und steinigen Gewässern zum Ufer zu gelangen, drückst du dich in Rückenlage explosionsartig von den Steinen ab und springst, wie eine Flipperkugel, in die gewünschte Richtung.

Die wichtigste Regel

Never ever stand up in moving water! Verklemmt sich dein Fuß unter Wasser zwischen Steinen oder bleibt er an einem Ast hängen, so drückt dich die Strömung nach vorne bis du handlungsunfähig verklemmt bist. In so einer Situation ist Selbstrettung kaum noch möglich und Fremdrettung ebenfalls sehr schwierig. Stehe also immer erst dann auf, wenn die Strömungsgeschwindigkeit so langsam ist, dass du auf der Stelle stehen bleiben kannst.

Rettungsmöglichkeiten bei Schwimmunfällen

Wer im Wildwasser schwimmt und darin geübt ist, kann sich am einfachsten selbst retten. Dies ist vor allem bis WW 3 eine adäquate Möglichkeit.

Ein Schwimmer sollte aber von den Mitpaddlern niemals aus den Augen gelassen werden bis er festen Boden unter den Füßen hat. Die gängigste Fremdrettung ist die Wurfsackrettung wie auf Seite 101 beschrieben und die Rettung vom Boot aus. Hierbei hält sich der Schwimmer an der Heck- oder Bugschlaufe fest, legt sich flach aufs Wasser und unterstützt den Paddler durch Schwimmbewegungen mit den Beinen. Ist der Schwimmer bewegungsunfähig, muss er mit dem Cowtail am Schultergurt der Schwimmweste eingeklinkt und zum Ufer geschleppt werden.

Selbstrettung im Rücklauf

Rückläufe befinden sich besonders häufig hinter künstlichen Einbauten wie Gefällbremsen oder Wehranlagen. Es gibt sie aber auch auf natürlichen Flussläufen. Rückläufe, die einem Schwimmer gefährlich werden können, zeichnen sich durch stark luftdurchsetztes und rückläufiges Wasser aus. Ein Schwimmer kreist in diesem Bereich und kann ihn oft nur durch Hilfe von außen verlassen. Einige wenige Möglichkeiten zur Selbstrettung bestehen dennoch.

- **Aufstehen und rauslaufen**
  Gerade natürliche Tosbecken sind nicht immer besonders tief, nur die Beine werden durch die starke Unterströmung weggezogen und es fühlt sich tief an. Suche aktiv mit den Beinen nach Grund und stoße dich ab.
- **Zur Seite schwimmen**
  Schwimme mit einer Art Seilfähre gegen das rücklaufende Wasser (Pilz). Seitlich findest du eher ablaufendes Wasser das dich mitnimmt oder Äste und Steine an denen du dich festhalten kannst.
- **Flippern**
  Manchmal ist es möglich sich von dem Hindernis abzustoßen, welches den Rücklauf bildet. So kannst du dich zu einer Seite hin „flippern" und dort evtl. den Rücklauf verlassen.
- **Raustauchen**
  Raustauchen stellt einen Versuch dar, mit dem abfallenden und am Grund ablaufenden Wasser den Rücklauf zu verlassen. Schwimme hierzu aktiv in Richtung abfallendes Wasser, lass dich von diesem regelrecht hinabziehen, mach dich klein und verwende deine Hände und Füsse wie kleine Flossen um dich im Unterwasser zu halten. Sobald du auftauchst, schwimm wie ein Verrückter flussab – aber nur für kurze Zeit, denn wenn es nicht geklappt hat, sparst du dir deine Kräfte lieber für einen zweiten Versuch.

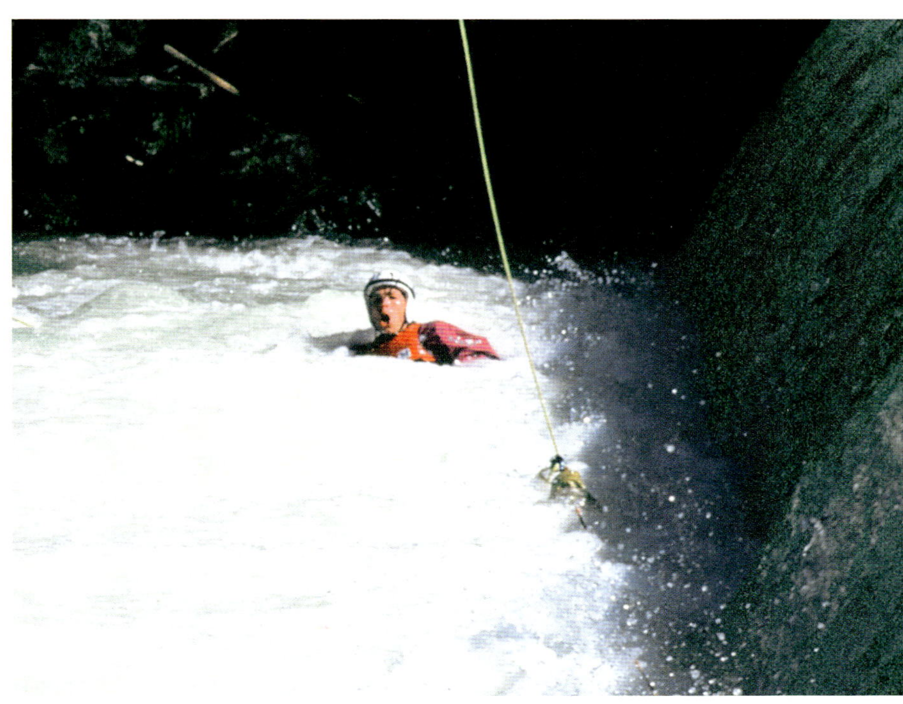

Rückläufe befinden sich besonders häufig hinter künstlichen Einbauten wie Gefällbremsen oder Wehranlagen.

Fremdrettung bei Rücklaufunfällen

Neben den Möglichkeiten der Selbstrettung, gibt es je nach Situation unterschiedliche Rettungsmöglichkeiten von außen. Ist der Schwimmer bei Bewusstsein, so kannst du aus den verschiedenen Methoden die für dich und die Situation effizienteste auswählen. Ist der Schwimmer bereits handlungsunfähig, so muss sich ein Retter aktiv in den Rücklauf hineinbegeben. Dies ist mit einer Springersicherung, einem angeseilten Paddler, einer Seilüberspannung oder einer Bootskette möglich. Den Grad deiner Eigengefährdung musst du hierbei gut abschätzen.

Der gezielte Wurf mit dem **Wurfsack** ist die schnellste, effektivste und für den Retter ungefährlichste Methode. Der Werfer steht seitlich oder unterhalb des Rücklaufs. Mehrere Werfer oder Wurfsäcke erhöhen die Trefferquote. Achte dabei allerdings auf eine klare Reihenfolge.

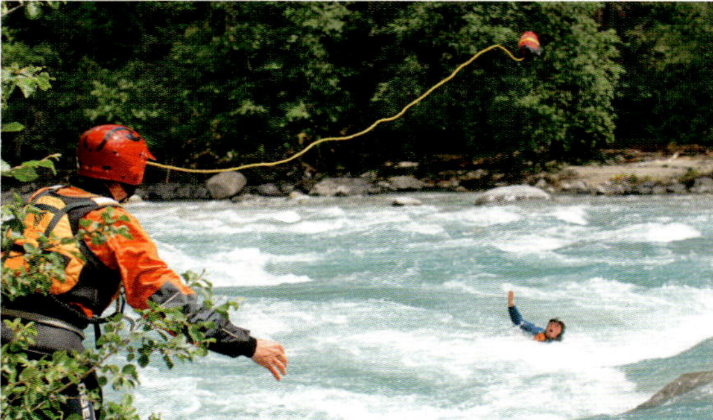

Neben den Möglichkeiten der Selbstrettung, gibt es je nach Situation unterschiedliche Rettungsmöglichkeiten von außen.

Das **Paddel** kann als verlängerter Arm zum Überwinden von kurzen Distanzen verwendet werden.

Mit einer **Seilüberspannung** ist jeder Punkt des Rücklaufs erreichbar und ein Retter kann sich ggf. mit einer Selbstsicherung zum Schwimmer hinhangeln. Die Methode ist dann effektiv, wenn sich bereits Paddler auf jeder Seite des Flusses befinden und wenn die Distanz nicht außerhalb der Wurfweite liegt. Ansonsten ist die Vorbereitungszeit relativ hoch. Ist eine bewusste Befahrung eines Rücklaufes geplant, so ist die Seilüberspannung die effizienteste Absicherung und kann vorbereitet werden.

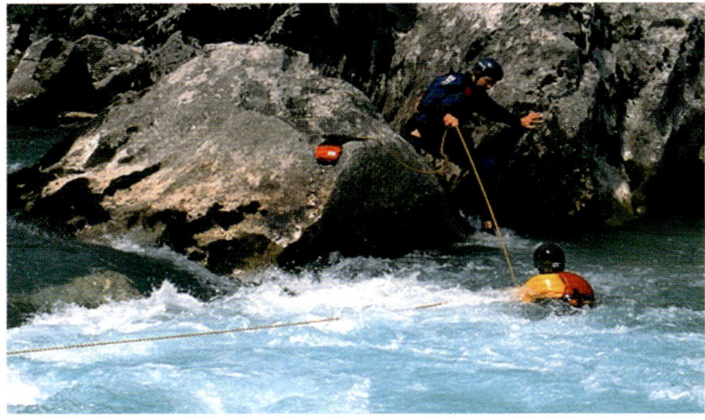

Das **angeseilte Boot** als Rettungsboje in den Rücklauf zu schieben ist eine weitere Möglichkeit. Sie ist nur sehr selten anderen Methoden vorzuziehen, da sie einige Vorbereitungszeit benötigt und nicht besonders gezielt eingesetzt werden kann. Das Boot läuft im Rücklauf schnell voll und ist dann ein schwerer und unkontrolliert herumwirbelnder Gegenstand der für den Schwimmer schwer greifbar ist und ihn gefährden kann. Eine übergezogene und zugebundene Spritzdecke reduziert diese Gefahr, dauert aber lange.

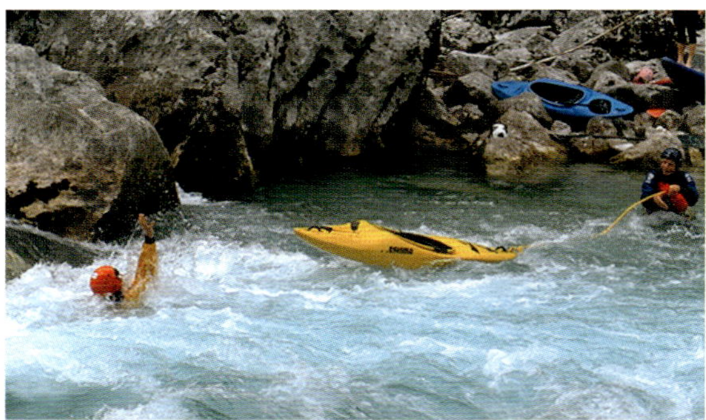

Der **angeseilte Retter** springt in den Rücklauf und kann den Schwimmer greifen. Ist die Wehrkrone begehbar, so kann der Springer sehr gezielt den Punkt erreichen an dem sich der Schwimmer befindet. Aber Vorsicht, bei Holz- oder Blockwurfwehren besteht die Gefahr einzubrechen, sich zu verklemmen oder zu verletzen. Findet die Rettung von der Seite oder von unten statt, so ist die beste Position für den „Seilhalter" möglichst flussab. Hier hat er einen guten Zugwinkel und erleichtert dem Springer das Schwimmen. Bei natürlichen Tosbecken mit Schotter, wie z.B. an der Isar, ist es direkt nach dem Pilz oft so flach, dass der Retter von dort aus in den Rücklauf hineinlaufen kann.

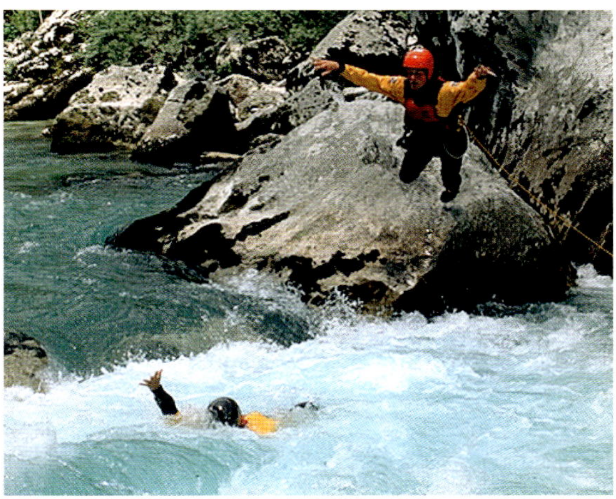

Das **Anbieten einer Bootsspitze** durch einen Paddler von unten ist schnell und effektiv. Bei kleineren Rückläufen von 2-3 Metern kann ein guter Bootfahrer dies ohne weitere Sicherung tun. Hierbei bleibt er mit seinem Boot auf der ablaufenden Seite des Pilzes. Dort kann er sich seitlich versetzen und jederzeit mit Rückwärtsschlägen rausfahren. Ist der Rücklauf größer, so ist es sinnvoll sich anzuseilen. Das Boot wird in der Heckschlaufe eingeklinkt. Besteht die Gefahr oder Angst, dass

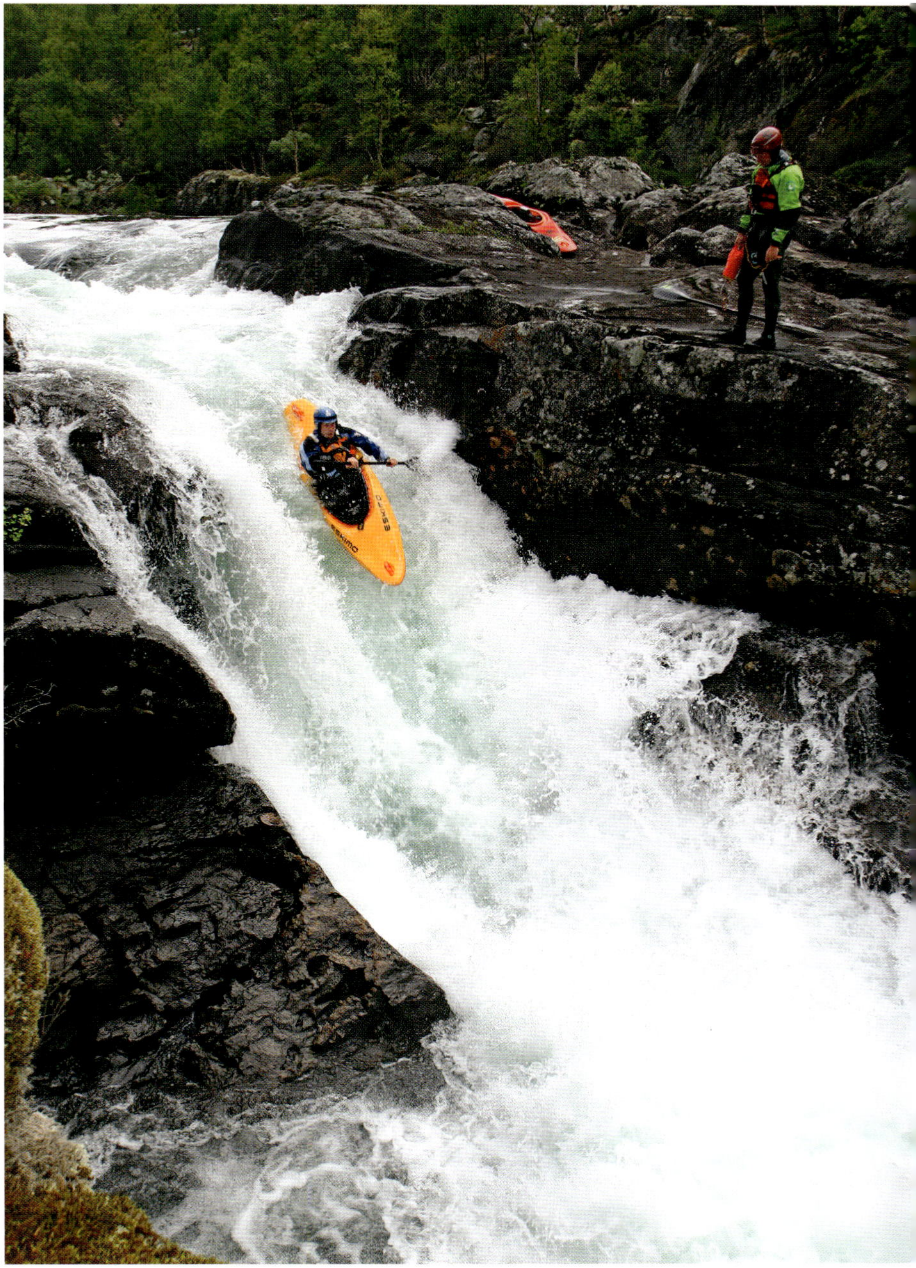

Gute „Sicherer" sind mindestens genauso wichtig, wie die richtige Paddeltechnik.

der Retter selbst kentert und schwimmt, so klinkt er sich mit seinem Cowtail im Karabiner der Heckschlaufe ein. Somit wird der Paddler nicht in seiner Bewegungsfreiheit eingeschränkt und das Boot kann widerstandsarm zurückgezogen werden.

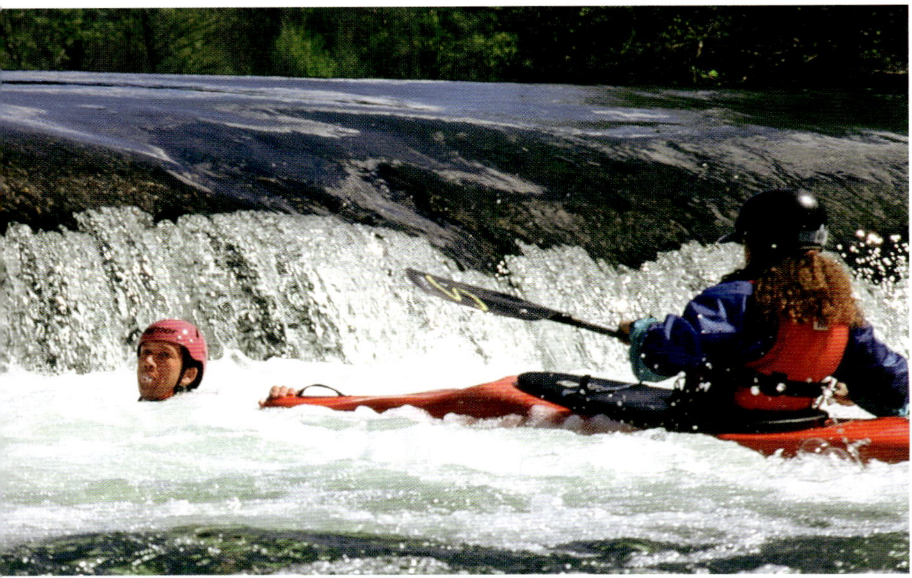

Das Anbieten einer Bootsspitze durch einen Paddler von unten ist schnell und effektiv.

Bei einer **Bootskette** werden zwei Boote – Heck an Bug – miteinander verbunden. Durch die Länge des Seils kannst du die Distanz des Rücklaufes überbrücken. Somit bleibt immer ein Paddler im ablaufenden Wasser und kann den anderen Paddler zusammen mit dem Schwimmer nach unten rausziehen. Dies erfordert zwei erfahrene und gute Paddler, da das Einfahren von unten schwierig ist. Die relativ lange Vorbereitungszeit für diese Methode kann durch das Verwenden des Cowtails erheblich herabgesetzt werden. Kentert der vordere Paddler, so muss er im Boot sitzen bleiben bis er herausgezogen wird. Eine weitere Absicherung durch ein Seil ist bei dieser Methode nicht praktikabel.

Rettungsmöglichkeiten bei Steck- und Klemmunfällen

Steck- und Klemmunfälle sind in der Praxis mit den gleichen Problemen behaftet und können in allen Schwierigkeitsgraden vorkommen. Brückenpfeiler, niedrige Stege oder Pfähle im Wasser sind gleichermaßen Gefahrenstellen, wie Steilstufen oder Katarakte. Die Hauptschwierigkeit liegt meistens im Erreichen des Verunfallten. Ist der erste Karabiner geklinkt, so ist das bereits die halbe Miete. Jetzt geht es darum, den Paddler aus seiner Situation zu befreien oder eine Situation zu schaffen, aus der er sich selbst befreien kann.
Neben der Fremdrettung bestehen auch einige Möglichkeiten der Selbstrettung.

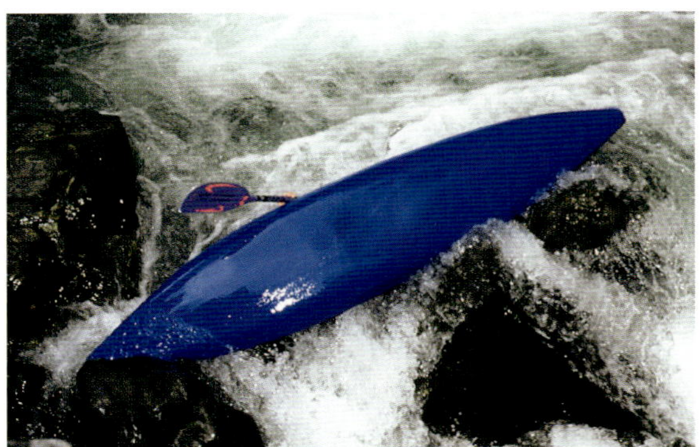

Die Selbstrettung

Ruckeln

Wird die Lage bei einer Verklemmsituation durch Ruckeln nicht verschlechtert so ist dies die schnellste Möglichkeit, sich die meist wenigen Zentimeter am Hindernis vorbeizumogeln. Bist du bereits unter Wasser, kann es helfen die Arme und den Körper in das abfließende Wasser zu bringen um so mitgerissen zu werden.

Abstützen

Klemmst du quer vor einem Hindernis, ist es hilfreich sich flussauf mit dem Paddel am Grund abzustützen. Es gibt dir Zeit zu überlegen und den Rettern Zeit zu handeln.

Aussteigen

Der beste Moment auszusteigen ist eine Sekunde bevor du klemmst. So kann sich kein Wasserdruck aufbauen. Ein Aussteigen in einer Klemm- oder Stecksituation ist heikel. Die Gefahr des sogenannten Kniehängers (beim Wegdrehen des Körpers durch den Wasserdruck bleibt ein Bein mit der Kniekehle in der Sitzluke hängen) ist zwar durch große Ausstiegsluken geringer geworden aber trotzdem gegeben. Außerdem solltest du bedenken, dass ein Volllaufen des Bootes durch das Öffnen der Spritzdecke die Lage und Stabilität meist verschlechtert.

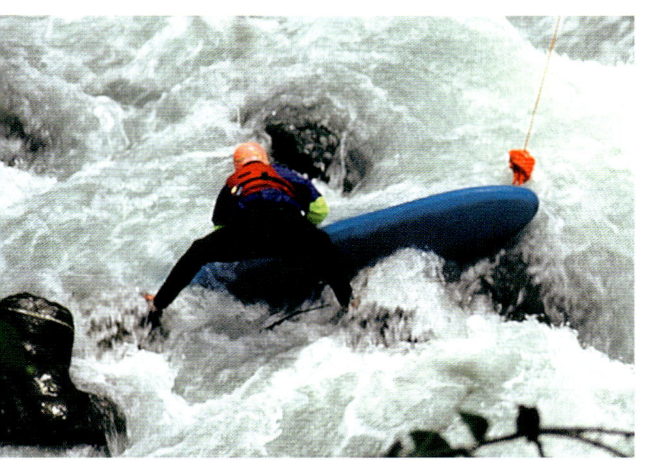

Zwei Möglichkeiten zum richtigen Aussteigen:

1. Beide Knie zur Brust nehmen, sich mit den Händen abdrücken und wie eine Kugel herausrollen.
2. Mit den Füssen nacheinander in die Sitzluke steigen und explosionsartig abdrücken.

Die Fremdrettung

Die Hauptschwierigkeit bei Steck- und Klemmunfällen besteht in der Erreichbarkeit der Person oder des Bootes. Unfälle dieser Art finden meist in Flussmitte statt und nicht am Rand wo die Strömung schwach ist. Deshalb ist es sinnvoll, sich die verschiedenen Rettungsmöglichkeiten zu vergegenwärtigen. Ist eine Person erreicht und der Kopf unter Wasser, so ist die wichtigste Aufgabe die Atemsicherung.

Hinlaufen

Im knietiefen Wasser kann der Wasserdruck, verteilt auf eine Bootsfläche, bereits so groß sein, dass ein Paddler sich nicht selbst befreien kann. Für einen Helfer kann es jedoch möglich sein, problemlos hinzulaufen.

Anschwimmen / Anfahren von unten

Das Hindernis vor dem der Paddler klemmt, bildet ein Kehrwasser. Ein Retter kann dies zum Anschwimmen bzw. Anpaddeln nutzen. Von dort aus kann er auf das Hindernis klettern und eingreifen. Dies ist meist die erfolgversprechendste Variante!

Anschwimmen von oben

Diese Methode klingt sehr logisch und einfach, ist aber in der Praxis sehr anspruchsvoll. Ein Retter wird in seiner Rettungsweste eingehängt und von oben abgelassen. Dies funktioniert in einer Flussbiegung oder wenn oberhalb Steine liegen, die es ermöglichen in Falllinie mit dem Opfer zu kommen. Ist eine Seilüberspannung möglich, so kann der darin gesicherte Retter mittels des entstehenden „V's" von oben zum Opfer abgelassen werden. Beide Varianten verlangen vom Retter im Wasser sehr viel Geschick und Wassergewöhnung. Bei zu starkem Wasserdruck ist diese Methode eher gefährlich.

Die Hauptschwierigkeit bei Steck- und Klemmunfällen besteht in der Erreichbarkeit der Person oder des Bootes. Unfälle dieser Art finden meist in Flussmitte statt und nicht am Rand wo die Strömung schwach ist.

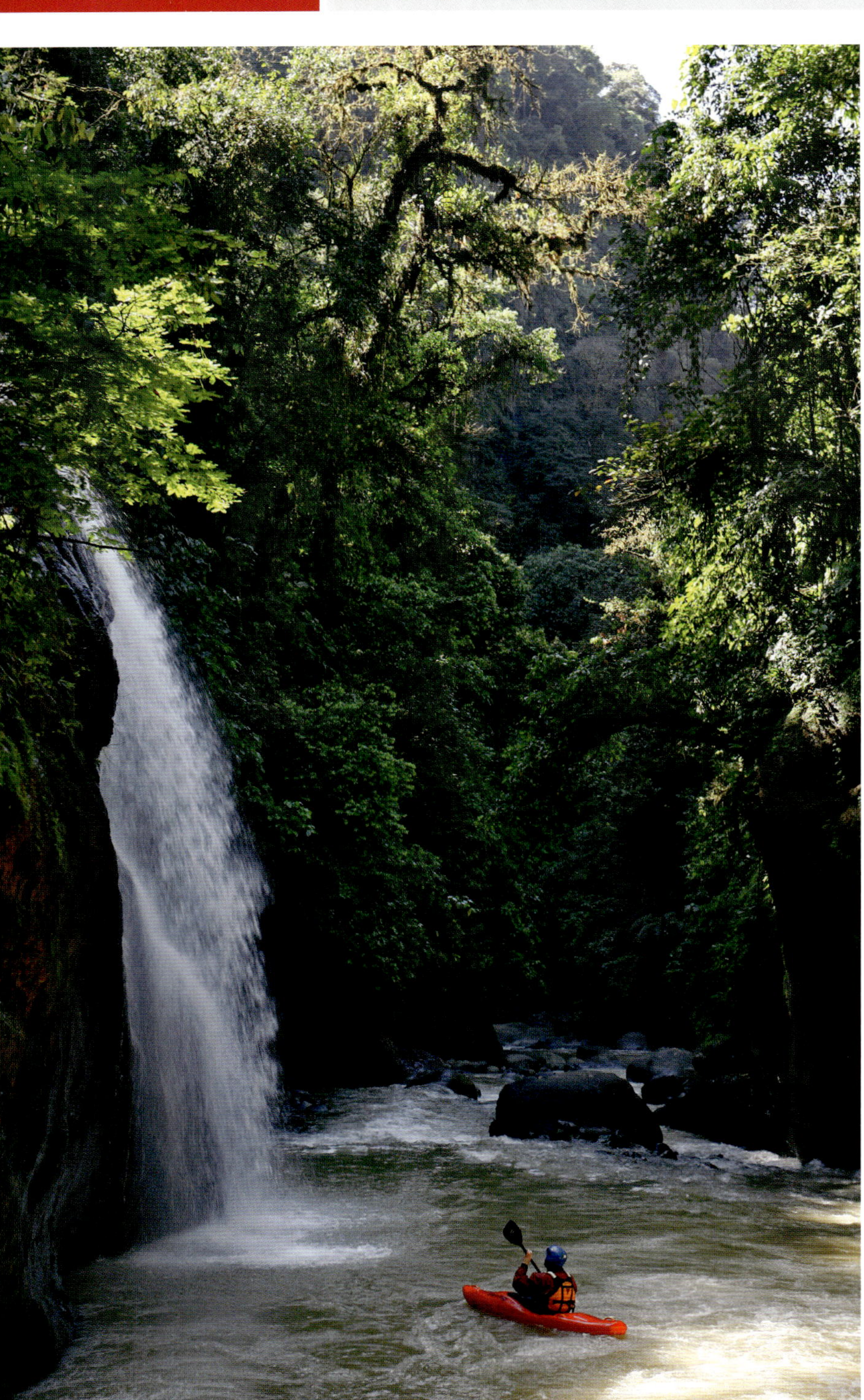

Seilwurf
Ist der Paddler in der Lage ein Seil zu fassen, kann ihm dies zugeworfen oder von oben (Brücke) abgelassen werden. Mit dem Cowtail kann er sich dann selbst einklinken. Ein leichter Zug am Seil erleichtert ihm die Selbstrettung bzw. ermöglicht ein freies Atmen. Zu starker Zug am Seil ist problematisch, da es dem Paddler den Brustkorb zuschnürt.

Abseilen
Dies ist eine der schwierigsten Formen der Rettung, weil sie einiges an Kenntnis voraussetzt. Gerade bei Unfällen an Brückenpfeilern ist sie aber oft die einzige Möglichkeit den Verunfallten zu erreichen. Wer diese Variante erlernen möchte, sollte einen Sicherheitskurs besuchen.

Retten vom Boot aus
Diese Methode bleibt nur sehr erfahrenen und gut versierten Paddlern vorbehalten. Der quer verklemmte Paddler bildet ein Prallpolster mit seinem Boot. Genau auf dieses lässt du dich quer antreiben und greifst das verklemmte Boot. Jetzt bildet dein Boot einen Widerstand, welches den Druck vom Verklemmten nimmt. Dieser kommt an die Wasseroberfläche oder er kann leicht zu einer Seite weggeschoben werden.

Der Seilzug
Nach dem Einklinken des Bootes oder des Paddlers entscheidet die Zugrichtung über ein Freikommen des Verunfallten. Sie ist viel entscheidender als die Kraft mit der gezogen wird. Es gibt immer nur eine sinnvolle Zugrichtung. Ist diese nicht möglich, so muss die nächst bessere gewählt werden. Bei schräg oder senkrecht steckenden Booten ist die sinnvolle Zugrichtung meist nach vorne oder vorne seitlich. Bei waagrecht verklemmten Booten ist sie meist nach hinten, hinten seitlich, oder nach oben. Hast du die Zugrichtung passend gewählt, ist ein Flaschenzug meist überflüssig.

Der „Fußklemmer“

Einen Sonderfall der Klemmunfälle bildet der sogenannte Fußklemmer. Eine Person schwimmt nach einer Kenterung und verklemmt sich mit dem Fuß zwischen Felsen oder in Holzhindernissen. Hier gibt es kaum eine Möglichkeit der Selbstrettung, da die Strömung zu stark ist um dagegen anzukommen. Die Fremdrettung ist extrem schwierig, da kein sichtbares Hindernis im Wasser liegt hinter dem sich ein Kehrwasser bilden würde, über das eine Rettung eingeleitet werden kann. Die einzige Möglichkeit besteht darin, einen Retter von oben abzulassen, der versucht das Bein freizubekommen oder mittels einer Seilüberspannung ein „V“ mit dem Seil zu bilden und es von unten, unter die Achseln des Verklemmten zu bringen um ihn anschließend mit Zug nach oben so zu entlasten, dass er seinen Fuß freibekommt. Eine Unfallprophylaxe stellt der richtige Wildwasserschuh dar. Schuhe mit weichen und flexiblen Sohlen sind festen Schuhen vorzuziehen, da sie sich weniger leicht verklemmen und im Zweifel leichter freikommen.

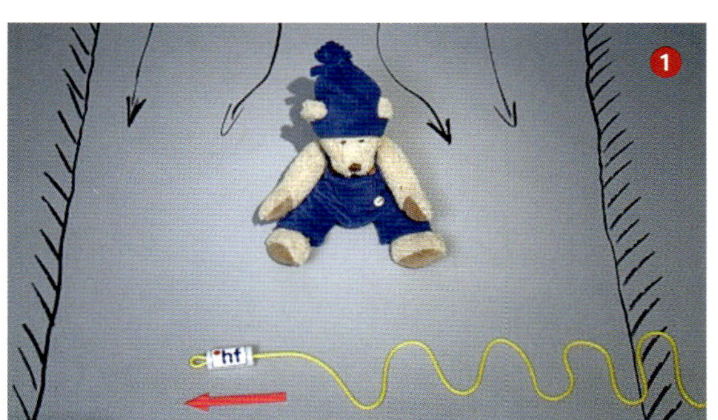

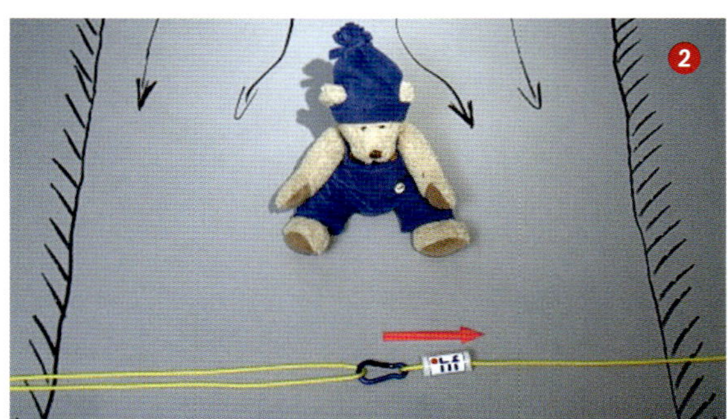

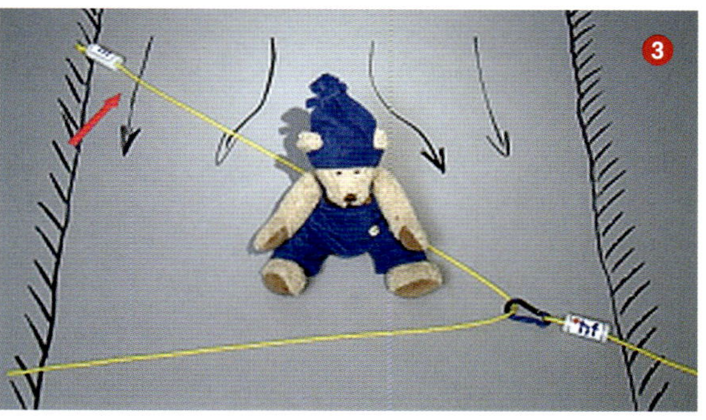

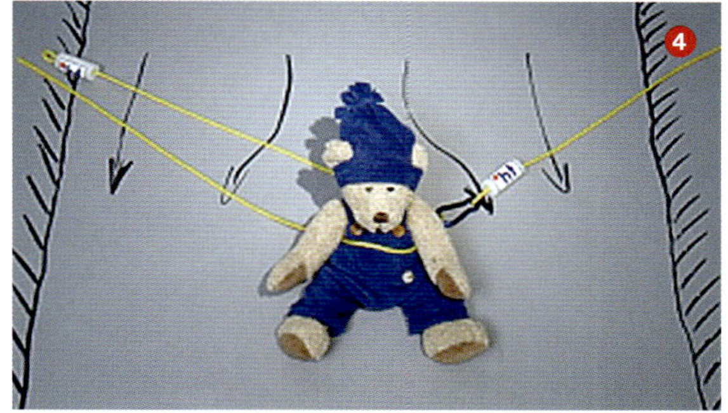

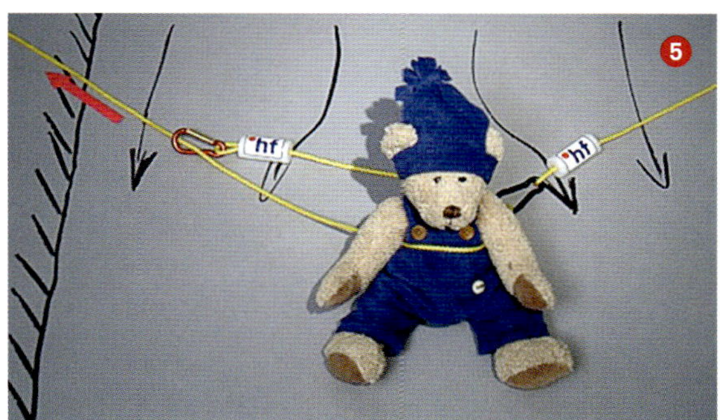

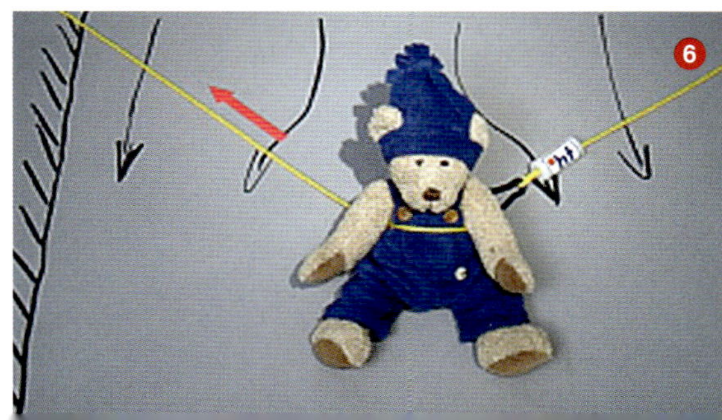

❶ ❷ Mit dem ersten Wurfsack wird ein Doppelseil herübergezogen.

❸ Der Retter am rechten Ufer (roter Pfeil) geht flussauf und schwingt das eine Seil über den Verunglückten.

❹ Der häufig schwierigste Teil in der Praxis: Das Seil muss unter die Arme des Verunglückten. Strömung, Hindernisse oder Schwimmwesten mit dicken Brust-Taschen erschweren diese Aktion. Wenn das Seil günstig liegt, kann der Verunfallte schon jetzt ans rechte Ufer gezogen werden. Hauptzug am Doppelseil, das Einfachseil vom linken Ufer kann nur unterstützen.

❺ Der leitende Retter ist nicht sicher ob das Doppelseil fest genug am Verunglückten sitzt. Deshalb klickt er die Bodenschlaufe des rechten Wurfsacks mit einem Karabiner in das Seil zu einer Schlinge.

❻ Die Schlinge wird zugezogen und sitzt dann sicher am Verunglückten. Auch der Retter am linken Ufer kann jetzt kräftiger ziehen als bei Bild 4. Die Hauptzugrichtung ist wieder zum rechten Ufer (Pfeil) Mit kräftigem Zug gegen die Strömung kann der Verunfallte befreit und ans Ufer gezogen werden.

Zeichen und Kommunikation am Fluss

Der Fluss kann ein lauter Platz sein. Schon bei 10 Metern Distanz ist es manchmal unmöglich sich durch Sprache zu verständigen. Eine laute Pfeife ermöglicht es die Aufmerksamkeit auf sich zu lenken. Jetzt kann mit Zeichen kommuniziert werden. Diese sollten vor Fahrtbeginn in der Gruppe abgestimmt werden um keine Missverständnisse entstehen zu lassen. Je häufiger ein Team miteinander paddelt, desto spezifischer und detaillierter wird ihre Zeichensprache. Die hier vorgestellten Zeichen stellen eine Basis dar und haben sich vielfach bewährt.
Grundsätzlich gilt: Zeichen die eine Fahrtroute anzeigen, zeigen immer auf die Route und niemals auf ein Hindernis!

Achtung

Der ausgestreckte Arm nach oben bedeutet „Achtung" und versetzt die Mitpaddler in eine erhöhte Aufmerksamkeit. Dies kann in vielen Situationen hilfreich sein und wird durch ein weiteres Zeichen aufgelöst.

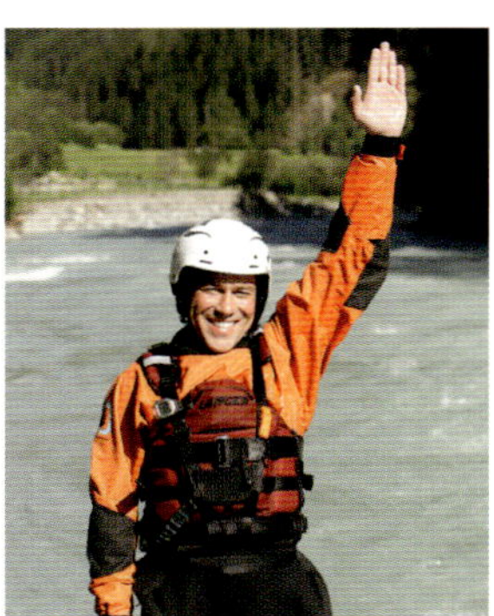

Fahrtroute anzeigen

Der ausgestreckte Arm deutet auf die mögliche Fahrtroute. Zur Verdeutlichung kannst du den Arm auch leicht bewegen. Dieses Zeichen solltest du nur dann machen, wenn du sicher bist, dass die nächste Person diese Route auch trifft. Ansonsten empfiehlst du ihr lieber eine Besichtigung.

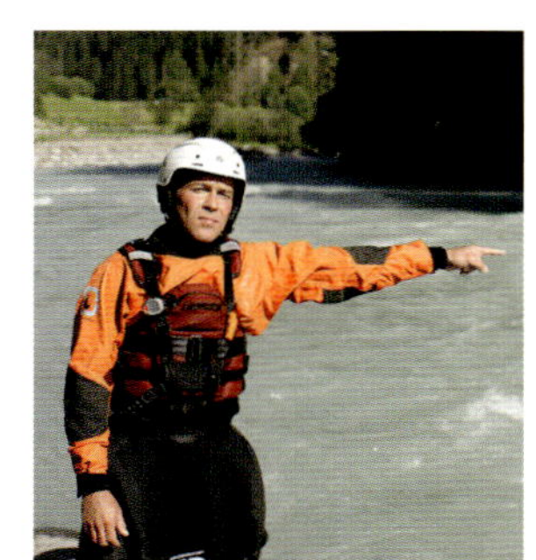

Der Fluss kann ein lauter Platz sein. Schon bei 10 Metern Distanz ist es manchmal unmöglich sich durch Sprache zu verständigen. Jetzt kann nur mit Zeichen kommuniziert werden.

Unfahrbar

Beide Arme werden vor der Brust oder über dem Kopf gekreuzt. Siehst du dieses Zeichen, so solltest du schleunigst anlanden und besichtigen. Meistens kannst du dein Boot gleich mitbringen und umtragen.

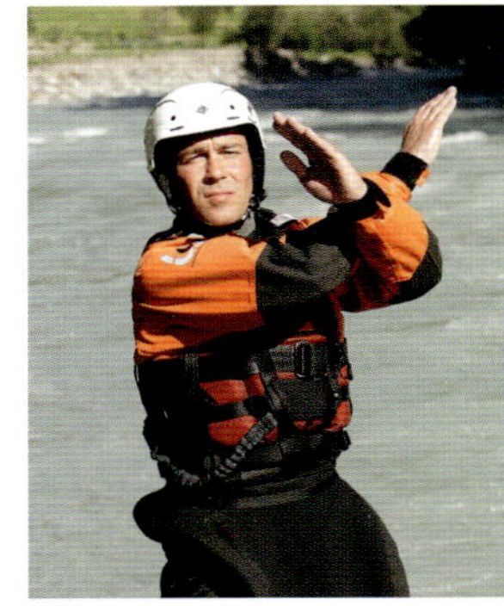

Sammeln

Der ausgestreckte Zeigefinger kreist über dem Kopf. Dieses Zeichen für „Sammeln" bedeutet, dass eine Person den anderen etwas mitteilen möchte, was nicht über Zeichensprache zu kommunizieren ist. Gesammelt wird sich immer dort, wo sich die Person befindet oder wo sie hindeutet.

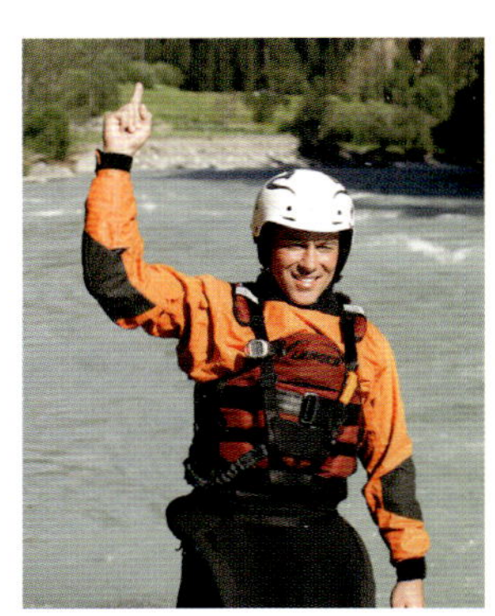

Besichtigen

Zeige- und Mittelfinger deuten in die eigenen Augen. Eine Besichtigung der nächsten Stelle ist für eine sichere Befahrung unumgänglich.

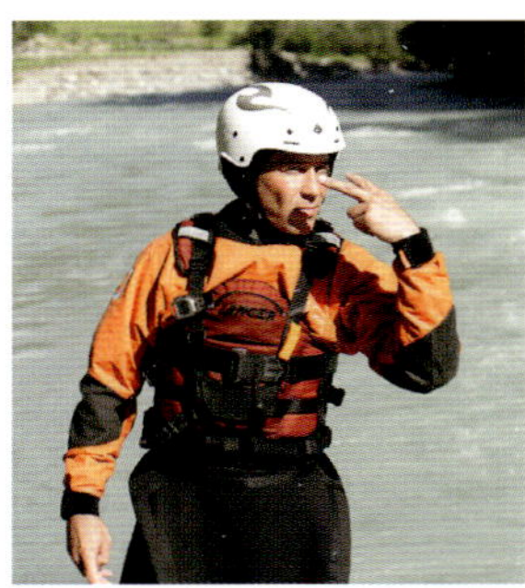

O.K.

Die Hand greift seitlich zum Kopf. Der Arm bildet hierbei ein O für o.k. Dieses „o.k.“ ist immer im Kontext der Situation zu verstehen. Zum Beispiel wird nach einer Kenterung angezeigt: „Ich bin in Ordnung, mir fehlt nichts“ oder „die Fahrtroute ist frei – du kannst starten“.

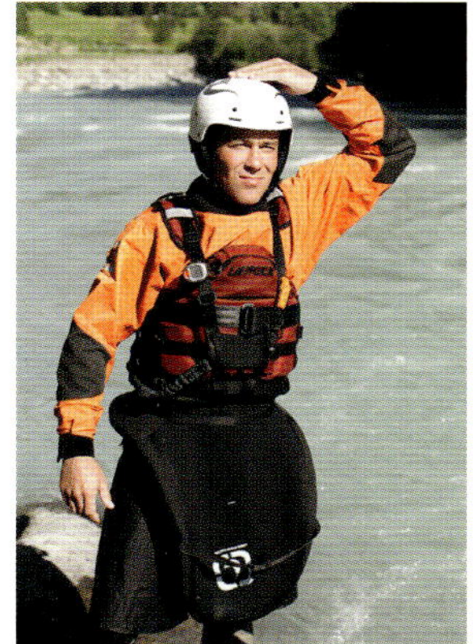

Yes und No

Beide Arme bilden das Y von Yes. Dies ist ein internationales Zeichen für „Hilfe“ und wird auch bei der Hubschrauberrettung eingesetzt.
Es bedeutet: „ja, ich brauche dringend Hilfe oder Unterstützung“.

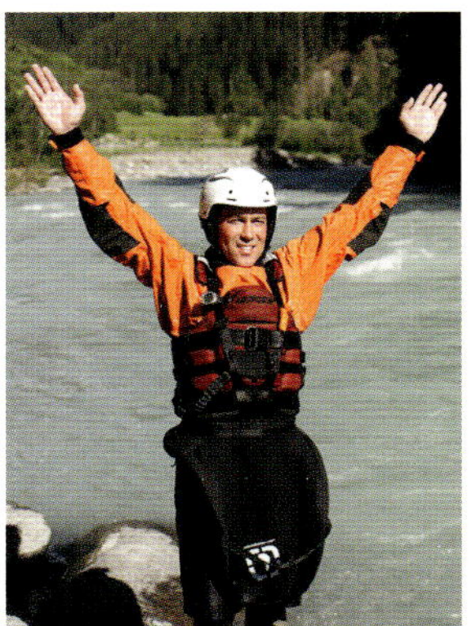

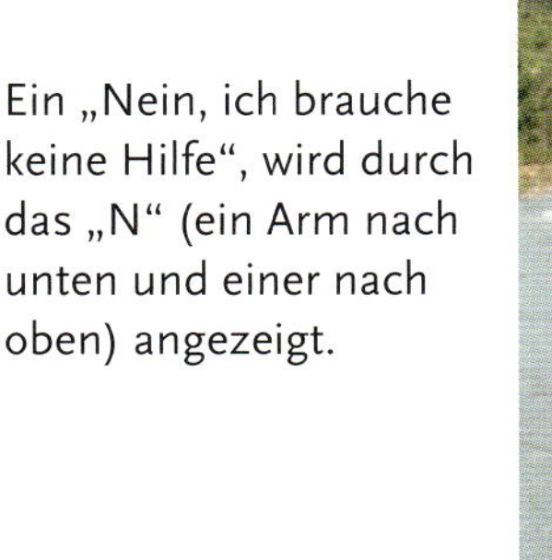

Ein „Nein, ich brauche keine Hilfe“, wird durch das „N“ (ein Arm nach unten und einer nach oben) angezeigt.

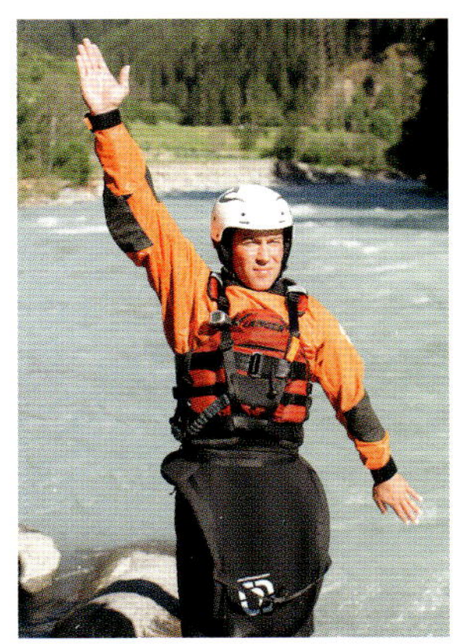

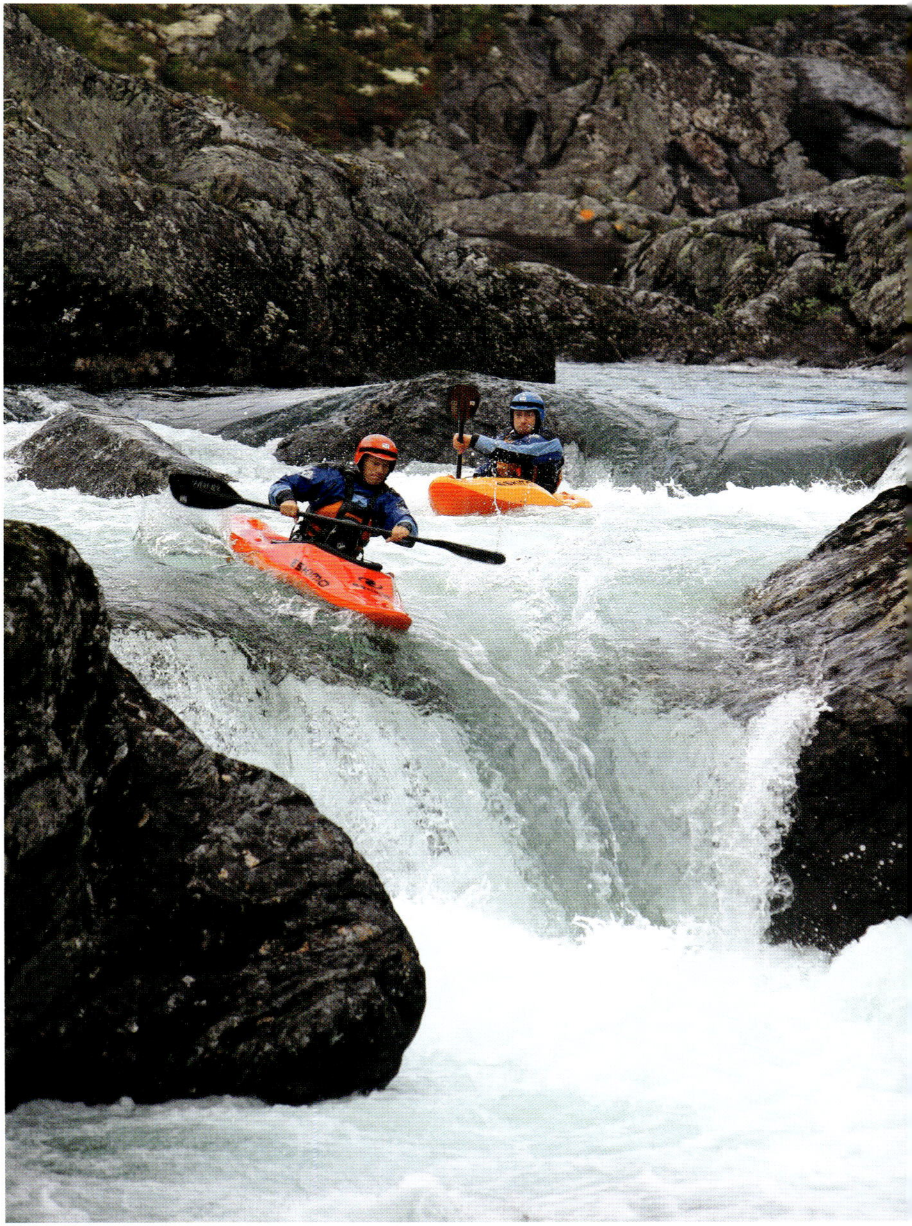

Nur ein eingespieltes Team ist in der Lage eine komplizierte WW-Stelle per Zeichen zu kommunizieren.

Schwierigkeitsbewertung im Wildwasser

Zur Beurteilung und Einschätzung von Wildwasserflüssen hat sich international eine sechsstufige Skala durchgesetzt. Sie basiert auf den Kriterien Sicht, Wasser und Flussbett. Folgende Tabelle des International Canoe Federation (ICF) gibt hierzu Auskunft. Was in dieser Tabelle nicht zum Ausdruck kommt, ist der Charakter eines Flusses. Bevor du also einer Zahl blind vertraust, solltest du folgende Punkte berücksichtigen:

Wassermenge

Ein „wuchtiger“ 3-er stellt andere Herausforderungen an die Technik und die Sicherheit als ein „Verblockter“. Eine Einschätzung hierzu gibt die Kubikmeter-Angabe (m^3) auf die sich eine Flussbeschreibung bezieht. Flüsse werden von 4 m^3 bis über 1000 m^3 befahren. Allein diese Spanne zeigt, wie unterschiedlich ein Schwierigkeitsgrad sein kann. Taste dich langsam an unterschiedliche Wassermengen ran und finde deine eigene Einschätzung!

Zur Beurteilung und Einschätzung von Wildwasserflüssen hat sich international eine sechsstufige Skala durchgesetzt. Sie basiert auf den Kriterien Sicht, Wasser und Flussbett.

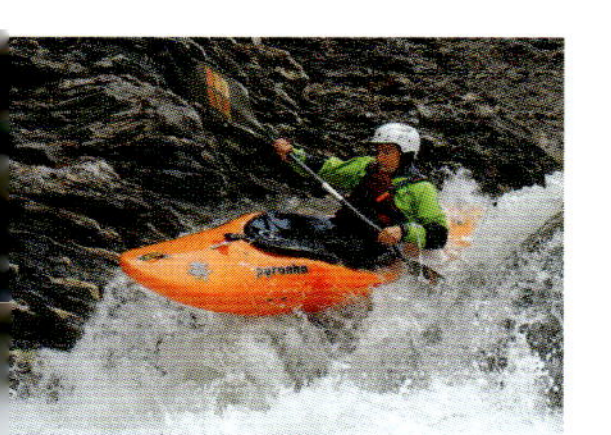

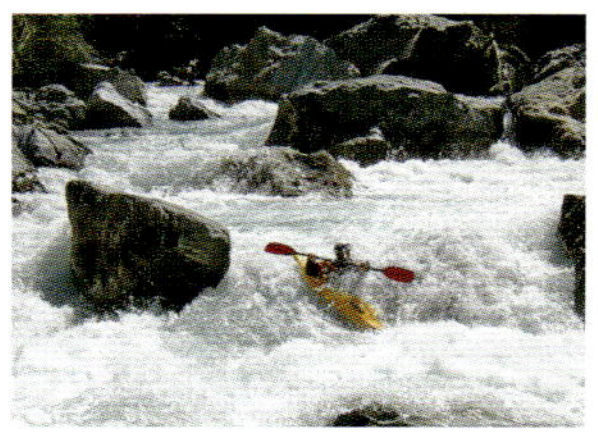

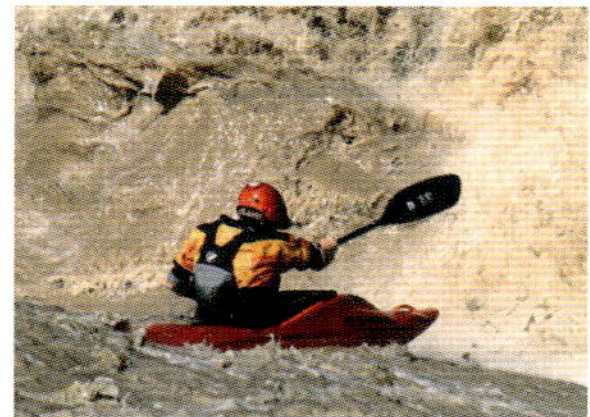

Gefährlichkeit

Ein weiteres, wichtiges Kriterium zur Einschätzung eines Streckenabschnitts ist die Gefährlichkeit. Je nach Felsbeschaffenheit, Ufersediment, Bewuchs und Bebauung kann ein Fluss gleichen Schwierigkeitsgrades ein sehr unterschiedliches Gefährdungspotential aufweisen. Sind Unterspülungen, scharfkantige Felsen oder Baumhindernisse eher die Regel als die Ausnahme, so kann ein Schwimmunfall schnell ernsthafte Konsequenzen haben.
Ein typisches Beispiel stellt die Verdon Schlucht in Südfrankreich dar. Die Wildwasserschwierigkeit bewegt sich im Grad III - IV. Der Charakter der Schlucht – lang, tief eingeschnitten und mit vielen gefährlichen Unterspülungen versehen – macht sie zu einem Revier für Paddler, die diesen Schwierigkeitsgrad souverän beherrschen, alpine Erfahrung mitbringen und gute Nerven haben.

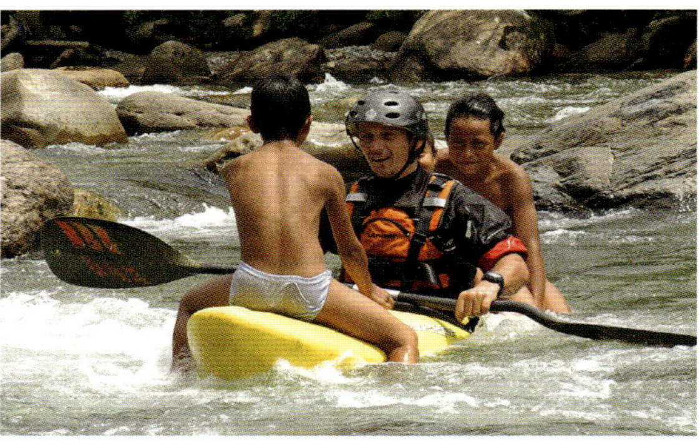

Alpine Anforderungen

Wildwasserfahren ist eine Alpinsportart! Neben der wassertechnischen Schwierigkeit stellt jeder Fluss Anforderungen an deine alpinistischen Fähigkeiten. Diese sind beim Besichtigen von schweren Stellen, beim Umtragen, bei Rettungsaktionen und bei einem Fahrtabbruch gefragt. Wer nicht schwindelfrei oder trittsicher ist und über keine Seil- und Kletterkenntnisse verfügt, sollte lieber nicht in enge Klammen und Schluchten einfahren.

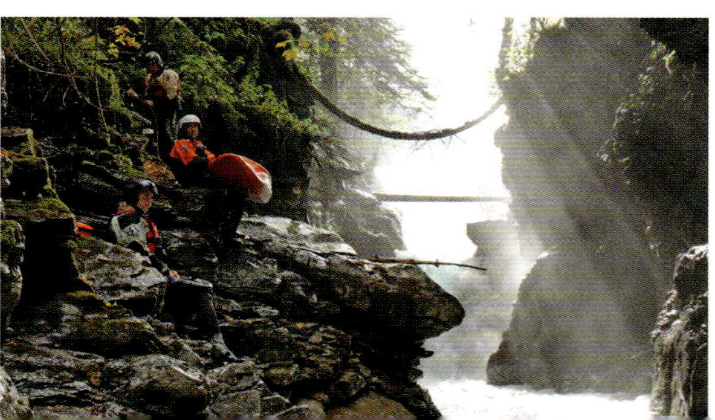

Allgemein gültige Wildwasserskala des International Canoe Federation (ICF)

Grad	I	II	III	IV	V	VI
im Wort	unschwierig	mäßig schwierig	schwierig	sehr schwierig	äußerst schwierig	Grenze der Befahrbarkeit
Sicht	frei	freie Durchfahrten	übersichtliche Durchfahrten	Durchfahrten nicht ohne weiteres erkennbar, Erkundung meist nötig	Erkundung unerlässlich	im Allgemeinen unmöglich, bei bestimmten Wasserständen eventuell fahrbar, hohes Risiko!
Wasser	regelmäßiger Stromzug, regelmäßige Wellen, kleine Schwälle	unregelmäßiger Stromzug, unregelmäßige Wellen, mittlere Schwälle, schwache Walzen, Wirbel und Presswasser	hohe, unregelmäßige Wellen, größere Schwälle, Walzen, Wirbel und Presswasser	hohe, andauernde Schwälle, kräftige Walzen, Wirbel und Presswasser	extreme Schwälle, extreme Walzen, Wirbel und Presswasser	
Flussbett	einfache Hindernisse	einfache Hindernisse im Stromzug, kleinere Stufen	einzelne Blöcke, Stufen, andere Hindernisse im Stromzug	Blöcke versetzt im Stromzug, höhere Stufen mit Rücksog	enge Verblockungen, hohe Gefällstufen mit schwierigen Ein- und Ausfahrten	

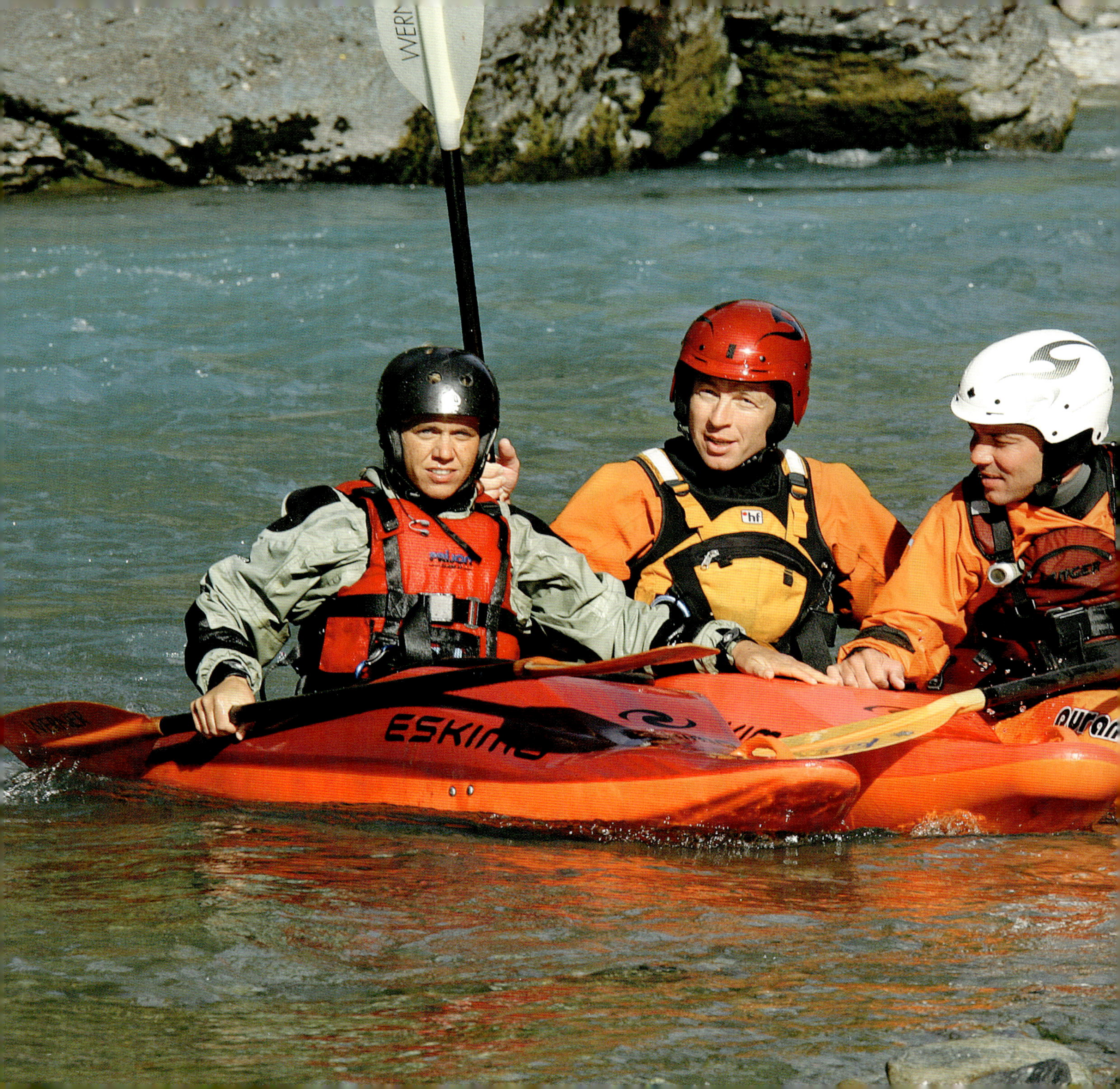

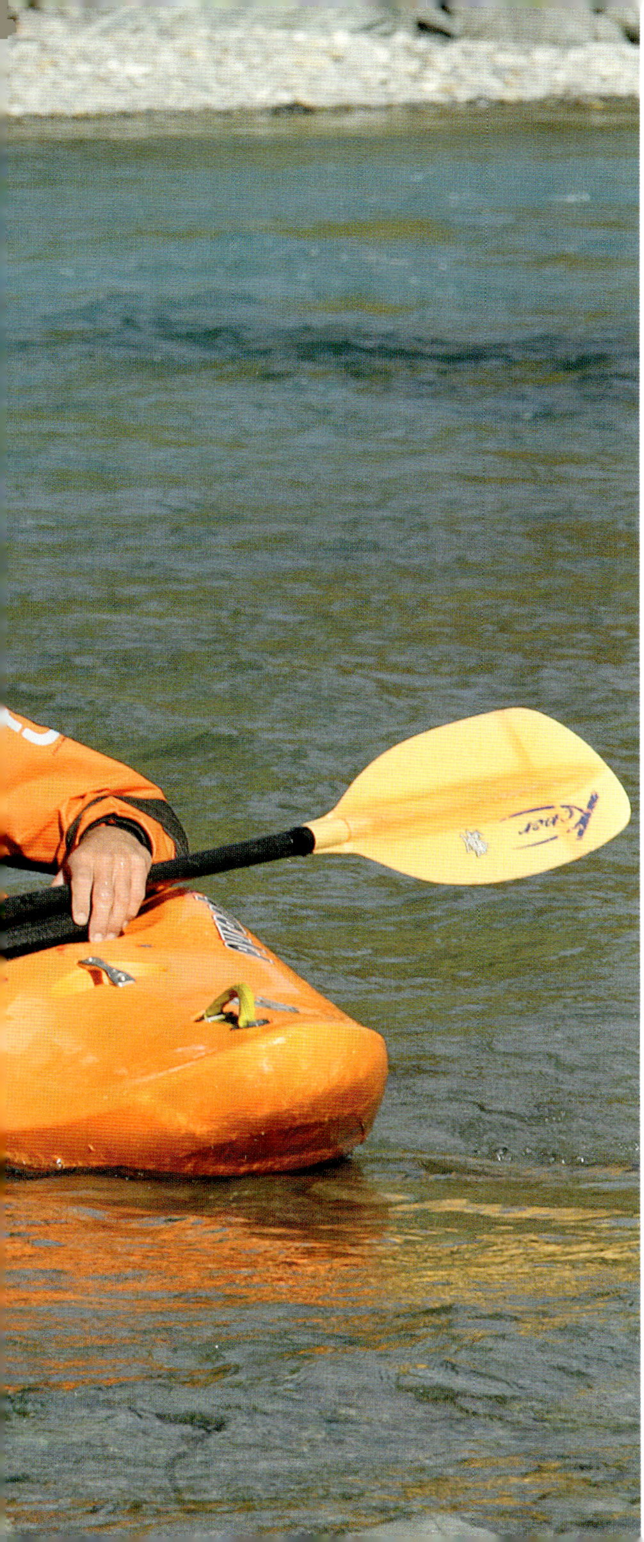

Paddeln im Team

Teams setzen sich immer aus unterschiedlichen Persönlichkeiten zusammen, wobei jedes Mitglied eigene Stärken und Schwächen, Erfahrungen, Vorstellungen und Motive für sein Handeln mitbringt. Sind diese bekannt und innerhalb der Gruppe abgestimmt, so verringert/minimiert sich das Risiko eines, durch die Dynamik der Gruppe verursachten Unfalles deutlich.

Selektive Wahrnehmung

Im Alltag wie auch beim Wildwasserfahren sind wir einer Flut von Reizen ausgesetzt. Selbst wenn wir die Augen eines Adlers und die Witterung eines Bären hätten, wäre unser Gehirn noch lange nicht in der Lage diese Fülle an Informationen zu verarbeiten. Um mit dieser Reizüberflutung zurecht zu kommen, richtet unser Gehirn die Aufmerksamkeit gezielt auf ihm wichtig erscheinende Dinge und unterdrückt weniger wichtige Informationen. In diesem Zusammenhang wird oft von selektiver Wahrnehmung gesprochen. Genau genommen verfügen wir über ein zielgerichtetes Aufmerksamkeitssystem, das durch Erwartungen, Wissen und aktuelle Ziele beeinflusst wird und ein Stimulus-gesteuertes Aufmerksamkeitssystem, das auf auffällige Reize reagiert.

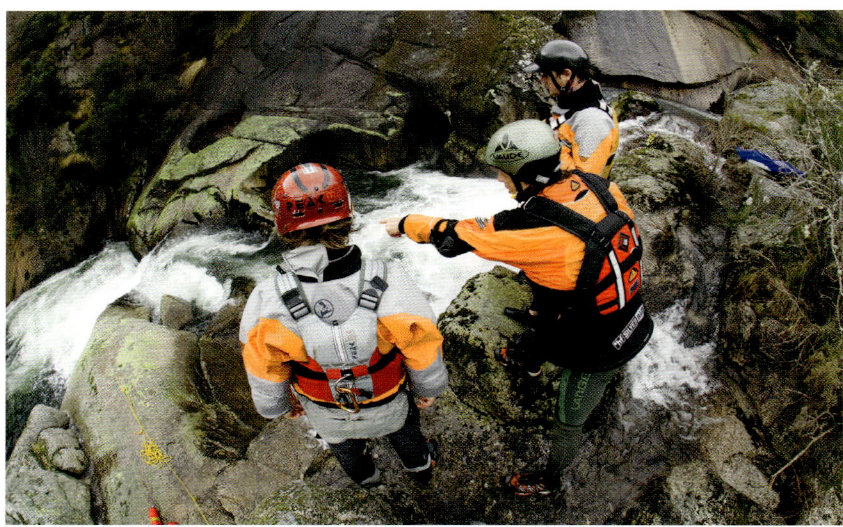

Immer steiler hinunter zieht es uns im Laufe unserer Wildwasserkarriere, immer auf der Suche nach dem ultimativen Kick. Aber auch ohne sich an der Grenze des Machbaren zu bewegen, spielt Angst doch immer wieder eine Rolle beim Wildwasserfahren.

Was hat dies nun mit dem Paddeln gemein? Wenn wir uns eine schwere Stelle im Wildwasser ansehen, nehmen wir die Linien und Gefahren nicht objektiv wahr, sondern filtern die Informationen heraus, welche die Vorstellung unserer Welt bestätigen. Ist der Antrieb einen Wasserfall zu befahren groß genug – aus welchen Gründen auch immer – so werden Gefahren wie Fallhöhe, Unterspülungen oder seichtes Unterwasser gerne optimistischer gesehen als sie in der Tat sind. Unsere Gefühle, Wünsche und Bedürfnisse bestimmen also unsere Entscheidungen mit.

Die Rolle von Angst

Immer steiler hinunter zieht es uns im Laufe unserer Wildwasserkarriere, immer auf der Suche nach dem ultimativen Kick. Aber auch ohne sich an der Grenze des Machbaren zu bewegen spielt Angst doch immer wieder eine Rolle beim Wildwasserfahren. Wie wirkt sich diese Angst auf unsere Leistung aus? Vorerst müssen wir unterscheiden zwischen dem Erleben von Aufgeregtheit – dem Gefühl das Adrenalin durch unseren Körper fließen zu spüren – und richtiger Angst, die mit besorgniserregenden Gedanken einhergeht. Problematisch sind vor allem diese besorgniserregenden Gedanken, da sie die Balance zwischen den beiden Systemen aus dem Gleichgewicht bringen. Während Angst das zielgerichtete Aufmerksamkeitssystem beeinträchtigt, verstärkt sich der Einfluss des Stimulus-

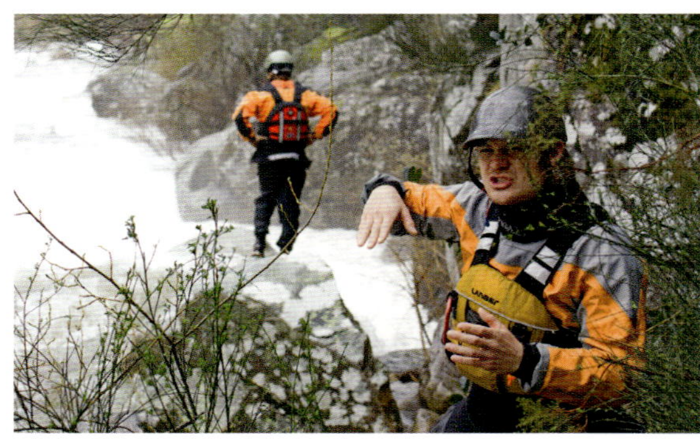

gesteuerten Aufmerksamkeitssystems. Das heißt, es wird schwierig sich im richtigen Moment auf die Linie zu konzentrieren, da wir durch äußere Reize, wie zum Beispiel einen Siphon, abgelenkt werden.

Risikophänomen Gruppe

Auch wenn ein Sicherheitsgrundsatz im Wildwasser lautet: „Fahre nie allein", so bezieht sich der Kern dieser Aussage i.d.R. mehr auf die Rettungsmöglichkeiten die eine Gruppe bietet, als auf die Qualität der Entscheidungen die getroffen werden. Die im Folgenden beschriebenen Faktoren führen nicht zwangsläufig zu risikoreicheren Handlungen, können aber erheblich dazu beitragen.

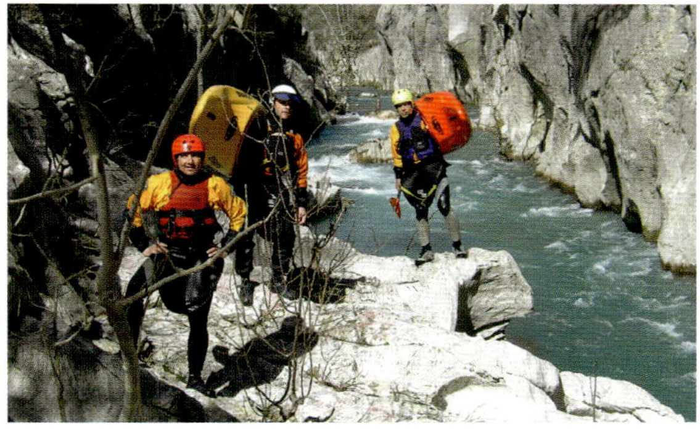

Gruppengefühl

Menschen fühlen sich in der Gruppe sicherer als allein. Dies lässt sich nicht nur in Berlin-Mitte beobachten, sondern auch auf jedem Wildwasser der Welt. Es gibt aber auch Situationen wo eine Gruppe eher eine Gefahr darstellt. Gruppen sind langsamer als Einzelpersonen. Je länger eine Befahrung dauert, desto mehr nimmt die Konzentrationsfähigkeit und die physische Bereitschaft für Leistung ab. Dies kann zu überstürzten Entscheidungen führen. Weiterhin kann eine kritische Stelle durch das Befahren vieler Paddler als objektiv sicher wahrgenommen werden. Dies geht einher mit dem Mangel an negativen Konsequenzen. Kaum ein Fahrfehler hat gravierende negative Auswirkungen. Je häufiger eine Gruppe dies bestätigt, desto leichtfertiger geht der Einzelne damit um.

Werte und Normen

Hinter dem Schlagwort „Gruppendruck" verbergen sich Werte und Normen die eine Gruppe hat. Diese sind innerhalb der Gruppe ausgesprochen, z.B. „wir wollen einen hohen Schwierigkeitsgrad fahren" und unausgesprochen, z.B. „langer Neoprenanzug ist uncool beim Spielbootfahren". Da wir soziale Wesen sind können wir uns auch mit der Einstellung „ich lasse mich nicht unter Druck setzen" dieser Dynamik nicht entziehen. Gruppendruck hat immer einen Einfluss auf unsere Wahrnehmung und auf unsere Entscheidungsfindung (siehe selektive Wahrnehmung). Verschiedene Szenarien welche Gruppendruck auslösen sind denkbar. Eine Gruppe mit der Norm „wir fahren möglichst alle Stellen auf einem Flussabschnitt" unterliegt einem höheren Risiko als eine Gruppe mit der Norm „ob wir eine Stelle mehr oder weniger umtragen ist egal, Hauptsache wir haben einen schönen Tag am Wasser". Die erste Gruppe ist mit ihrer Norm möglicherweise gar nicht mehr in der Lage Gefahrenstellen wahrzunehmen und verfügt somit über weniger Handlungsalternativen.
Ein weiterer Stolperstein für Gruppen kann der Leistungsvergleich mit anderen Gruppen oder mit Bildern aus den Medien sein. Dieser Vergleich ist meist kein offener, sondern ein verdeckter, der sich dann am Lagerfeuer z.B. so äußert: „Na seid ihr die Stelle xy auch gefahren?" Egal wie die Antwort ausfällt, bei der nächsten schweren Stelle ist dieser Vergleich im Hinterkopf. Gerade in harmonischen Gruppen herrscht häufig ein deutliches Bestreben diese Harmonie aufrechtzuerhalten.

Hinter dem Schlagwort „Gruppendruck" verbergen sich Werte und Normen die eine Gruppe hat.

Individuelle Kommentare (z.B. „der Wasserstand steigt aber stetig") die mit dem Gruppenziel nicht vereinbar sind wirken hier oft störend. Befürchtet ein Gruppenmitglied gar eine soziale Ausgrenzung, so wird es noch weniger Äußerungen oder Entscheidungen tätigen welche dem Gruppenziel entgegenstehen.

Gruppendruck ist natürlich nicht immer problematisch, er kann im Einzelfall auch anspornen. Gerade an der Grenze des Machbaren kann Konkurrenz helfen seinen inneren Schweinehund zu überwinden. Die Frage die sich dann aber stellt ist: „Ist eine Entscheidung/Leistung unter Gruppendruck auch eine zufriedenstellende?"

Leitung und Führung

Haben Gruppen einen offiziellen Leiter – z.B. Kanulehrer – so scheint die Verantwortung klar verteilt zu sein. In der Regel hat ein solcher Leiter auch die entsprechenden Kompetenzen und Fähigkeiten eine Gruppe zu führen. Hat dieser Leiter ein klassisches Verständnis von Führung („Ich weiß wie es geht") besteht auch für ihn die Gefahr Alarmzeichen zu übersehen. Selbst wenn er Bedenken in sich trägt, die Gruppe ihm aber ohne Widerspruch folgt, kann er sich trotz seiner Zweifel bestätigt fühlen und weiterfahren.

Freundeskreise die gemeinsam unterwegs sind haben zwar keine offizielle Führung oft aber einen oder mehrere informelle Leiter. Dies ist meist die Person mit dem größten paddlerischen Können. Die Frage die sich hier stellt ist nicht so sehr die Frage nach einer tatsächlichen Leitung, sondern nach der Art und Weise wie Entscheidungen getroffen werden. Unklare Entscheidungsfindung führt zu unklaren Zuständigkeiten und somit zur Abgabe von Verantwortung bis hin zur Verantwortungsdiffusion. Ein Teufelskreis beginnt.

Freundeskreise die gemeinsam unterwegs sind haben zwar keine offizielle Führung ,oft aber einen oder mehrere informelle Leiter. Dies ist meist die Person mit dem größten paddlerischen Können.

Angenehmes Gruppengefühl

Gruppen neigen dazu ihre Zusammengehörigkeit durch Entscheidungen nicht zu gefährden. Dieses Bedürfnis, ein angenehmes Gruppengefühl aufrechtzuerhalten, kann im Widerspruch zu sicherheitsrelevanten Entscheidungen stehen. Die Entscheidung einen Fluss nicht zu befahren oder die Fahrt abzubrechen, kann nach langer Anfahrt und keiner Flussalternative zu einem Zerwürfnis der Gruppe und im Zweifel zu einer risikoreichen Befahrung führen.

Der Preis-Leistungs-Gedanke

Haben wir viel investiert (langer Weg, große Vorbereitung, hohe Kosten, Einmaligkeit) um eine Strecke paddeln zu können, blenden wir objektive Gefahren, die gegen eine Befahrung sprechen oft aus, selbst wenn diese für Außenstehende längst erkennbar sind. Bevor wir uns ein vermeintliches Versagen eingestehen, investieren wir lieber noch mehr in das Unmögliche.

Wege aus der Misere

Der erste Schritt sein Verhalten zu ändern ist seine Einstellung zu hinterfragen (siehe „Stellenwert von Sicherheit" Seite 90). Bekanntermaßen führt aber eine Einstellungsänderung noch lange nicht zu konkreten Maßnahmen. Die meisten halten gesundheitsbewusste Ernährung für erstrebenswert, ändern aber ihr persönliches Verbraucherverhalten eher selten. Ähnlich verhält es sich auch mit der Einstellung zu gruppendynamischen Phänomenen beim Paddeln.
Eine Unterstützung, sein eigenes Verhalten tatsächlich zu ändern, könnten folgende Ansätze bringen:

Selektive Wahrnehmung

Eine Gruppe ist in der Lage mehr Informationen zu

sammeln und zu verarbeiten als Einzelpersonen. Trage diese Informationen neutral zusammen ohne sie zu bewerten. Eine Bewertung kann dann jeder für sich mit seinem Fahrkönnen und seiner Tagesverfassung vornehmen und sich von der Gruppe ein Feed-Back geben lassen.

Gruppengefühl

Treffe deine Entscheidungen so als gäbe es keine Kollegen. Dies bezieht sich auf die Planung sowie auf konkrete Entscheidungen vor Ort. Erst im zweiten Schritt kannst du dich fragen: „Welche objektive Sicherheit gibt mir die Gruppe?".

Werte und Normen

Hinterfrage deinen persönlichen Antrieb zu paddeln und stelle Vermutungen über den der Gruppe mit der du unterwegs bist an. Diskutiere deine Gedanken mit der Gruppe! Lässt sich die Gruppe auf das Gespräch nicht ein oder gibt es eine geringe Übereinstimmung zwischen deinen Motiven zum Paddeln und denen der Gruppe, so ist dies ein eindeutiges Warnsignal.

Leitung und Führung

Wie werden in deiner Gruppe Entscheidungen getroffen? Gibt es hier ein offenes Konzept oder findet es verdeckt und unbewusst statt?

Angenehmes Gruppengefühl

Fallen sicherheitsrelevante Entscheidungen, wie: "ich fahre mit, damit ihr nicht zu zweit paddeln müsst", um der Gruppe zu dienen, so sollten Alarmleuchten bei dir angehen.

Der Preis-Leistungs-Gedanke

Bin ich bereit alle Investitionen in ein Projekt dem Sicherheitsgedanken zu unterstellen? Wenn nicht, muss ich mich fragen welche Konsequenzen sich hieraus für mich und meine Gruppe ergeben.

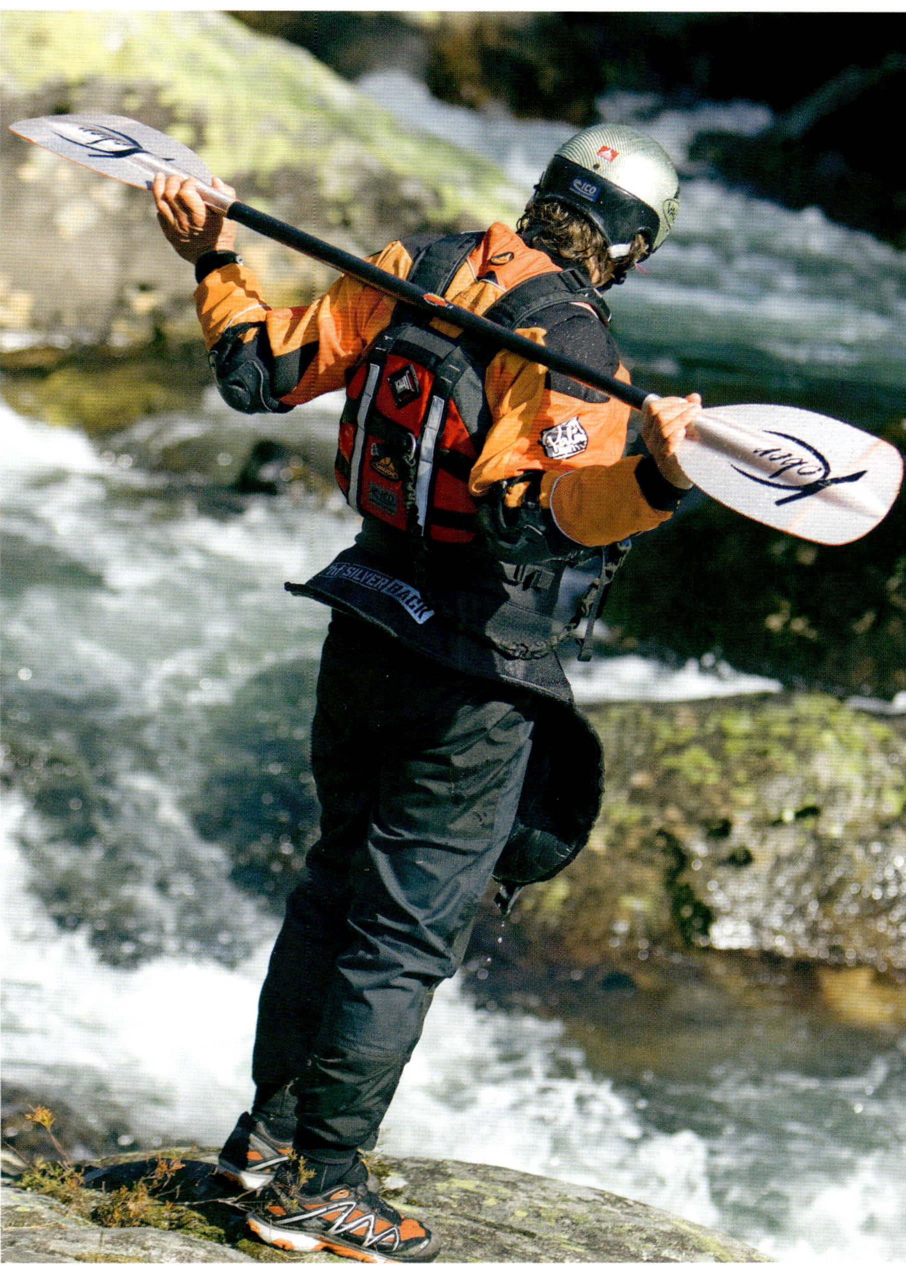

Noch einmal auf die ideale Linie einstimmen...

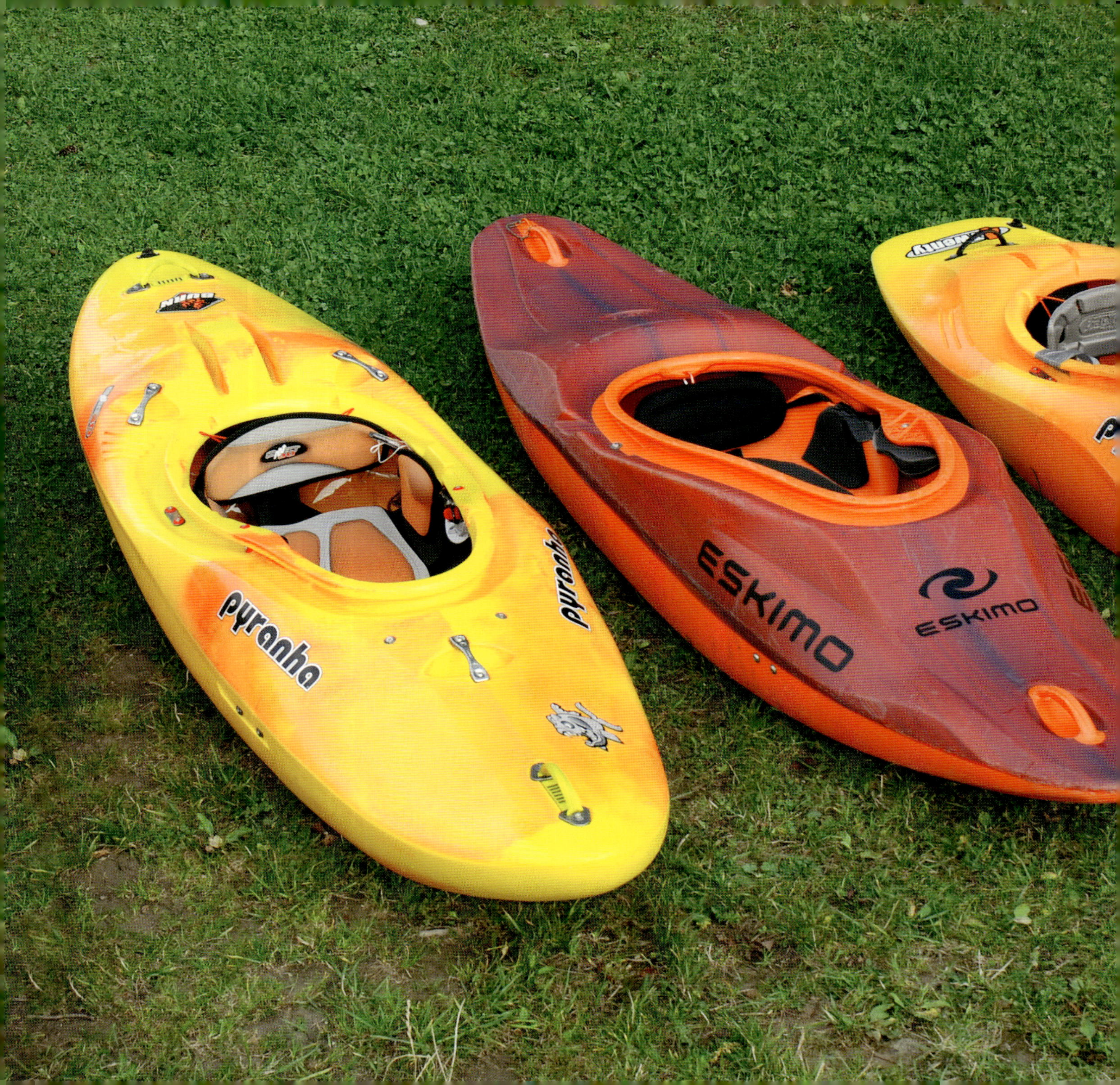
pyranha
pyranha
ESKIMO
ESKIMO

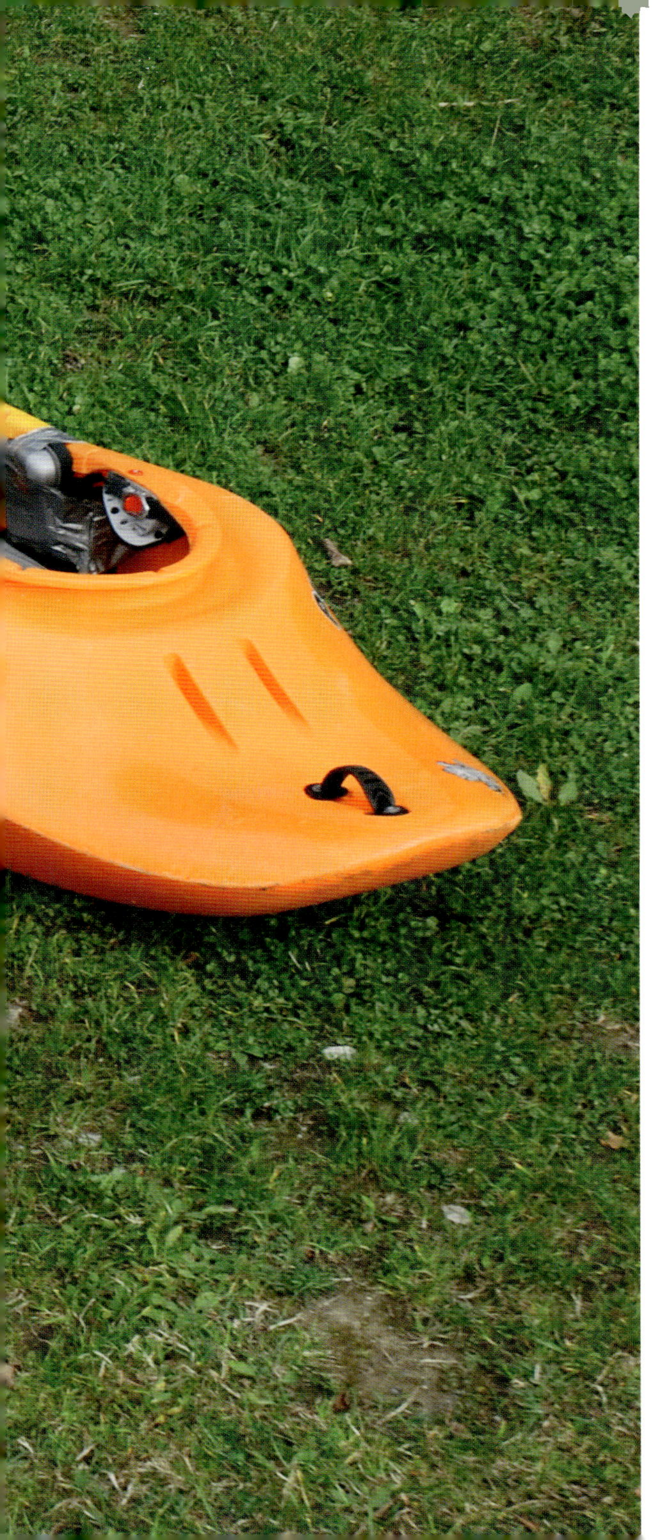

Material Know-how

Moderne Wildwasserboote werden meist in drei Klassen eingeteilt: Creeker, Cruiser und Spielboot. Diese Begriffe bezeichnen das Einsatzgebiet für das die Boote konzipiert sind und machen es leichter die Unzahl an Bootsformen einzuordnen. Innerhalb dieser Kategorien gibt es jedoch große Unterschiede.
Wer Grundsätzliches über Formen und Fahreigenschaften weiß, kann das Verhalten von Booten relativ gut abschätzen und leichter eine Vorauswahl treffen. Auf eine Testfahrt solltest du trotzdem nicht verzichten. Die Fahreigenschaften eines Bootes stehen auch in Relation zum Gewicht des Paddlers. Einige Hersteller bieten deshalb identische Formen mit unterschiedlichem Volumen für leichtere und schwerere Fahrer an.

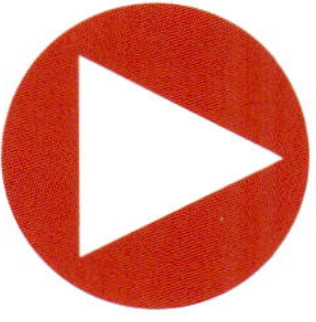

Boote

Der Creeker

Creek-Boote haben ein großes Volumen für guten Auftrieb und die nötigen Sicherheitsreserven. Der starke Scoop (Aufbiegung des Unterschiffs) lässt das Boot bei kleinen Stufen erst gar nicht eintauchen, bzw. führt zu schnellem Auftauchen nach Wasserfällen. Außerdem erleichtert er das Boofen ungemein. Aufgrund runder Kanten und Formen sind Creeker wenig anfällig für Seitenwasser und Querströmungen. Die Kombination dieser Eigenschaften, in Verbindung mit einer kurzen Bauweise, macht diesen Bootstyp extrem wendig, allerdings auch langsam. Der große Nachteil ist die geringe Endgeschwindigkeit. Dennoch kannst du mit einem Creeker auch jenseits seines vorgesehenen Einsatzbereiches Spaß haben. Außer für einen Surf in der Welle, eignen sie sich aber nicht für spielerisches Fahren.

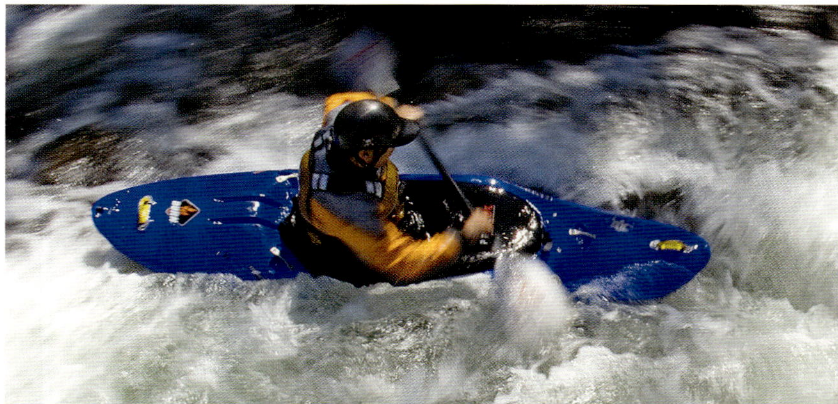

Creek-Boote eignen sich insbesondere für steiles Wildwasser und Schluchten.

Das Spielboot

Der krasse Gegensatz zum Creeker ist das Spielboot. Sein Unterboden ist flach wie ein Surfbrett, die Kanten sind scharf und Bug sowie Heck stark abgeflacht. Wer sich viel an Spielstellen aufhält, kann sich ein Boot aus der Kategorie „Park and Play“ zulegen. Mit diesen Booten werden komplexe Figuren auf Wellen und in Walzen erst möglich. Für Flussbefahrungen eignen sie sich allein schon wegen der oft recht unangenehmen Sitzposition kaum noch. Hierfür solltest du dir ein Boot aus der Kategorie „Cruiser“ zulegen.

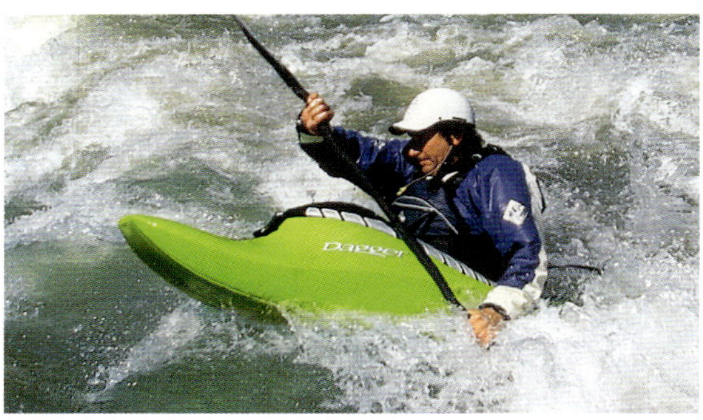

Der krasse Gegensatz zum Creeker ist das Spielboot.

Der Cruiser

Der Cruiser ist der Allrounder unter den Wildwasserbooten und eine Kompromisslösung aus Creeker und Spielboot. Er fühlt sich im Wildwasser IV noch wohl und bietet dir trotzdem viel Potential zum Spielen. Entsprechend seinem Einsatzbereich besteht er aus einem Mix der oben beschriebenen Formen.

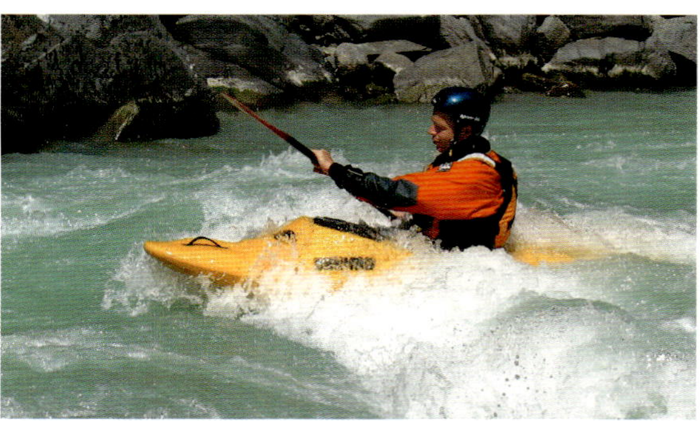

Der Cruiser ist der Allrounder unter den Wildwasserbooten.

Materialien

Moderne Wildwasserboote bestehen aus Polyethylen (PE). Die Eigenschaften des Materials haben sich für diesen Einsatzbereich durchgesetzt. Es ist in der Herstellung leicht formbar und nicht gesundheitsschädlich. Auf dem Wasser ist es schlagzäh, ausreichend formstabil, abriebfest und wartungsfrei. Zur Herstellung stehen zwei unterschiedliche Verfahren zur Verfügung. Bei dem sogenannten **Blasverfahren**, wie es weltweit nur die Firma Prijon anwendet, können bis zu 10 x längere Molekülketten verwendet werden als beim Rotationsverfahren. Der Vorteil des Blasverfahrens liegt in einer höheren Abriebfestigkeit und Steifheit der Bootsform. Der Nachteil liegt eindeutig in den hohen Herstellungskosten.

Beim weit verbreiteten **Rotationsverfahren** kommen unterschiedliche PE-Materialien zum Einsatz. Da alle namhaften Hersteller mittlerweile gute Qualität in Material und Verarbeitung bieten, sollten beim Kauf eines Bootes die Fahreigenschaften und die Sicherheit und nicht das Material Kaufargument Nr. 1 sein.

Herstellungsverfahren

Blasformverfahren

PE-Granulat wird in einem Extruder verdichtet und geschmolzen. Von dort gelangt es in einen Blaskopf, der das geschmolzene PE zu einem Schlauch formt und die Materialstärke bestimmt. Der PE-Schlauch hängt frei in der Luft und wird von zwei Formhälften (Negativ) umschlossen. Anschließend wird der Schlauch mit Druckluft aufgeblasen und gegen die Formoberfläche gepresst. In der Form verlaufende Kühlschläuche kühlen Form und Material schnell ab, so dass das Boot nach kurzer Zeit entnommen werden kann.

Rotationsformverfahren

In eine Metallform wird ein Polyethylen-Granulat/Pulver gegeben. Durch Erhitzen und gleichzeitiger Rotation um die Längs- und Breitenachse (2-20 mal/Min.) wird das PE geschmolzen und auf der Formoberfläche (Negativ) verteilt. Über die Temperatur und die Rotation wird die Verteilung der Materialstärke bestimmt. Nach einem langsamen Abkühlungsprozess kann das Boot der Form entnommen werden.

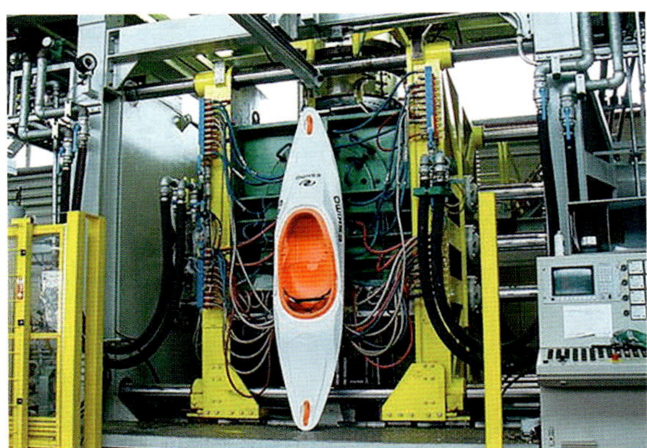

Eine hochmoderne Blasmaschine.

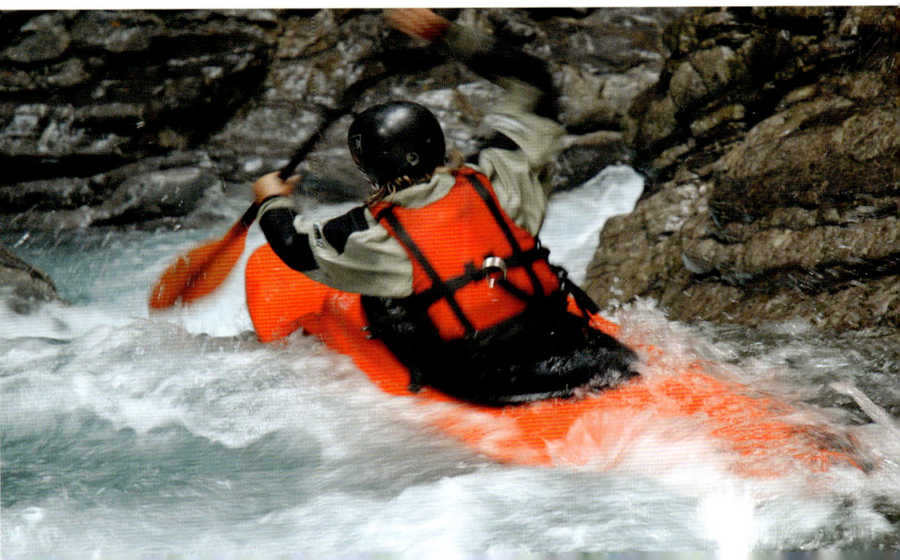

In der engen Hornbach-Klamm im Lechtal.

Formen und Fahreigenschaften

Die Fahreigenschaften eines Bootes hängen vor allem vom Unterschiff ab. Nur im schweren Wildwasser spielt das Oberschiff eine Rolle. Die Eskimorolle wird maßgeblich durch den Übergang von Ober- zu Unterschiff und von der Breite und Dicke eines Bootes beeinflusst.

Die Kiellinie

Der Ausspruch „Länge läuft" trifft nicht nur bei Segelbooten zu. Hierbei ist nicht die Bootslänge entscheidend, sondern die tatsächliche Wasserlinie. Ist die Kiellinie (die am Bootsboden entlang von Bug zu Heck verlaufende Linie) aufgebogen (Scoop), so gewinnt das Boot an Wendigkeit und taucht schneller auf, verliert aber an Geschwindigkeit.

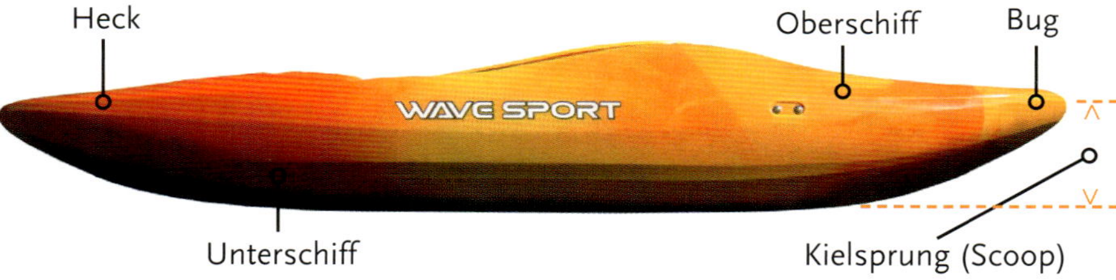

Bilder rechts:
Rotes Boot: Boot mit vorwiegend flachem Boden.

Gelbes Boot: Boot mit vorwiegend rundem Booden.

Spantformen (Querschnitt)

Es gibt unzählige Kombinationen von Spantformen. Je nach Art und Form entscheiden sie über die Fahreigenschaften eines Bootes.
Die drei Grundformen von denen sich alle ableiten sind der V-, der U- und der Knickspant.
Je nach Ausprägung der Spanten ergeben sich unterschiedliche Formen des Unterschiffs.
Im WW kommen vor allem der Rundboden und der Flachboden (beides U-Spant) zum Einsatz.
Der V-Boden (schnell aber kippelig) spielt nur im WW-Rennsport eine Rolle. Der Knickspant ist im WW zu vernachlässigen.Der Rundboden weist eine geringere Anfangsstabilität auf (fühlt sich kippelig an), kann jedoch mit einer höheren Endstabilität punkten und ist in Verbindung mit einer „gerundeten" Kante relativ unempfindlich gegenüber Seitenströmungen.
Der Flachboden bietet eine hohe Anfangsstabilität und Drehfreudigkeit. In Verbindung mit schärfer ausgeprägten Kanten hat er dagegen eine höhere Seitenwasserempfindlichkeit, was ihn für Creekboote ungeeignet macht. Außerdem erzeugt diese Bodenform bei flachen Landungen nach hohen Stufen einen enormen Staudruck, mit daraus resultierender starker Belastung für die Wirbelsäule.
Rundbodenboote sind dafür bei gleicher Länge schneller, im Eintauchverhalten besser zu kontrollieren und erzeugen weniger Staudruck.
Je nach Zielsetzung werden die verschiedenen Ausprägungen des Unterschiffes miteinander kombiniert.
Der daraus resultierende Mix an Fahreigenschaften machen ein Boot zum Flop oder Verkaufsschlager.

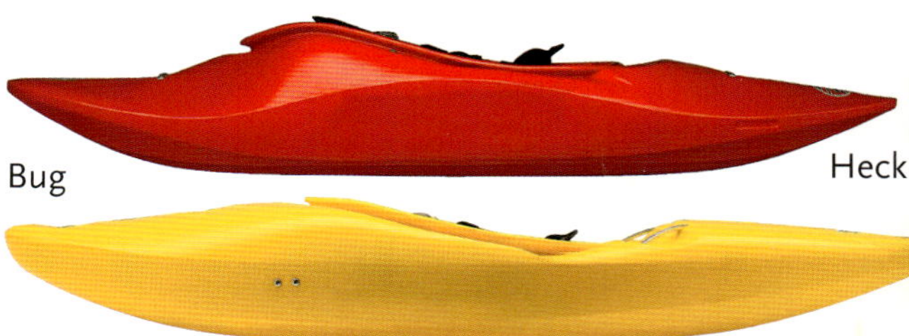

Oberschiff

Das Auftauchverhalten hängt maßgeblich von der Formgebung des Oberschiffs ab. Ist es eher rund, so läuft das Wasser leichter ab und taucht gleichmäßiger auf. Je flacher das Oberschiff ist, desto mehr Verwirbelungen entstehen, die das Auftauchen unkontrolliert machen. Gleiches gilt für Wellen oder Walzen die aufs Oberschiff schlagen. Bei einer Kenterung saugt sich ein flaches oder konkaves Oberschiff an der Wasseroberfläche fest und erschwert das Rollen.

Die Nahtlinie

Sie stellt den Übergang zwischen Unter- und Oberschiff dar. Liegt sie sehr tief, so ist das Boot anfällig für Oberwasser.

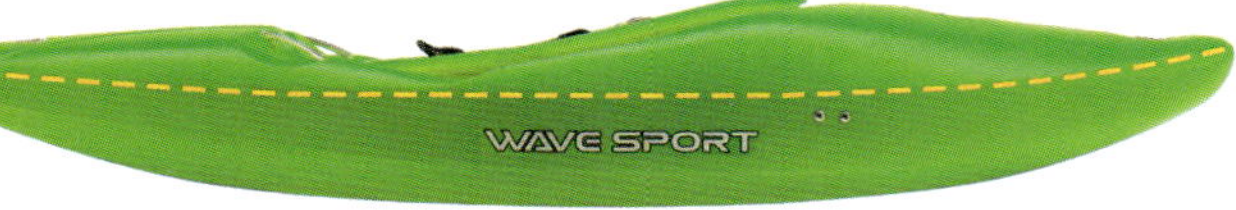

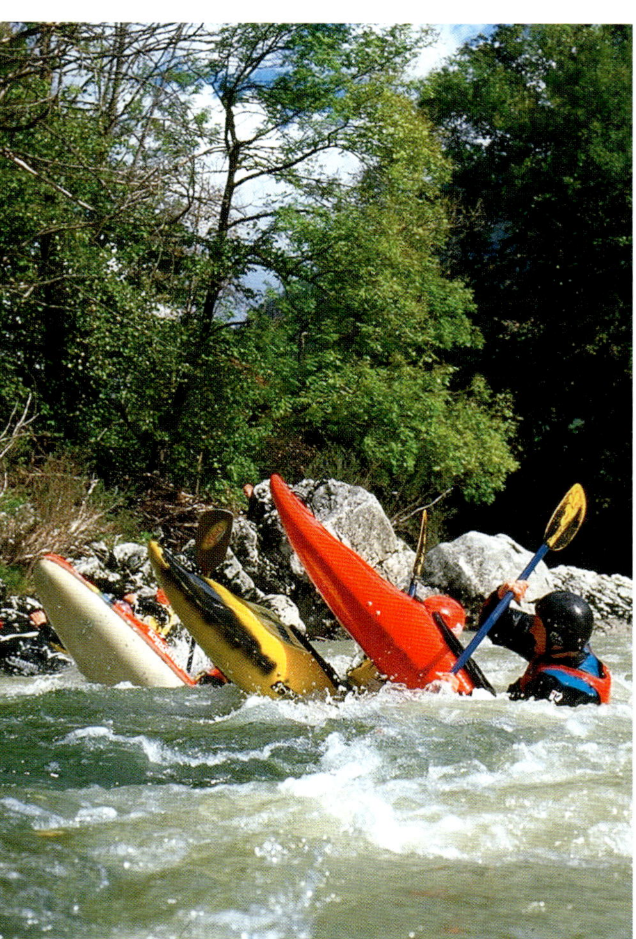

Unterschneiden mit unterschiedlichen Bootsformen.

Paddel

Das Paddel ist dein Antrieb und zugleich stellt es die Verbindung zwischen dir und dem Wasser dar. Es wird bei einer Flussbefahrung mehrere tausend Mal durchs Wasser gezogen und wieder ausgehoben. Gründe genug bei der Wahl dieses Werkzeuges genauer hinzusehen.

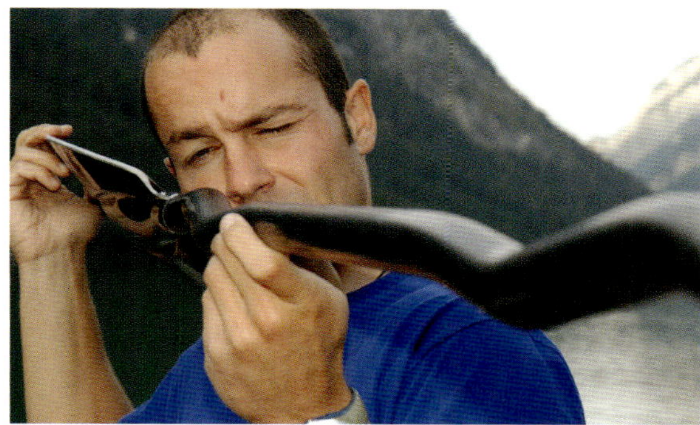

Materialien

Moderne Wildwasserpaddel bestehen aus sogenannten faserverstärkten Kunststoffen. Das sind mit Harzen getränkte Gewebematten. Je nach Eigenschaft des Paddels werden unterschiedliche Materialien verwendet. Glas, Karbon oder Kevlar werden in Reinform oder als Mischgewebe eingesetzt. Der Materialmix bestimmt die Eigenschaften und den Einsatzbereich des Paddels. Glasfasern sind elastisch, Karbon hart und Kevlar schlagzäh.

Neue Entwicklungen erzielen gute Ergebnisse mit faserverstärkten Polyethylen und Nylon-Materialien. Hier werden die positiven Eigenschaften von Gewebefasern mit PE und Nylon kombiniert.
Paddel aus Nylon sind zwar etwas schwerer als laminierte, aber robuster und abriebfester. Mit Kunststoffschaum spritzgegossene Paddel (RIM-Paddel)

werden hauptsächlich für den Einsteigerbereich im unteren Preissegment angeboten.
Paddelschäfte bestehen entweder aus Aluminium oder aus faserverstärkten Kunststoffen.
Holzpaddel spielen im Wildwasser nur noch für Liebhaber eine Rolle.
Um hochwertige Paddel zu produzieren bedarf es sehr kontrollierter Herstellungsprozesse und einer großen Portion Erfahrung.

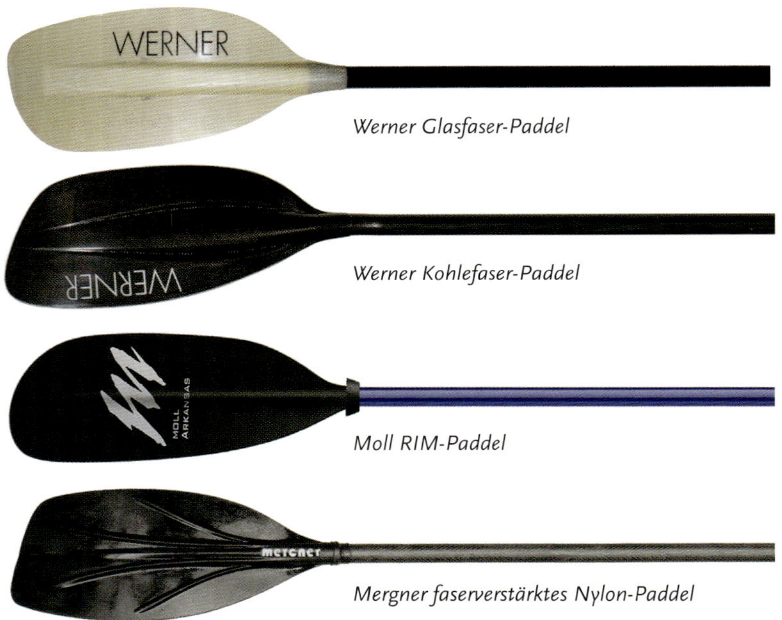

Werner Glasfaser-Paddel

Werner Kohlefaser-Paddel

Moll RIM-Paddel

Mergner faserverstärktes Nylon-Paddel

Moderne Wildwasserpaddel bestehen aus sogenannten faserverstärkten Kunststoffen.

Paddelblätter

Die Blattform ist entscheidend für die Führungseigenschaften und den Grip des Paddels im Wasser. Die richtige Wahl des Blattes hängt vom Einsatzgebiet und von deiner Körperkonstitution ab. Große Paddelblätter sind vor allem für kräftige Paddler geeignet, mit mittleren Blattgrößen fühlen sich 75% aller Paddler wohl und Kinder oder zierliche Personen sollten kleine Blätter wählen, denn wer den Druck am Paddelblatt nicht halten kann, kann auch sein Boot nicht durchs Wasser bewegen. Paddelblätter können asymmetrisch oder symmetrisch sein. Asymmetrische Blattformen sind für eine ergonomische Bewegung physikalisch von Vorteil. Dies ist der Grund, warum immer weniger symmetrische Formen gebaut werden. Das Blatt wird beim Paddeln schräg zur Wasseroberfläche eingesetzt.

Bei symmetrischen Formen sind jetzt unterschiedlich große Flächen rechts und links der Schaftlängsachse im Wasser. Dies führt zu einem Drehmoment am Schaft, welcher durch stärkere Haltekräfte in der Hand ausgeglichen werden muss. Je steiler das Paddel geführt wird, desto weniger tritt dieser Effekt auf. Deshalb wird bei Creek- und Freestyleblättern eine schwächere, und bei Wildwasser- und Wanderpaddelblättern eine stärkere Asymmetrie gewählt.

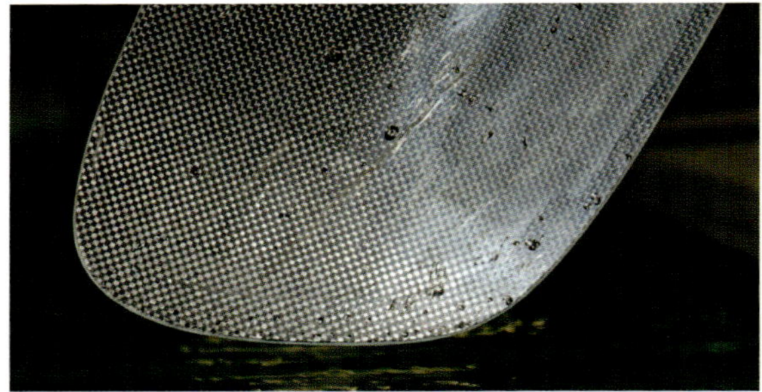

Asymmetrisches Paddelblatt

Paddelschäfte

Paddel werden mit geradem Schaft oder mit einem sogenannten Bentschaft angeboten. Gerade Schäfte sind weiter verbreitet, leichter, günstiger und lassen jederzeit einen Griffwechsel zu. Im Griffbereich sind gerade Schäfte ovalisiert. Dies gibt besseren Halt und Kontrolle beim Paddeln. Der gebogene Bentschaft ermöglicht eine gerade Handgelenkstellung, ähnlich einem gebogenen Fahrradlenker, und strapaziert somit die Handgelenke weniger.

Wer keine Wettkämpfe fährt und keine Gelenkprobleme hat, sollte lieber auf einen geraden Schaft zurückgreifen. Dieser bietet mehr Flexibilität beim Einsatz im Wildwasser.
Der Vorlauf eines Paddels beschreibt die Differenz zwischen dem Zugpunkt in der Hand und dem Druckpunkt am Blatt. Ähnlich dem Leiterwagenprinzip folgt das Paddel der Hand. Dies ist bei Vorwärtsschlägen sehr angenehm, bei Rückwärtsschlägen kehrt sich der Effekt um und führt zu einem instabilen Gefühl.
Einige Hersteller bieten unterschiedliche Schaftdurchmesser für verschieden große Hände an.

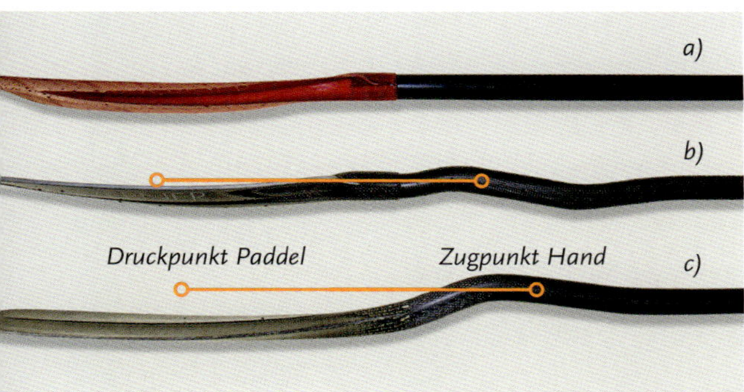

a) gerader Schaft, b) neutraler Bentschaft, c) Bentschaft mit Vorlauf

Paddelschränkung

Mit Schränkung wird die Verdrehung zwischen den beiden Paddelblättern bezeichnet. Noch vor einigen Jahren wurden die meisten Paddel mit einer Verdrehung von 90° gebaut. Dies hat zwei Gründe. Zum einen kann bei Gegenwind das Gegenblatt widerstandsarm nach vorne gebracht werden. Zum anderen ergibt sich durch das Ausheben und Wiedereinsetzen des Blattes (ohne die Hände vom Schaft zu lösen) auf der Gegenseite eine anatomisch bedingte Verdrehung von ca. 30° – 45°. Da beim Wildwasserfahren der Gegenwind nicht ausschlaggebend ist, werden mittlerweile fast alle Paddel in diesem Bereich gebaut.
Im deutschsprachigen Raum sind rechtsgedrehte Paddel zu 95% verbreitet. Die rechte Hand ist hierbei die Fixhand. Beim Umsetzen zur linken Seite dreht sich das Paddel anatomisch bedingt so, dass das linke Paddelblatt mit der Kehlung zu dir schaut. Bei linksgedrehten Paddeln verhält es sich umgekehrt.

Paddellänge

Die optimale Paddellänge unterliegt einem stark subjektiven Empfinden und hängt in erster Linie von der Körper- und Blattgröße sowie dem Einsatzbereich ab. Im Wildwasser wählst du das Paddel etwas länger als im Freestyle. Folgende Tabelle erleichtert dir eine Vorauswahl.

Körpergröße	Paddellänge
1,60 – 1,70	1,90 – 1,95
1,70 – 1,80	1,93 - 1,98
1,80 – 1,90	1,95 – 2,02

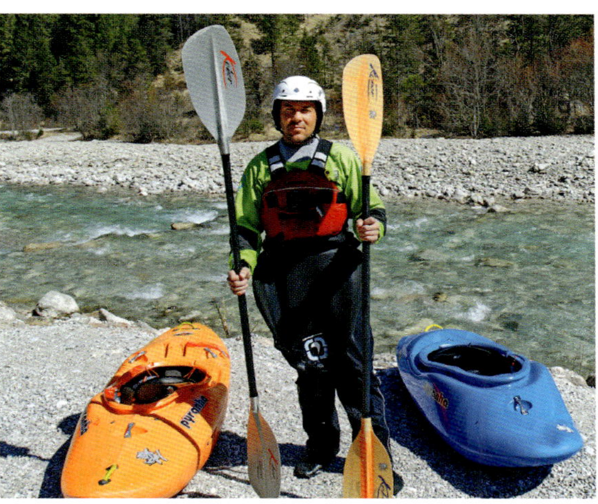

Die optimale Paddellänge unterliegt einem stark subjektiven Empfinden und hängt in erster Linie von der Körper- und Blattgröße sowie dem Einsatzbereich ab.

Transport

Boote

In Kleinbussen oder Vans lassen sich kurze Wildwasserboote auch im Innenraum transportieren. Auch dort sollten sie mit Gurten gegen ein Verrutschen fixiert werden. Ansonsten kann es passieren, dass die Windschutzscheibe Schaden nimmt und das Boot sich auf die Straße verabschiedet. Die übliche Transportvariante ist das Autodach. An einem guten Dachträger solltest du nicht sparen. Die Träger der verschiedenen Automarken sind häufig zu schwach und nicht auf die Belastung mehrerer Boote ausgelegt. Spezialanbieter wie die Firma Zölzer schaffen Abhilfe. Eine zusätzliche senkrechte Stütze oder Ovalbügel erleichtern das Laden mehrerer Boote. Zum Befestigen der Boote gibt es spezielle Gurte im Kanufachhandel, die Baumarktgurten vorzuziehen sind, da Schnallen und Gurtband deutlich robuster gebaut sind. Je nach Anzahl

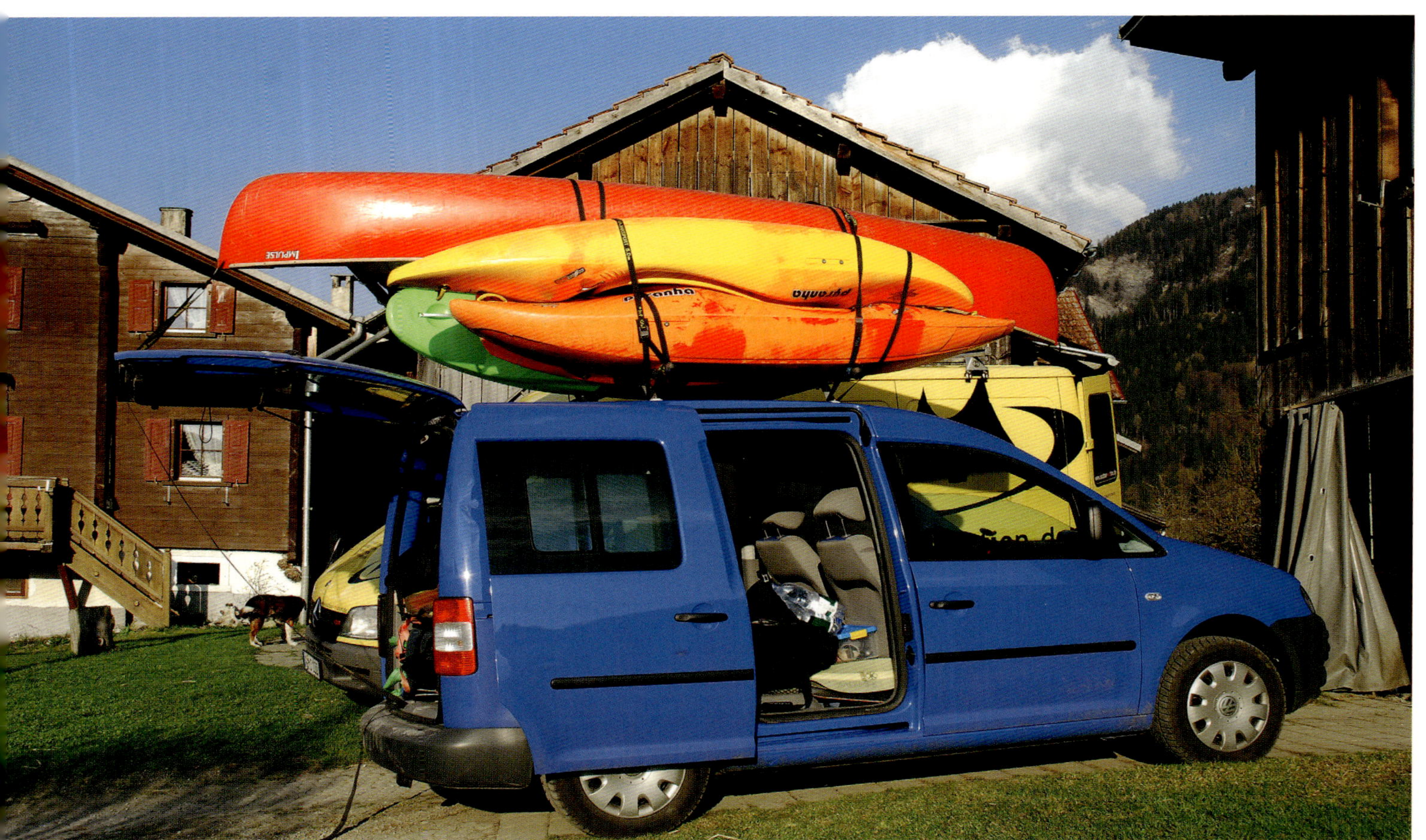

Die höchstzulässige Dachlast ist zu beachten – und schnell überschritten!

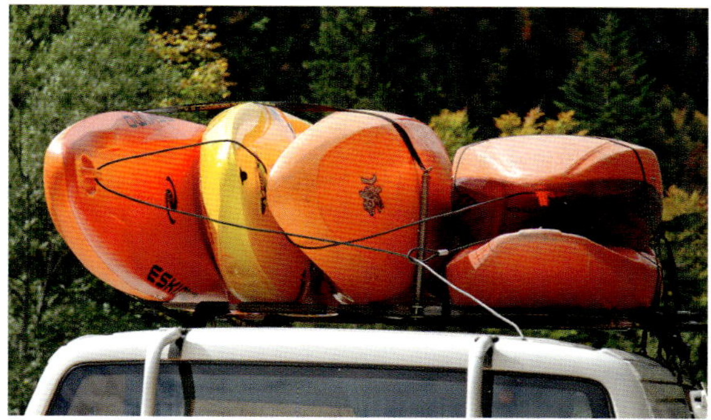

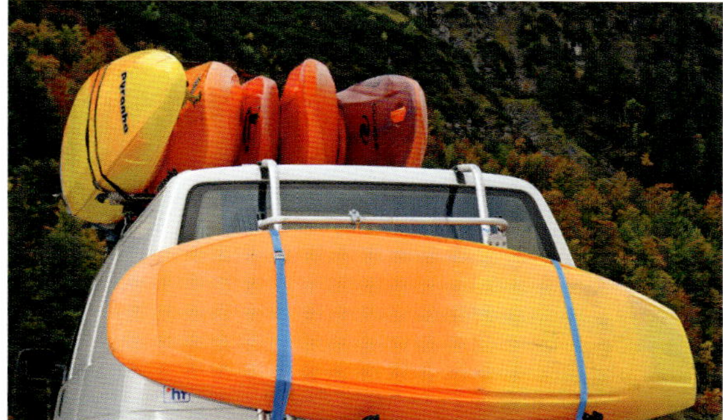

Kennzeichnungspflicht bei überstehenden Gegenständen

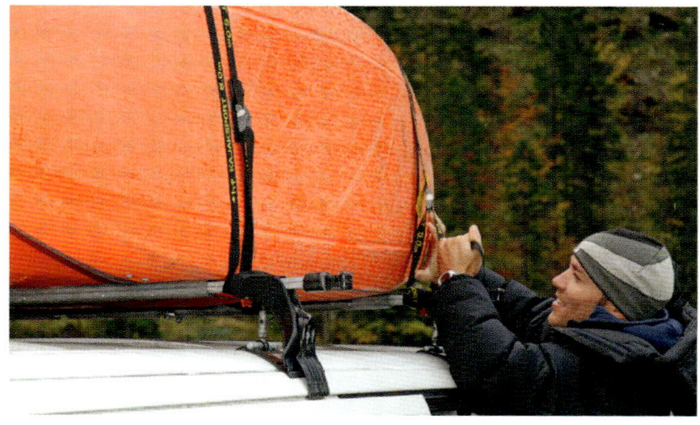

der Boote und Art des Dachträgers (mit oder ohne Senkrechtstütze) gibt es unzählige Varianten die Boote zu laden. Prinzipiell hat sich mit Senkrechtstütze eine Ladetechnik bewährt, bei der die Boote hochkant gestellt werden. Ohne Senkrechtstütze wird ein einzelnes Boot meist mit der Luke nach unten transportiert und mehrere Boote im Sandwich (Luke auf Luke aber gegengleich) geladen. Zum Befestigen der Boote wird das Gurtband doppelt über die Boote gelegt und hinter den Dachträgerfüßen vorbeigeführt. Bei sehr kurzen Spielbooten müssen beide Gurte miteinander verbunden werden, um sie vor einem Abrutschen nach vorne oder hinten zu sichern.
Auf langen Strecken ist es sinnvoll, die Boote nach hinten (Auffahrunfall) und vorne (Windlast) abzuspannen. Bei Regen oder langen Transportwegen lockern sich Gurtbänder und sollten gelegentlich nachgespannt werden.

Boote laden:

Sandwich und hochkant stapeln

Hochkant- und Heckbefestigung

Befestigung mittels Gurtbändern

Paddel

Moderne Wildwasserpaddel sind empfindlich gegen punktuelle Druckstellen, gegenüber Hitze und UV-Licht. Deshalb transportiert man sie am bestem im Auto.
Auf dem Autodach sind spezielle Paddelsäcke und/oder spezielle U-Aufnahmeprofile zu empfehlen. Zum Befestigen der Paddel bieten sich Expandergurte an, da sie sich automatisch nachspannen.

Ausrüstung

Wasserdichte Packsäcke gibt es in allen Größen und Formen. Sie sind der ideale Ort für stinkende und nasse Paddelausrüstung. Ist im Auto kein Platz, so können sie in den Booten transportiert oder direkt auf dem Dach befestigt werden. Bei starker Sonneneinstrahlung können aber schnell 60 Grad und mehr im Innenraum eines Packsacks entstehen. Derart hohe Temperaturen schaden den Hightech-Materialien moderner Wildwasserausrüstung sehr.

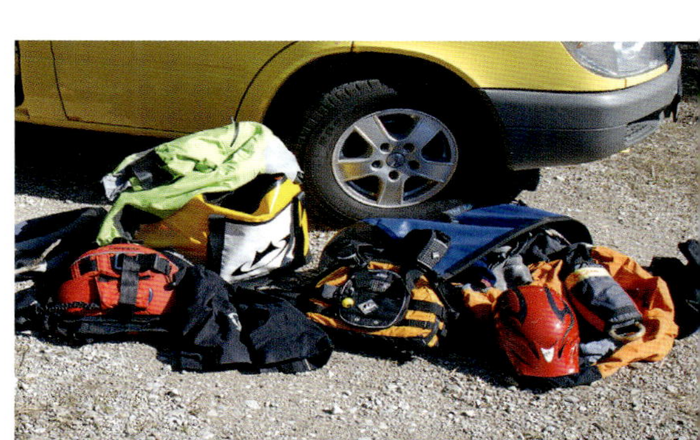

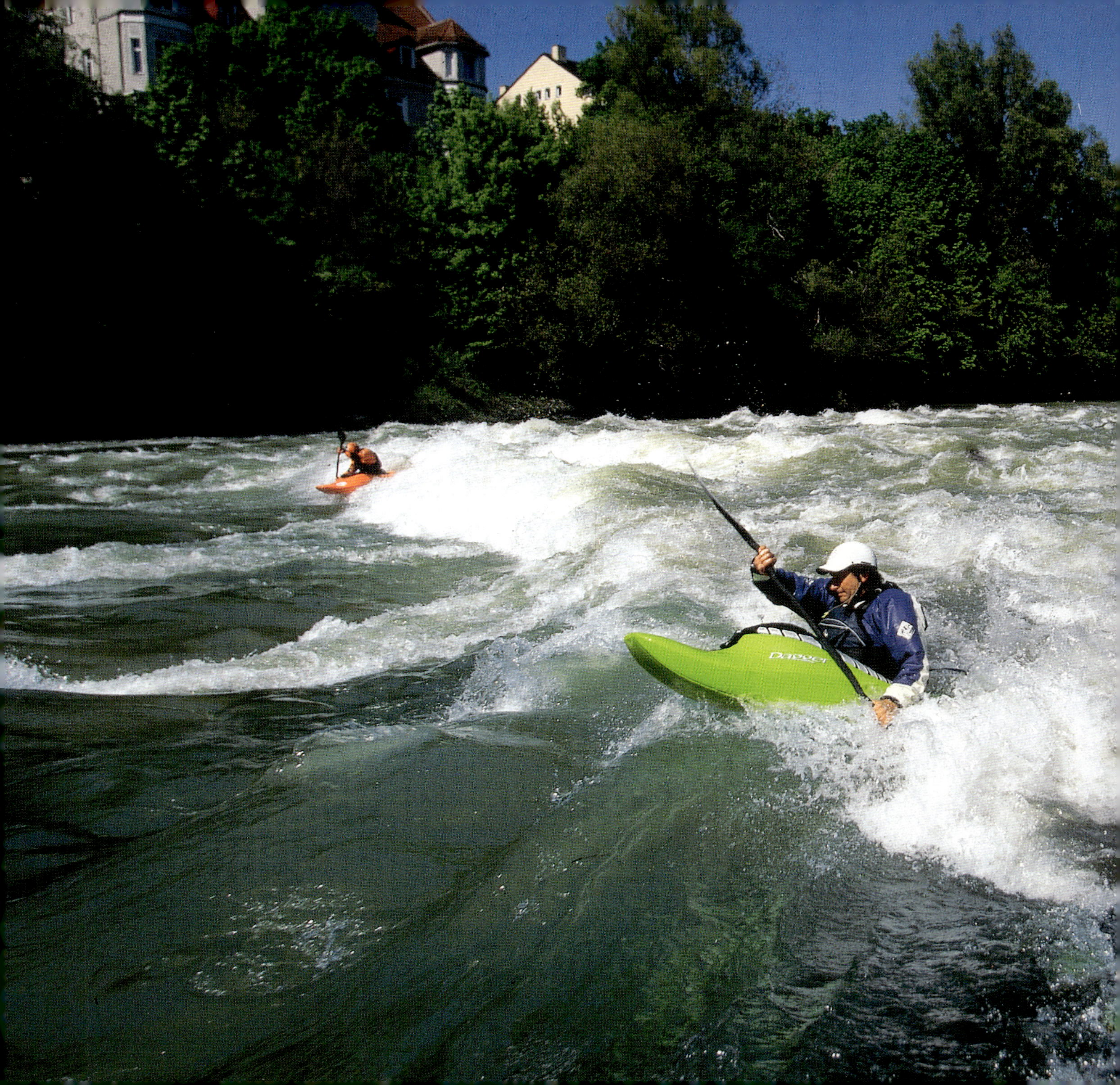

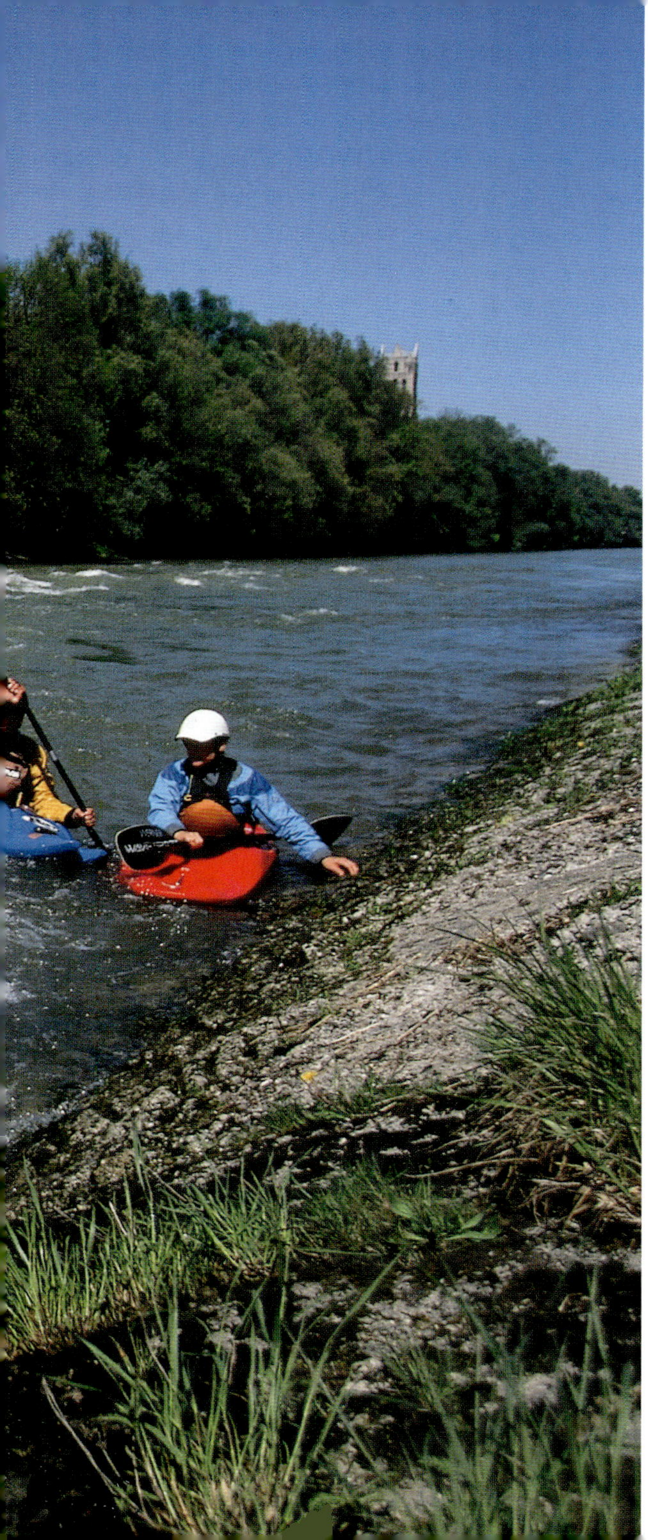

Leichter lernen

Viele Kajakfahrer stellen sich die Frage, wie sie in ihrer persönlichen Entwicklung Fortschritte erzielen können. Einen ersten Ansatz findest du bereits in der Einleitung des Buches.

Dort wird das konzentrische Lernen vorgestellt. Dies sagt aber noch nichts über individuelle Lernwege aus. Im Folgenden werden einige Methoden und Denkansätze beschrieben, die du direkt auf das Wildwasserfahren übertragen kannst.

Lernphasen

Das Lernen sportlicher Bewegungen wird in drei Phasen eingeteilt.

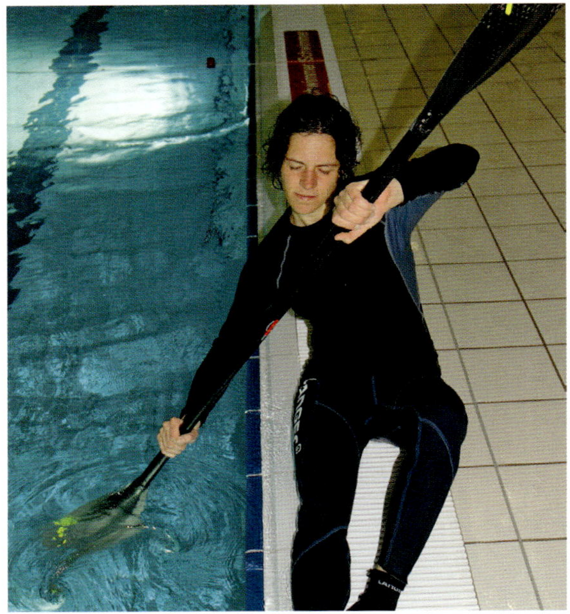

Das Lernen sportlicher Bewegungen wird in drei Phasen eingeteilt:

Die Grobform einer Bewegung,

die Feinform, die automatisierte Bewegung.

Die **Grobform** einer Bewegung beschreibt das Herantasten an eine neue Bewegungsaufgabe wie z.B. den Ziehschlag. In dieser Phase kannst du auf bekannte Muster wie den Grundschlag und allgemeine Fähigkeiten wie deine Balance usw. zurückgreifen. Für einen Großteil der Bewegung ist aber keine adäquate Bewegungsvorstellung vorhanden. Diese Phase ist durch Versuch und Irrtum geprägt. In der **Feinform** ist bereits die Funktionalität einer Bewegung gegeben. Die Bewegungen sind flüssiger und weicher und in das alte Bewegungsrepertoire eingebunden. Eine hohe Konzentration und Fokussierung ist weiterhin erforderlich.
Eine **automatisierte Bewegung** erfordert kein bewusstes Nachdenken. Alle Sinne sind frei für andere Dinge wie das Beobachten des Wassers.
Die Übergänge dieser Phasen sind fließend und Rückschritte sind möglich und natürlich.
Das Tempo, wie schnell du eine Bewegung erlernst, ist sehr unterschiedlich.

Umsetzung und Nutzen

Das Wissen um verschiedene Lernphasen erleichtert das Akzeptieren von Fehlern. Fehler sind die Grundvoraussetzung für Fortschritte.
Stillstand und Rückschritte sind normale Begleiterscheinungen und der Hinweis eine Pause einzulegen, oder die Art des Trainierens zu ändern. Ein „mehr von demselben" bringt dann keine weiteren Fortschritte.

Lerntypen

Menschen haben unterschiedlich präferierte Lernzugänge wie sie Informationen aufnehmen und umsetzen. Der Kienästhet muss eine Bewegung spüren, geführt werden, sie nachempfinden. Ein visueller Mensch braucht Bilder, Videos oder die Demonstration durch andere Paddler. Auditive Menschen rhythmisieren ihre Bewegung, geben ihr Takt. Menschen mit einem kognitiven Lernzugang „denken" Bewegungen, zerlegen sie in Winkel und versuchen Zusammenhänge zu verstehen. Natürlich gibt es auch hier nicht den Lerntyp in Reinform.

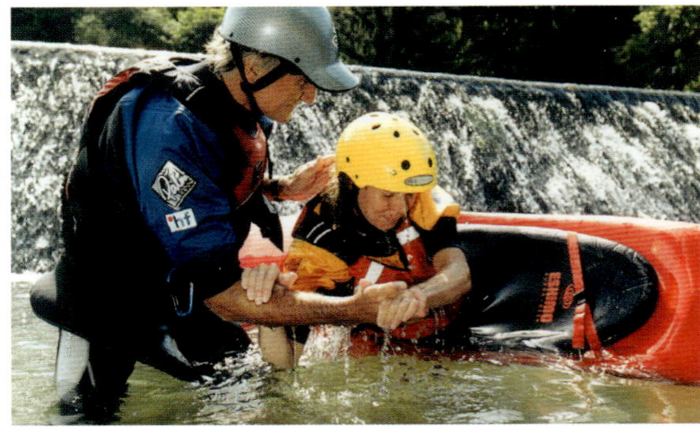

Umsetzung und Nutzen

Finde heraus welcher Lernzugang es dir einfacher macht Bewegungen umzusetzen und nutze diesen dann bevorzugt.

Da es nicht die Reinform eines Lerntypen gibt, nutze auch die anderen Zugänge für deine Weiterentwicklung.

Egal welcher Lerntyp du bist, Bewegungen lassen sich nur durch Bewegung erschließen. Die unterschiedlichen Lernzugänge sind der „Übersetzungsweg“ von einer Zielvorstellung auf deinen Körper. Deine Bewegungsintelligenz bildet sich nur durch das Tun. Wenn du mehr über motorisches Lernen erfahren willst, dann beobachte Kinder wie sie laufen, springen oder klettern lernen.

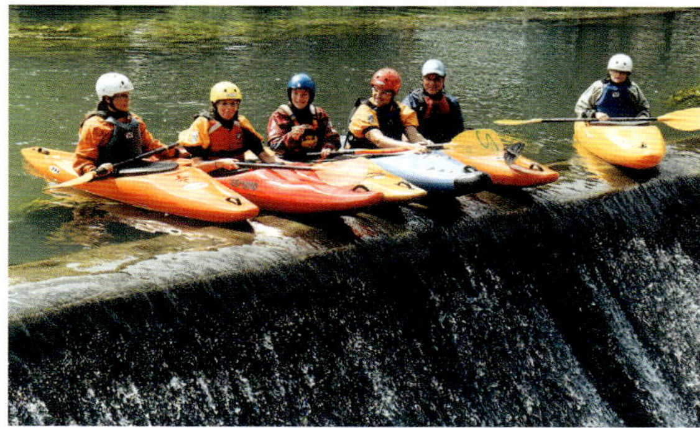

Umgang mit Angst und Stress

Motorisches Lernen stößt oft dann an seine Grenzen, wenn negative Angst oder Stress hinzukommen. Dies liegt aber in der Natur des Kajakfahrens. Spätestens ab WW III machen sich viele über reale Gefahren und empfundene Bedrohungen Gedanken. Werden diese Emotionen so dominant, dass unbefangenes Bewegen nicht mehr möglich ist, so entsteht ein Teufelskreis von Angst – Fehler – Misserfolg und der Spaß am Paddeln geht verloren. Ein möglicher Weg aus dieser Misere kann die Umsetzung des „Inneren-Sicherheitsmodells“ sein.

Schätze alle erkennbaren Faktoren in Ruhe ein. Daraus entsteht eine klare, reflektierte Entscheidung.

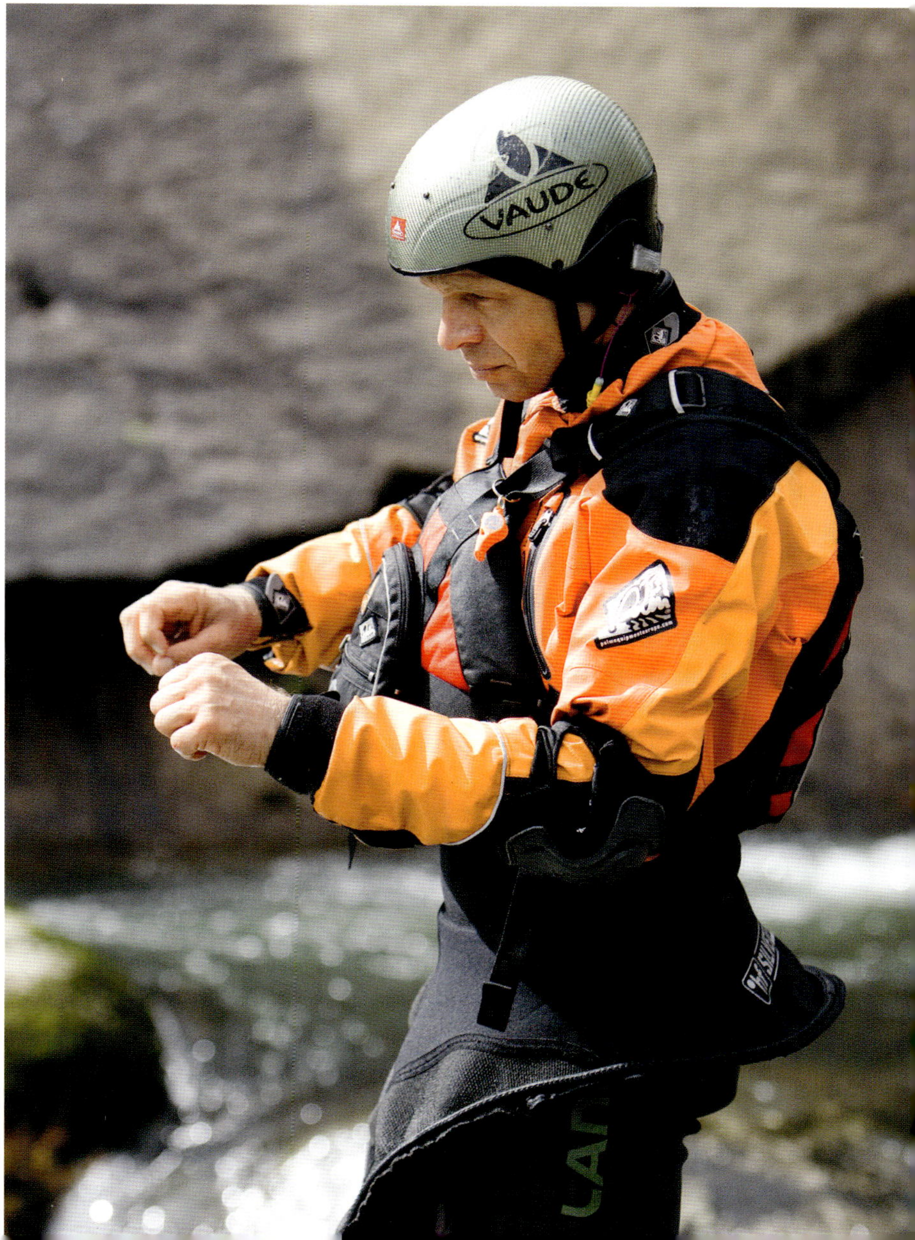

Das Innere-Sicherheitsmodell

Angst macht sich als Emotion in unserer Bauchgegend bemerkbar und ist ein Hinweis, dass wir eine Situation wahrnehmen die wir als „bedrohlich“ einstufen. Sie führt zu einem alten Verhaltensmuster das Hemmung oder Hyperaktivität hervorruft. Beides sind Verhaltensweisen die für eine sichere Befahrung oder einen Lernfortschritt nicht hilfreich sind.

Von der Angst zum mutigen Handeln

Zerlege eine komplexe Situation in Teilstücke und verschaffe dir über diese Klarheit, ohne an eine Befahrung zu denken.

Verschaffe dir Klarheit....

- über die objektiven Gefahren und Bedrohungen welche von einem Fluss oder einer Stelle ausgehen. Hierzu können dir die Einschätzungen deiner Mitpaddler helfen.
- wie dein persönliches Können im Verhältnis zur Schwierigkeit ist.
- welche Referenzstellen du schon gepaddelt bist.
- wie dein momentanes Empfinden ist.
- welches Klima in der Gruppe herrscht. Ist es geprägt von Vertrauen und Unterstützung oder von Konkurrenz und Darstellungssucht?

Dies führt zu einer realistischen Einschätzung der Situation und ermöglicht die Verarbeitung der Angst. Jetzt kannst du dein Bauchgefühl begründen und somit wird es dir möglich bewusste, vom Kopf gesteuerte Entscheidungen zu treffen. Du kannst Maßnahmen zu deiner persönlichen Sicherheit treffen und fahren oder mit einem guten Gefühl umtragen und wirst dieser Entscheidung auch kaum nachtrauern.

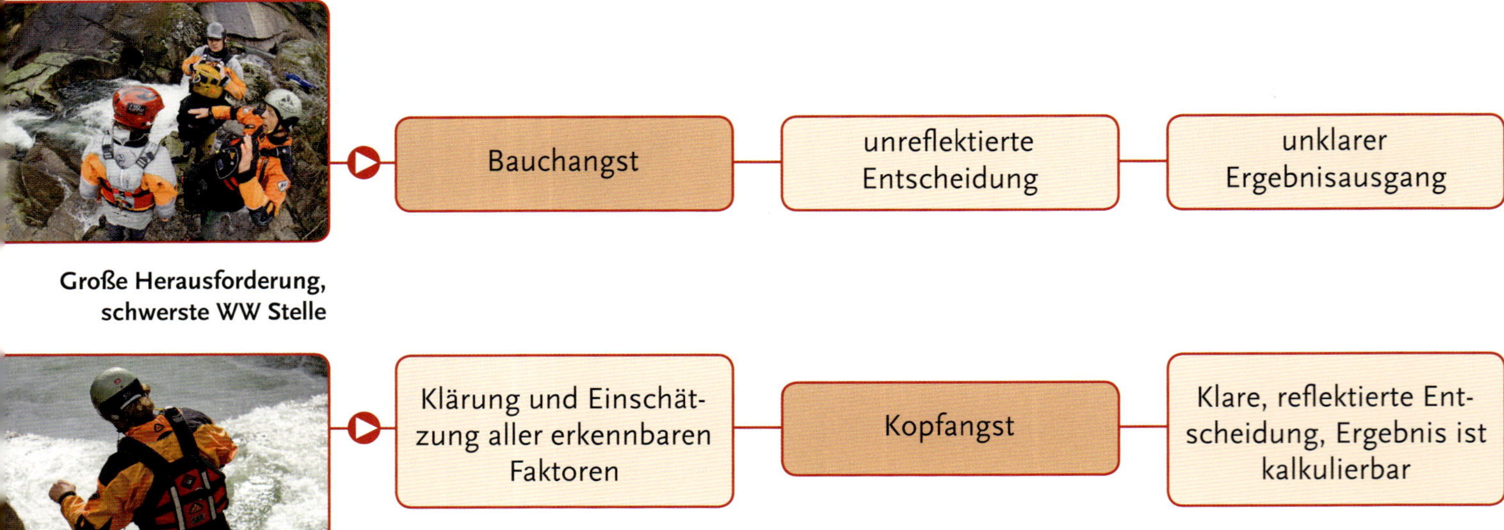

Große Herausforderung, schwerste WW Stelle

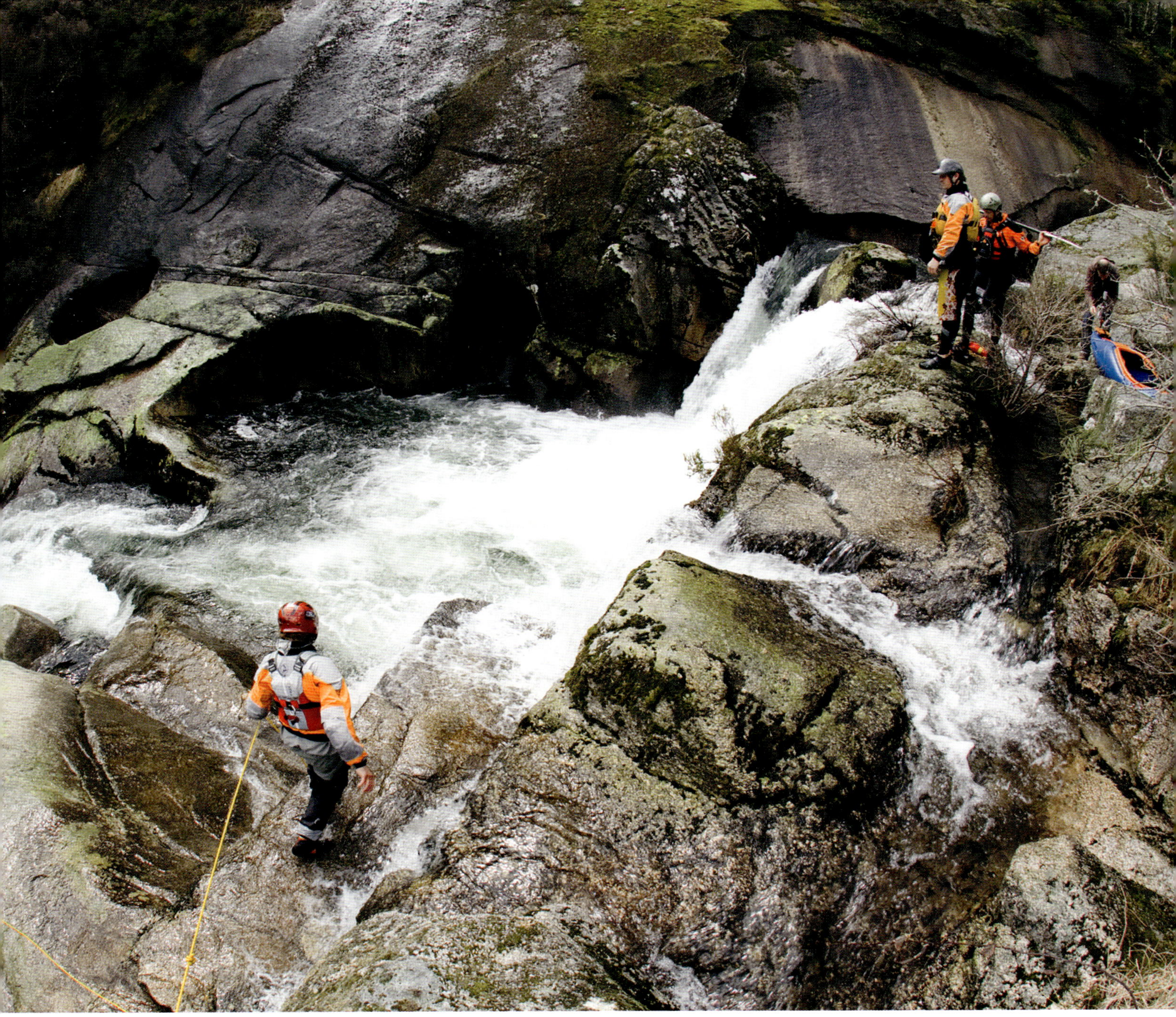

Laboreiro-Klamm: von der Angst zum mutigen Handeln

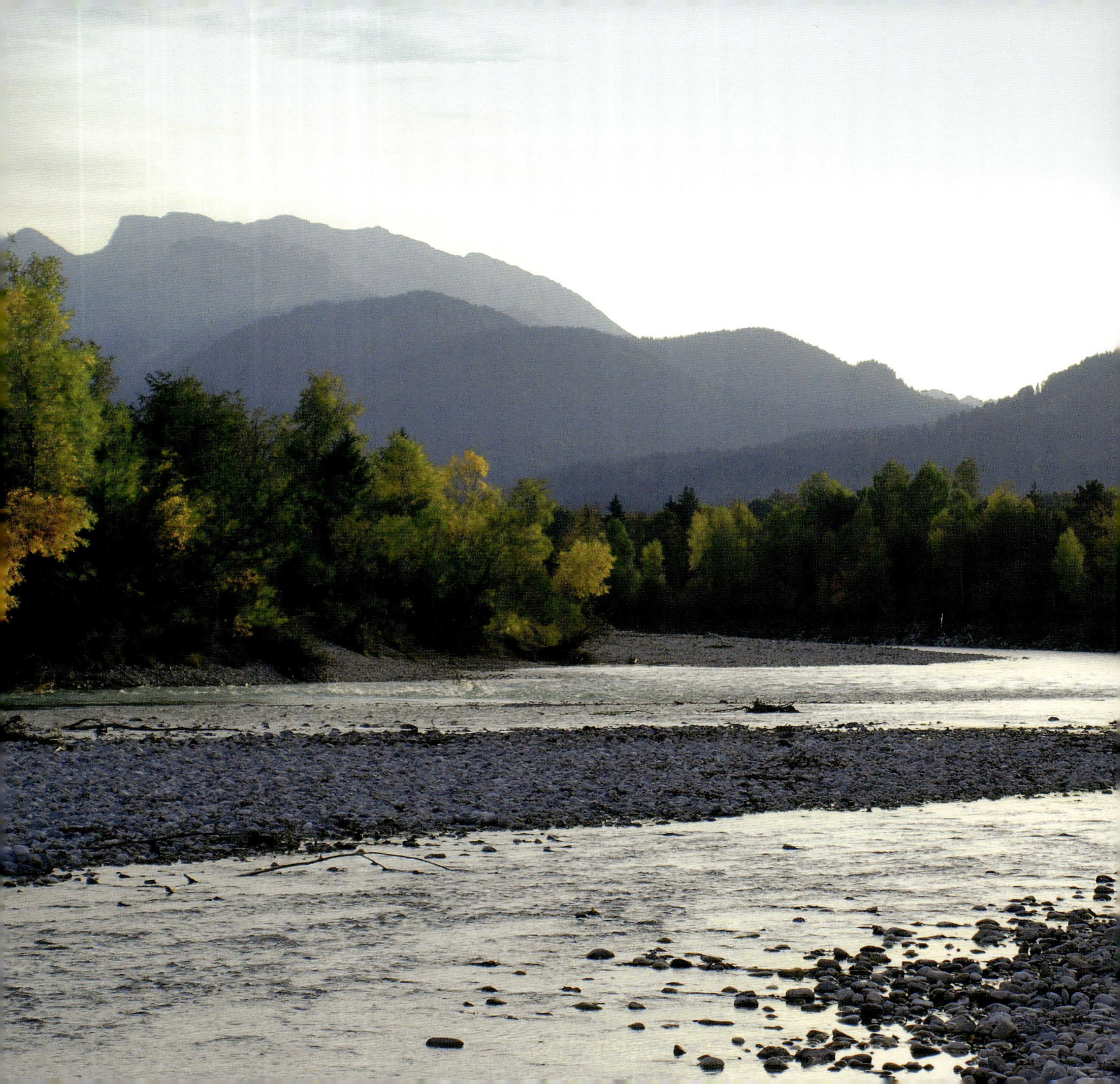

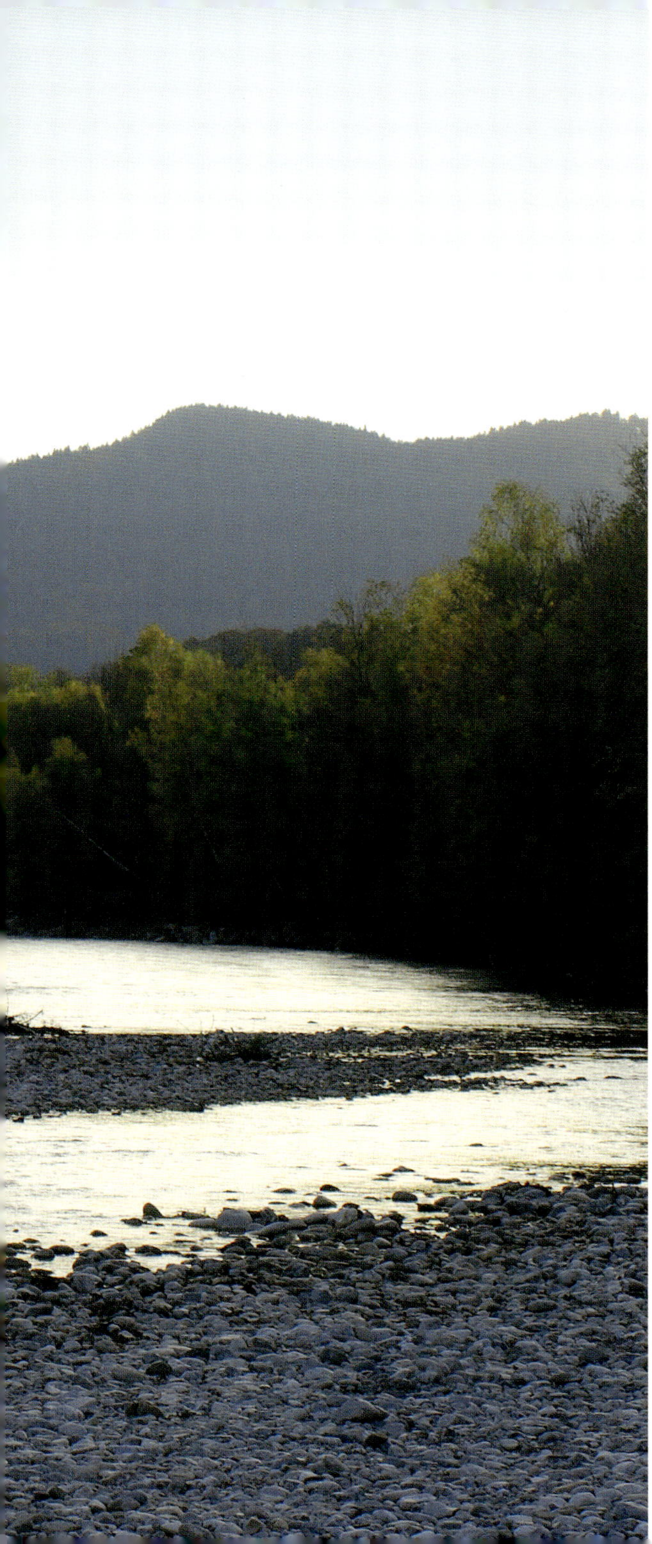

Natursport Wildwasserfahren

Wildwasserfahren findet in einer exklusiven Naturlandschaft statt und wird deshalb zu Recht als Natursport bezeichnet. Nur mehr 10% der Alpenflüsse gelten als naturnah, aber es sind eben die 10% auf denen wir uns gerne bewegen. Jetzt kann man natürlich die Frage stellen, was mit den restlichen 90% passiert ist, wo die Auwälder, das Wasser der vertrockneten Flussläufe, die dazugehörige Flora und Fauna, die hochwasserausgleichenden Überflutungsgebiete usw. geblieben sind? Am Ende dieser Kette aus Fragen stehen die Profitgier, die Respekt- und Maßlosigkeit und die mangelnde Sensibilität für Zusammenhänge unserer Natur.
Wenn wir Paddler nun einen Beitrag zum Umwelt- und Naturschutz leisten können, dann ist es der, ein Bewusstsein bei uns selbst und bei anderen für die Zusammenhänge der Natur und der Gesellschaft zu schaffen. Dieses Bewusstsein entsteht durch Wissen und davon solltest du dir einige Grundlagen aneignen, genau wie über die Technik des Paddelns. Ist deine Neugier für dieses Thema erst einmal geweckt, so wirst du unzählige Literatur finden, um tiefer einzusteigen und Möglichkeiten entdecken dich zu engagieren, wie z.B. bei Protestaktionen gegen Wasserkraft, oder als Flusspate.

Interessenraum Fluss

Ein Naturraum hat keine eigene Interessenvertretung und deshalb fühlen sich verschiedene Nutzergruppen zuständig, diesen zu vertreten. Hierzu zählen u.a. Angler, Jäger, Anlieger, Vogelschützer, Kraftwerksbauer und Paddler, die sich in zahlreichen Verbänden – mit und ohne staatlichen Segen – zusammenfinden. Landes-, Bundes- und Europagesetze legen darüber hinaus den Stellenwert von Naturraum fest und regeln dies über Gesetzte und Verordnungen.
Innerhalb dieses verworrenen Geflechts an tatsächlicher und gefühlter Zuständigkeit haben sich in den letzten Jahren immer tiefere Grabenkämpfe vollzogen, in denen es nicht mehr um Naturschutz, sondern um Besitzstandswahrung ging. Zum Glück setzt hier teils ein Umdenken bei Behörden und Verbänden ein. Es wird immer öfter nach einvernehmlichen Lösungen gesucht. Alle Interessengruppen setzen sich an einen Tisch und suchen nach naturverträglichen Regelungen. Dies setzt eine Gesprächs- und Kompromissbereitschaft aller Beteiligten voraus. So gefundene Vereinbarungen gründen häufig auf freiwilliger Basis und werden gut angenommen. Ein Beispiel, wie dies funktionieren kann, bietet die Iller im Allgäu.

Die Obere Iller ist leichtes WW I-II und fließt in einem Gebiet mit hohem Freizeitdruck und vielen Anbietern im Wassersportbereich. Gleichzeitig ist sie Rückzugsgebiet für Flussuferläufer, Gänsesäger und andere geschützte Wasservögel sowie traditionsreiches Angelgewässer. Als in den 90er Jahren der Freizeitdruck auf den Fluss stark zunahm und man um die Brut- und Rückzugsgebiete fürchten musste, stand eine starke Sanktionierung oder eine Sperrung im Raum. Die Natursportanbieter und Paddler vor Ort gründeten eine Interessengemeinschaft und setzten sich gemeinsam mit dem Vogelschutz, den Anglern und den Behörden an einen Tisch. Nach anfänglichen Machtkämpfen gelang ein Kompromiss. Schutzzonen wurden ausgewiesen und beschildert, Ein- und Ausstiegsplätze definiert und angelegt und nach einer großen Umbaumaßnahme zum Hochwasserschutz sogar flussbauliche Veränderungen im Sinne der Paddler vorgenommen. Solche und viele andere Beispiele zeigen, dass zufriedenstellende Lösungen für alle Beteiligten möglich sind.

Ein Naturraum hat keine eigene Interessenvertretung und deshalb fühlen sich verschiedene Nutzergruppen zuständig, diesen zu vertreten.

Paddler haben Einfluss

Einzelne Kajakfahrer können einen großen Beitrag zum Erhalt von Flüssen als Kajakreviere leisten.
Informiere dich über lokale Befahrungsregelungen und respektiere sie!
Verhalte dich respektvoll gegenüber den Einheimischen. Es könnte der Bürgermeister der Gemeinde vor dir stehen.
Engagiere dich an deinem Heimatfluss als Flusspate oder Ansprechpartner. Wenn dies jeder in seinem Revier tut, dann ist auch dir im Urlaub geholfen.
Organisiere dich in Verbänden. Diese haben ein größeres politisches Gewicht.
Unterstütze Unterschriftenaktionen und Kundgebungen gegen Flusssperrungen und den weiteren Verbau zur Energiegewinnung.

Naturraum Fluss

Wildwasserflüsse sind Katastrophengebiete! Regelmäßige Hochwässer lassen keinen Stein auf dem anderen liegen. Hier kann ein Kajakfahrer keinen Schaden anrichten. Aber Vorsicht, dies gilt nur für hochalpine Flüsse wie der oberen Venter Ache oder ähnlichen Gewässern oberhalb der Baumgrenze.
Je weiter ein Fluss Richtung Flachland fortschreitet desto ausdifferenzierter und vielfältiger wird das Ökosystem. Dort wo Wasser, Erde und Luft zusammentreffen, bildet sich ein einzigartiges Ökosystem. Die dort ansässige Tier- und Pflanzenwelt hat keinen alternativen Lebensraum.
Vordringende Siedlungen, Wasserableitungen und Verbauungen haben den Lebensraum dieser Arten stark reduziert. Als Paddler bewegst du dich häufig in diesen sensiblen Bereichen, was eine Verantwortung mit sich bringt.

Vögel

Vom Erfolg der Brutaufzucht ist das Überleben einer Art abhängig. Fällt eine Generation aus, ist dies kritisch. Die Brutzeit der meisten Wasservögel ist von April bis Juni. In dieser Zeit gilt es besonders sensibel zu sein. Wird ein Vogel von einem Paddler aufgescheucht, so flieht er flussabwärts um den Störenfried von seinem Nest wegzulocken. Geschieht dies zu häufig (viele Paddler über den Tag verteilt) und über einen langen Zeitraum (Vögel fliegen mehrmals auf und entfernen sich weit vom Nest), so kühlen die Eier oder die Jungvögel aus.

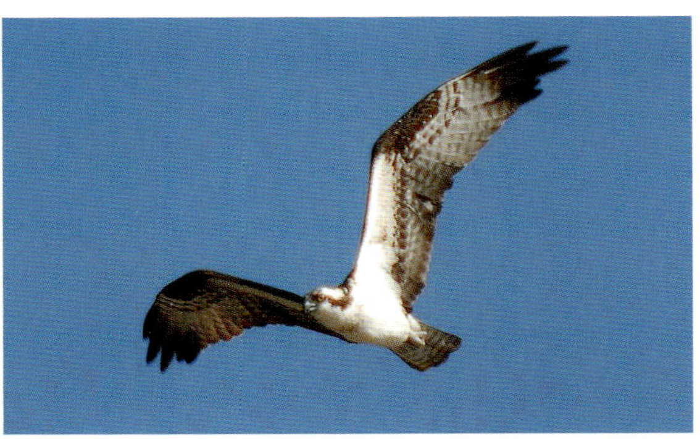

Richtiges Verhalten von Paddlern

- Paddle in Flussmitte ohne Geschrei und ohne wilde Aktionen.
- Beobachte die Ufer und meide Bereiche von an- und abfliegenden Vögeln, denn dort sind ihre Nester.
- Flieht ein Vogel vor dir, so halte maximalen Abstand zu ihm und fahre mit langsamen und flachen Paddelschlägen an ihm vorbei. Informiere per Handzeichen deine Mitpaddler. Diese sollten sich dann genauso verhalten. Jetzt hat der Vogel eine Chance schnell zu seiner Brut zurückzukehren.
- Anlanden sollte nur an den Ein- und Ausstiegsstellen stattfinden. Wer unterwegs eine Pause braucht, darf nur an Kiesbänken stoppen, die keinen Bewuchs aufweisen. Diese werden regelmäßig überflutet und von Kiesbankbrütern gemieden. Bereits niedriger Bewuchs deutet auf potentielle Nistplätze hin.
- Spielen und Üben in sensiblen Bereichen sollte nicht stattfinden. In ausgewiesenen Vogelschutzzonen ist dies sowieso tabu.
- Informiere dich über Vögel im Flussbereich. Es macht Spaß sie zu kennen und am Fluss zu erkennen.

Fische und Kleinlebewesen

Ausgewachsene Fische können von Paddlern kaum beeinträchtigt werden. Die Verschneidungszone von Kehrwässern sind die bevorzugten Jagdgebiete von Raubfischen, da dort die Nahrung vorbeschwimmt

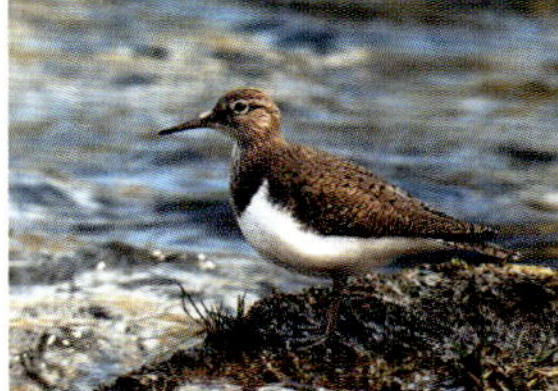

Flussläufer

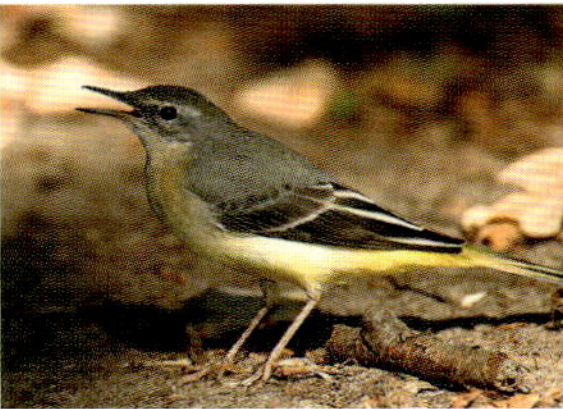

Gebirgsstelze

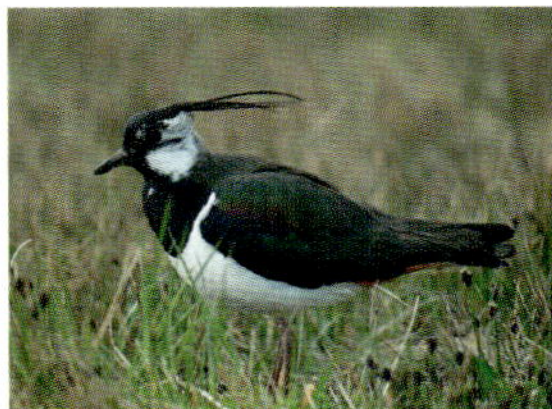

Kiebitz

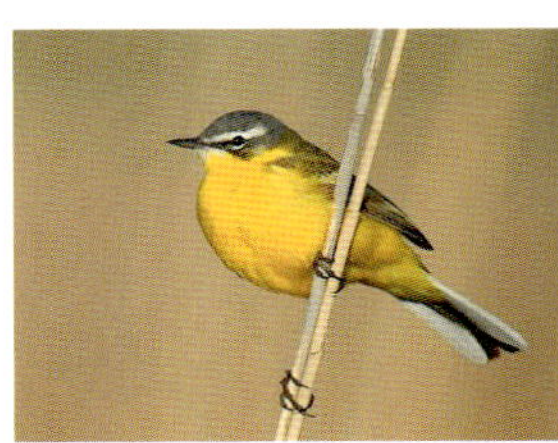

Schafstelze

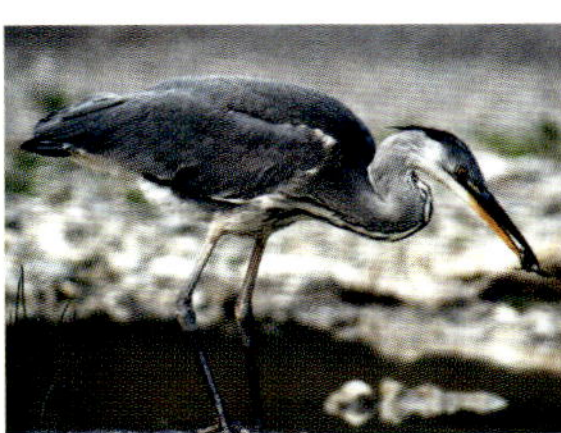

Graureiher

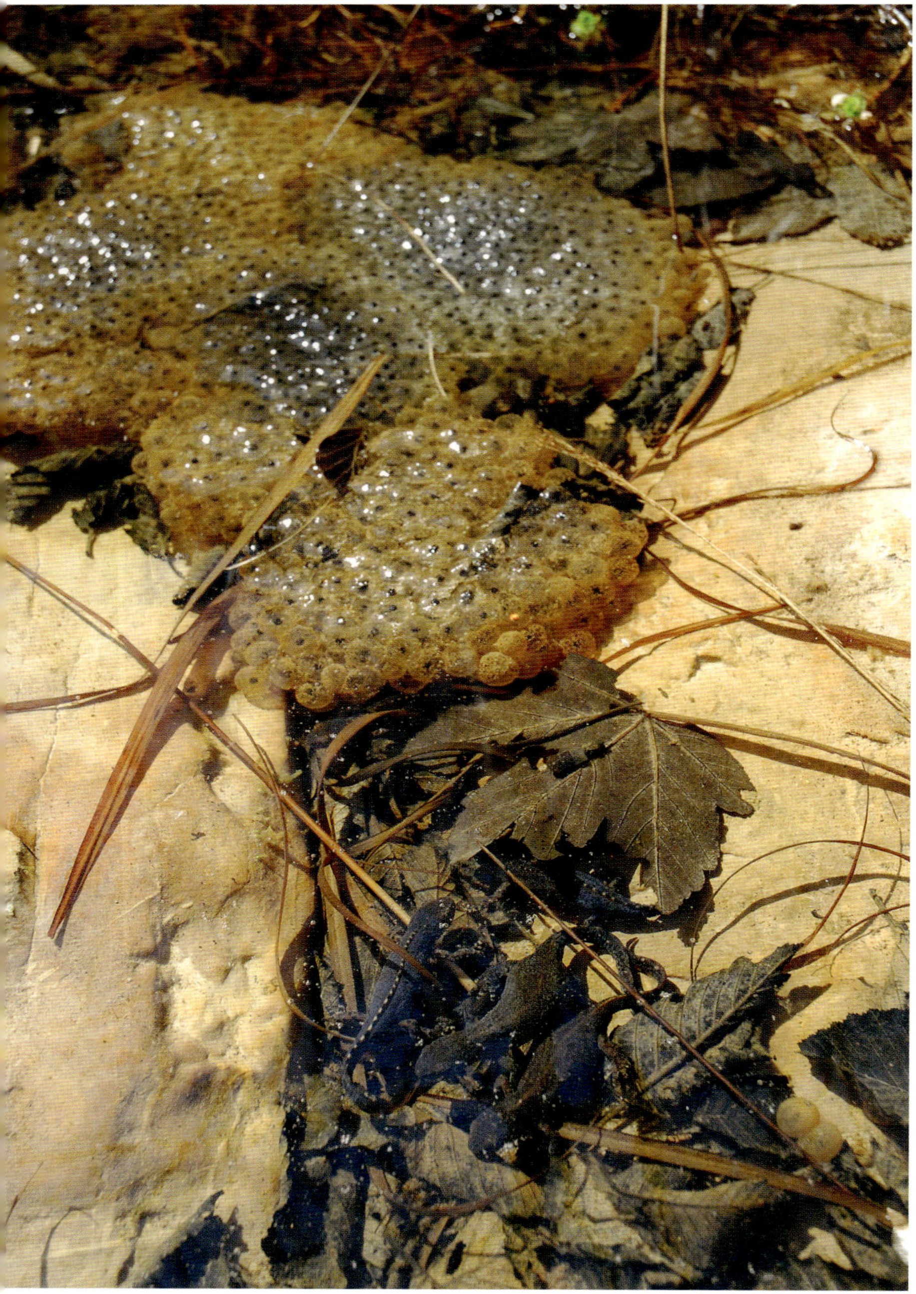

und der Fisch mit geringstem Energieaufwand den größten Erfolg hat. Fährt ein Paddler in ein Kehrwasser ein, so werden die Fische dort bei ihrer Nahrungsaufnahme gestört. Bereits nach kurzer Zeit kommen sie wieder hervor, da die Silhouette eines Bootes nicht als Feindbild in ihren Instinkten verankert ist. Die Mär, von durch Paddler erschlagenen Fischen, wird nur noch in eingefleischten Anglerkreisen erzählt.
Einen Einfluss haben Paddler hingegen auf den Fischlaich, auf Larven und Kleinlebewesen. In den seichten und strömungsarmen Flussbereichen mit flachen Kiesbänken und Wasserpflanzen, spielt sich ein reges Treiben ab. Flusskrebse, Asseln, Schnecken, Larven, Fischeier, Jungfische und vieles mehr haben dort ihren Lebensraum.

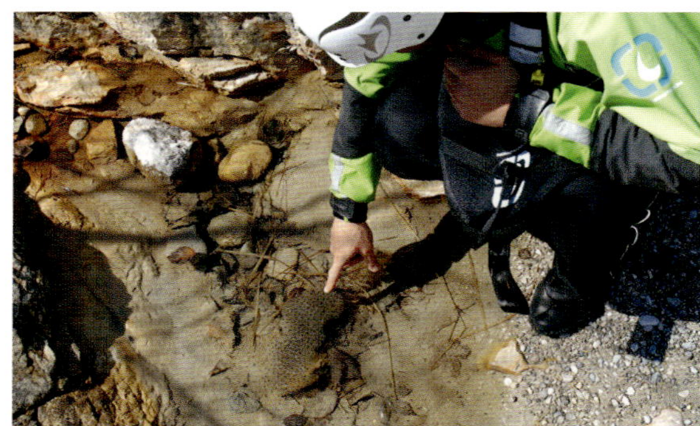

Richtiges Verhalten von Paddlern

- Meide flach auslaufende und durch Kehrwässer geschützte Kiesbänke und Vegetationsbereiche. Weder mit dem Paddel oder Boot, noch zu Fuß solltest du dort Spuren hinterlassen.
- Verwende zum Ein- und Aussteigen Bereiche mit tiefem Wasser oder mache einen Felsenstart (nicht über Vegetationszonen rutschen!).
- Durch vorsichtiges Umdrehen von Steinen kannst du Kleinlebewesen beobachten und ein Verständnis für ihren Lebensraum entwickeln.

Allgemeiner Verhaltenskodex

- Die An- und Abreise sowie das Umsetzen der Autos vor Ort wird möglichst CO^2-sparsam gestaltet.
- Übernachtungen finden nur an erlaubten Plätzen statt. Dies kann auch die Wiese eines Bauern sein, wenn dieser einverstanden ist.
- Lebensmittel werden in der Region gekauft und auf unnötige Verpackung verzichtet. Nirgenwo wird Müll hinterlassen.
- Geparkt wird dort, wo es erlaubt ist und nicht dort, wo der Weg zum Fluss am kürzesten ist.
- Befahrungsregelungen am Fluss werden beachtet.
- Neugier und Respekt ist eine Haltung die uns Paddler nicht zu ungeliebten Gästen in den Regionen werden lässt.

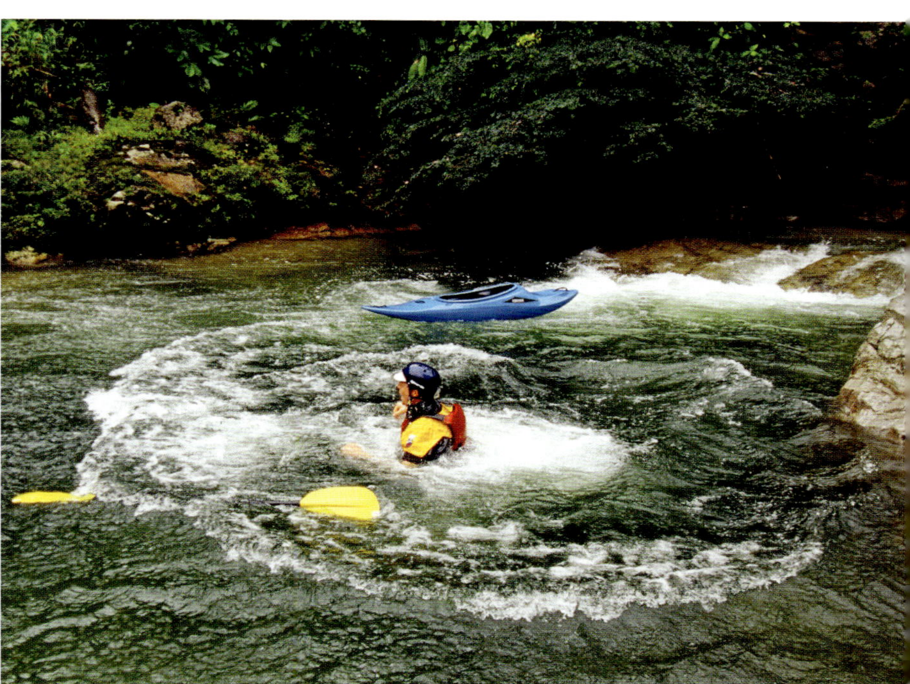

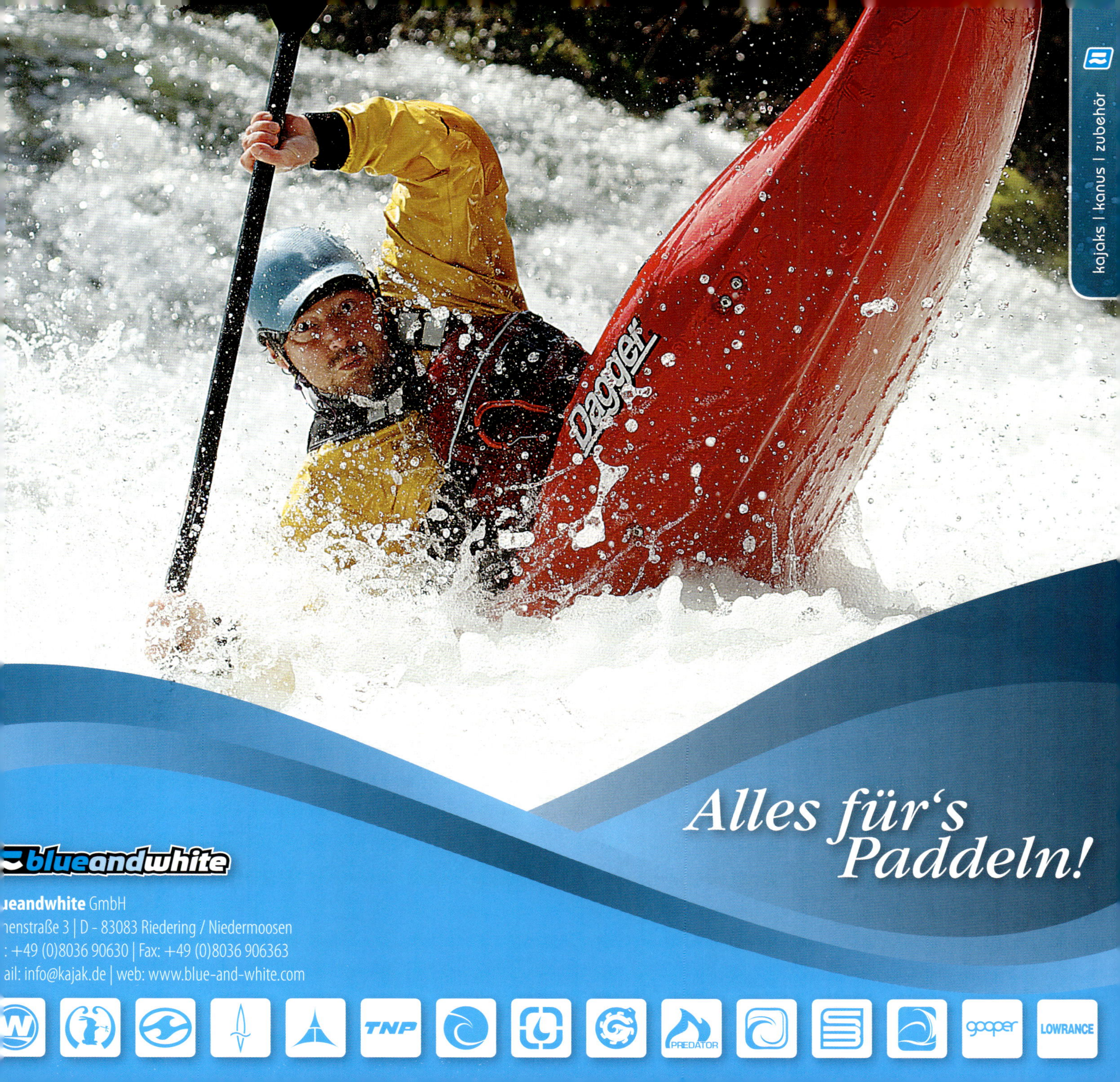

Technik-Training für Einsteiger und Fortgeschrittene

in Deutschland, Slowenien, Korsika, Griechenland, Österreich

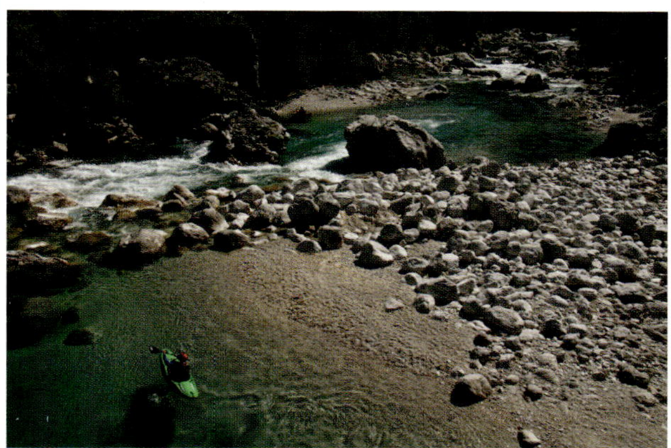

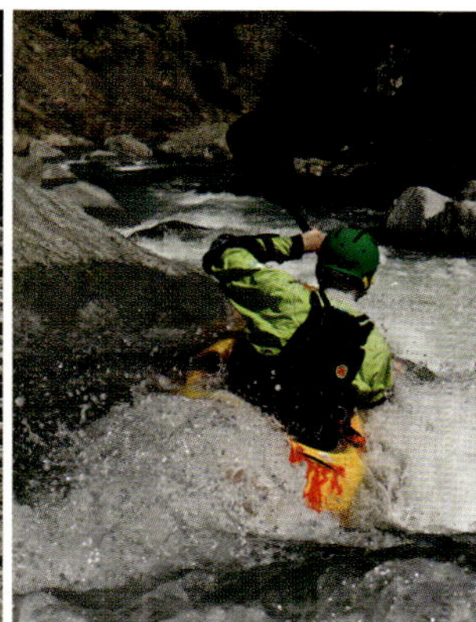

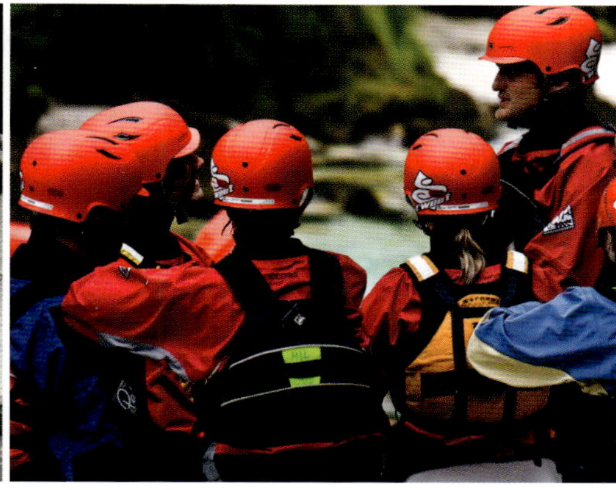

Mit SICHERHEIT zum besseren Paddler.

www.outdoordirekt.de

Wir machen Kanu-Bücher für ...

... Kanuwanderer, Genusspaddler,

Träumer, Naturverbundene

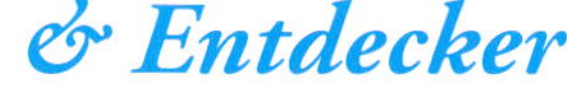

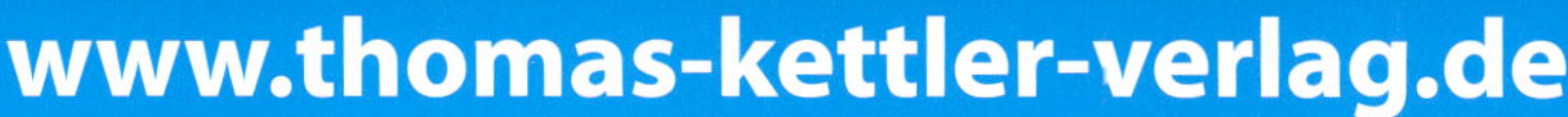

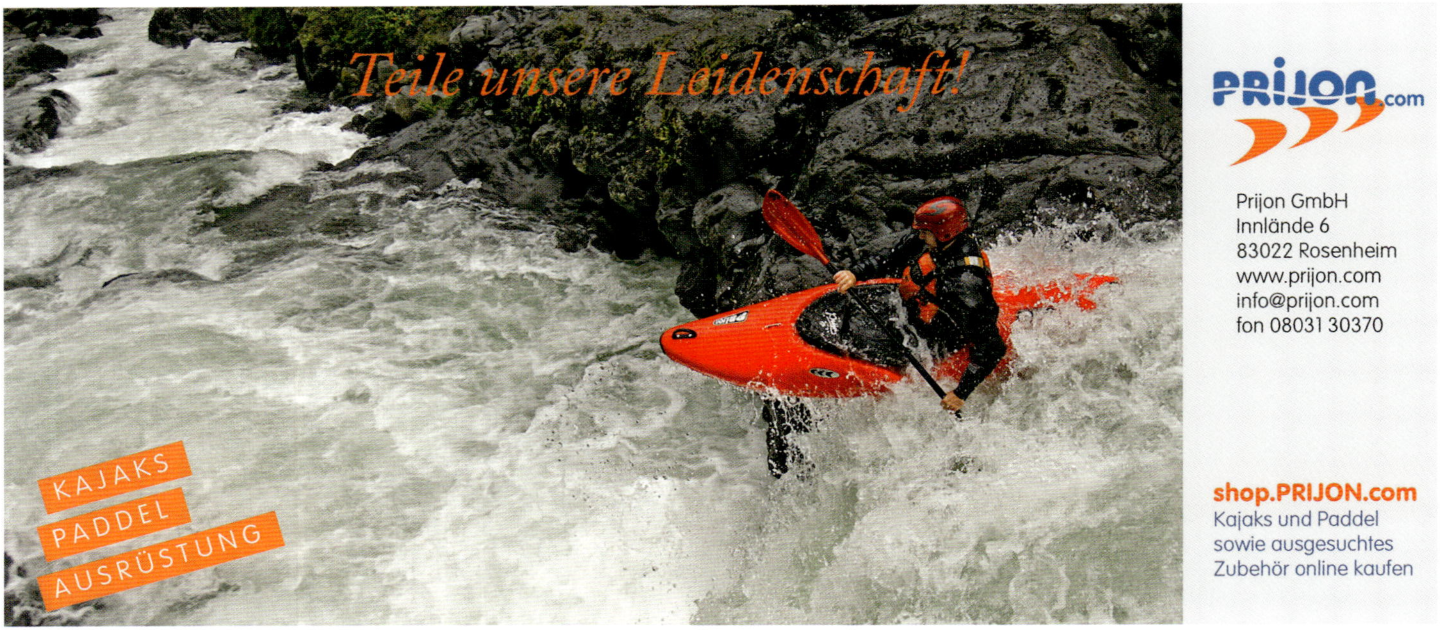

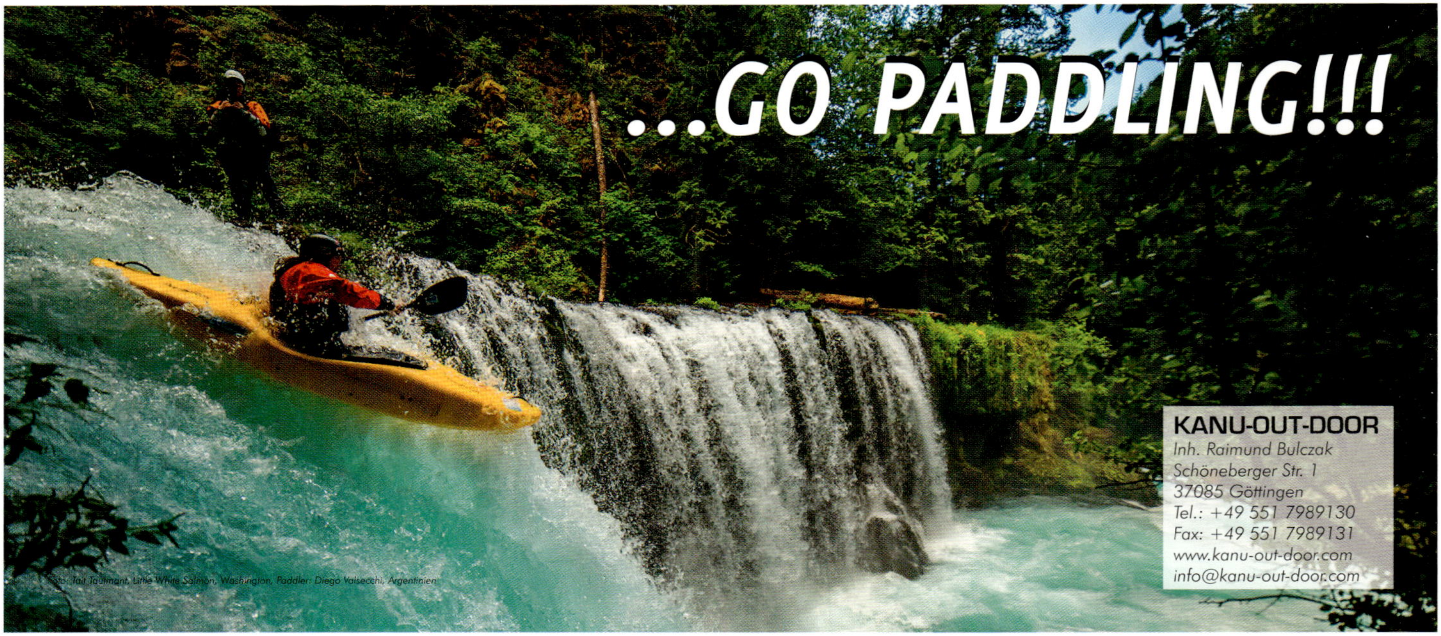